Versöhnung – Gabe Gottes und Quelle neuen Lebens

Texte – Impulse – Konkretionen

Versöhnung: Gabe Gottes und Quelle neuen Lebens

Texte – Impulse – Konkretionen

Zur Zweiten Europäischen Ökumenischen Versammlung Graz
zusammengestellt und herausgegeben
von Peter Karner

Tyrolia-Verlag • Innsbruck-Wien

Erwartungen an Graz

Die Philosophen haben die Welt nur verschieden interpretiert; es kommt darauf an, sie zu verändern.

Karl Marx

Graz ist von allen europäischen Christen als Austragungsort der Zweiten Ökumenischen Versammlung auch deshalb gewählt worden, weil die österreichischen Kirchen überzeugend Zeugnis des Miteinander ablegen.

Erzbischof Michael Staikos (griech.-orth.), Vorsitzender des Ökumenischen Rates der Kirchen in Österreich (ÖRKÖ)

Ein Jahr beschäftigen wir uns intensiv mit der Versammlung in Graz, auch das braucht Jahreszeiten der Saat, des Reifens, des Erntens, des Ruhens.
Es ist ein Jahr der Saat, damit sie wächst, ein Jahr für die Ökumene, ein Jahr der Versöhnung.
Es ist ein Jahr der Nachdenklichkeit.
Die erste Tat von Menschen zur Ankunft Gottes in dieser Welt ist dieses Nachdenken. Das sollten wir, wenn wir hier beisammen sind, beherzigen.

Bischof Dr. Johann Weber (röm.-kath.), Vorsitzender der Österreichischen (röm.-kath.) Bischofskonferenz

Es wäre ein Wunder im wahrsten Sinn des Wortes, könnten in Graz die Bemühungen um Versöhnung, könnte das Gebet um Frieden wirklich einen Durchbruch schaffen. Wahrscheinlich ist es nicht. Wahrscheinlich ist, daß schöne Worte gesprochen und geschrieben werden. Es wird hier alles darauf ankommen, zu verstehen und zu erleben, was es heißt, Versöhnung in Unversöhntheit zu predigen, zu ertragen, daß die Vollendung noch nicht da ist, und diese Differenz nicht mit wohlwollenden, aber nutzlosen Appellen zuzudecken.

Oberkirchenrat Univ.-Prof. Dr. Johannes Dantine (evang. A.B.), Stellvertretender Vorsitzender des ÖRKÖ

Inhaltsverzeichnis

Vorwort

Kaum eine internationale ökumenische Konferenz hat so viele negative Vorschußlorbeeren bekommen wie „Graz 1997". In makabrer Anspielung auf 2 Kor 5,12 ließe sich beinahe bekennen:
„Da hat einer alle Sünden auf Christus abgeladen. Aber siehe – er ist kein neues Geschöpf geworden, er/sie ist der Alte/die Alte geblieben!"
Nachdem berufene und unberufene Fachleute der Konferenz längst bescheinigt haben, warum sie gar nicht gelingen kann, ja vielleicht sogar scheitern muß, ist es richtig reizvoll, mehr noch, fast ein Zeichen von Courage geworden, nach Graz zu fahren. Und da Negativbilanzen im Sinne satirisch verstandener präsentischer Eschatologie vorliegen, besteht die massive Wahrscheinlichkeit, daß „Graz 1997" doch gelingen könnte.
Zugegeben – die Christenheit ist teilweise in einem erbärmlichen Zustand. Aber hat sie nicht gerade darin Erfahrung? Zugegeben, die Ratlosigkeit hat den Kern des Glaubens erfaßt – es wird nicht über Randprobleme oder nur über die ethischen Konkretionen gestritten. Zugegeben, der Wurm sitzt in der Versöhnungslehre, ja in der Christologie überhaupt – aber deshalb hat schon Paulus den Korinthern geschrieben. Aber die Christenheit muß, scheint's, vom Faulbett der Anselmschen Satisfaktionslehre, auf dem sie sich fast 1000 Jahre gesuhlt hat, aufgeschreckt werden.
War der Kreuzestod Jesu Christi wirklich das Verlangen eines unbegreiflichen Gottes? Wollte er uns wirklich nur lieben, wenn ihm ein Unschuldiger geopfert wird? Wußte man nicht schon im AT, daß ein opferlüsterner Gott den Glauben durch Masochismus und die Ethik durch Sadismus korrumpiert? Ein praktizierender evangelikaler Altnazi hat mir gesagt: „Christus ist auch für (Heinrich) Himmler (Reichsführer SS) gestorben!" „Nein, Christus ist ‚durch Himmler gestorben' ", habe ich gut jesuanisch geantwortet. Ist nicht endlich mit der urchristlichen Überzeugung – das Kreuz Christi ist das Aus für alles Opfern – ernst zu machen – auch mit dem ideologischen Restmandat einer „unblutigen Wiederholung"? Oder wollen die Menschen keine geschenkte Versöhnung? Wollen sie bezahlen, opfern – primär natürlich jemand anderen? Wann werden Christen begreifen, daß ihnen weder ein „Sündenbockkotelett" noch ein „Opferlammbraten" serviert wird? Könnte es sein, daß Gott durch seine Selbstopferung alle menschlichen Opfertheorien ad absurdum führen wollte? „Bei Körtner!" – ohne intensive theologische Arbeit wird's mit der politischen Ethik nicht viel werden.

Dieser Reader geht von der begründeten Vermutung aus, daß das Studium guter einschlägiger Texte ein Gelingen von „Graz 1997“ impliziert.
Für das Zustandekommen dieses Readers danke ich den österreichischen Delegierten für „Graz 1997“ und ihren „Konzilstheologen“, daß sie die Ergebnisse ihrer Arbeit zur Verfügung gestellt haben. Dem Verlag danke ich für die gute Betreuung eines Buches, das unter großem Zeitdruck entstanden ist. Ganz besonders aber danke ich dem Lektor, Dr. Gottfried Hierzenberger, ohne dessen Rat und ständige Hilfe dieser Reader nie zustande gekommen wäre.

Peter Karner

I. Zwischen Basel '89 und Graz '97

Ökumenische Vorgeschichte

Barbara Rauchwarter

Unter dem Thema „Versöhnung“ wird die II. Europäische Ökumenische Versammlung (II. E.Ö.V.) vom 23. bis 29. Juni 1997 in Graz stattfinden. Das ermutigt und läßt viele Erwartungen und Hoffnungen wachsen, birgt allerdings auch Risiken, ist das Fest doch auch der Test für die Probleme der ökumenischen Existenz am Ausgang des zweiten christlichen Jahrtausends.

Die ökumenische Bewegung begann 1910 mit der Weltmissionskonferenz in Edinburgh. 1914 wurde der Weltbund für Internationale Freundschaftsarbeit der Kirchen in Konstanz gegründet, weil Frieden und Versöhnung als dringendste Aufgabe der Kirchen erkannt worden war. Aus seiner Nachkriegskonferenz entstand 1919 die Bewegung des Praktischen Christentums Life and Work. Während der Weltkonferenz in Stockholm 1925 bekannte man sich grundsätzlich zum Frieden, räumte aber „jedem Volk das angeborene Recht auf Selbstverteidigung gegen Angriffe und Unterdrückung“ ein, vertrat also noch die Tradition der Lehre vom gerechten Krieg. Dennoch drängte die ökumenische Bewegung auf Abrüstung mitten in einem Klima internationaler Aufrüstung. Von den meisten Deutschen wurde der Versailler Vertrag, der Deutschland zur Abrüstung verpflichtete, als fortgesetzter Krieg angesehen. Die Teilnahme von Dietrich Bonhoeffer an der ökumenischen Konferenz 1931 in Cambridge wurde von den Theologen Paul Althaus und Emanuel Hirsch als „Vaterlandsverrat“ geächtet. Bonhoeffer stellte am Ende des Berichtes über diese Konferenz die Frage, die in den 80er Jahren viele kirchlich engagierte Gruppen aufnahmen: Wann wird die Zeit kommen, da die Christenheit das rechte Wort zur rechten Stunde spricht? In einer Morgenandacht zu Ps 83,9 während der ökumenischen Konferenz 1934, als der Revanchismus bereits gesiegt hatte, formulierte er den verzweifelten Appell an die Christenheit: Es gibt keinen Frieden auf dem Weg der Sicherheit. Denn Frieden muß gewagt werden, ist ein großes Wagnis und läßt sich nie und nimmer sichern.

Der Einsatz von Atomwaffen in Nagasaki und Hiroschima und die folgende atomare Aufrüstung, die Politik der Abschreckung provozierten innerhalb der Ökumene heftige Proteste und Diskussion. Einerseits wurde die Akzeptanz der Drohung mit Massenvernichtungsmitteln noch als mögliche, christliche Haltung gesehen (Heidelberger Thesen 1959), andererseits forderte die christliche Friedensbewegung ein „Nein ohne jedes Ja". 1983 beschloß die Bundessynode der evangelischen Kirchen in Deutschland in Übereinstimmung mit der Synode der Kirchen der damaligen DDR 1982 eine Absage an den „Geist der Logik der Abschreckung". Das II. Vatikanische Konzil hatte die Frage des totalen Krieges als konzilsreif gesehen, die katholische Bischofskonferenz der USA sprach in ihrem Hirtenbrief Challenge of Peace – Gods Promise and our Response die Ächtung des totalen Krieges aus. Die V. Volksversammlung des Ökumenischen Rates der Kirchen 1975 setzte ein hearing über Atomwaffen und Abrüstung 1981 in Amsterdam an. Der Gedanke an einen „konziliaren Prozeß gegenseitiger Verpflichtungen für Gerechtigkeit, Frieden und Bewahrung der Schöpfung" wurde 1983 während der V. Volksversammlung des Ökumenischen Rates der Kirchen in Vancouver auf Auftrag der ostdeutschen Kirchen aufgenommen und bei der IX. Vollversammlung der KEK – Konferenz Europäischer Kirchen – in Stirling 1986 in einer Empfehlung einer „Nordkonferenz" zum Thema „Frieden in Gerechtigkeit" vorangetrieben, an der Kirchen der nördlichen Hemisphäre, vor allem aus den Ländern, die die KSZE-Schlußakte in Helsinki 1975 unterzeichnet hatten, teilnehmen sollten. Die Ergebnisse sollten in die Weltkonferenz des ÖRK 1990 einfließen, die Europäische Bischofskonferenz (CCEE = Consilium Conferentiarium Episcopalim Europae) wurde eingeladen, Vorbereitung und Konferenz mitzutragen. 1987 wurde diese Einladung angenommen. Die verschiedene Struktur beider christlicher Konferenzen wurde in der Diskussion deutlich: während die KEK protestantische, anglikanische und orthodoxe Kirchen auf kontinentaler Ebene vertritt, repräsentiert sich die katholische Kirche im Papst- und Bischofskollegium universal. Auch die Begrifflichkeit des Wortes „konziliar" legte Differenzen offen, sodaß der Terminus Konzil durch den der „Konvokation" ersetzt wurde.

Die Vorbereitung in einem gemischten und gleichberechtigten Komitee beider Konferenzen begann 1987. Das vornehmste Ziel der geplanten Versammlung, ein gemeinsames, unüberhörbares Wort zum Frieden, war aus der kirchlichen Friedensdiskussion der 80er Jahre gewachsen. Ein erster Schritt auf dem gemeinsamen konziliaren Prozeß war, nicht zuletzt aus dem Dialog mit den Christen der sog. „3. Welt" heraus, sicherlich die Einsicht, daß Frieden ohne Gerechtigkeit nicht zu haben ist, sodaß das Motto der Versammlung als *Frieden in Gerechtigkeit* formuliert wurde. Die Themen der Arbeitsgruppen der kirchlichen Delegierten geben Einblick in das weite Spektrum der diskutierten Problemkreise:

I: Biblisches Verständnis von Shalom; II: Auf der Suche nach einer Friedensordnung; III: Bekehrung zu Gott – Bekehrung zum Leben; IV: Gottes Bund und unsere gemeinsame Verantwortung; V: Kirchen und Mehr-Kulturen-Gesellschaft; VI: Formen von Diskriminierung und die Gemeinschaft von Frauen und Männern; VII: Suche nach einer Friedensordnung; VIII: Biblisches Schöpfungsverständnis; IX: Erziehung zum Frieden (Konflikte und tägliches Leben); X: Das biblische Verständnis von Gerechtigkeit; XI: Erziehung zum Frieden (Konflikte und tägliches Leben); XII: Ökologische Herausforderungen; XIII: Armut und Ungleichheit; XIV: Bedrohung für die Umwelt und unsere Reaktion; XV: Rechte, Partizipation und Demokratisierung; XVI: Auf dem Weg zu einer ökologischen Weltordnung – eine neue Herausforderung an die Kirchen; XVII: Die Verheißung der Ganzheit und die Erfahrung der Zerstörung; XVIII: Schutz des menschlichen Lebens – Verantwortung der Kirchen; XIX: Unsere gemeinsame Verpflichtung; XX: Überwindung der Institution des Krieges –die Kirchen und der Verzicht auf Gewalt.

Diese Themen waren in vielen Basisinitiativen in Europa schon lange vor Beginn der Konferenzen theoretisch und vor allem praktisch präsent. Sie traten mit ihrem Engagement und ihren Erfahrungen in den konziliaren Prozeß JPIC (Justice, Peace and Integration of Creation) ein. In Österreich verabschiedetet die Generalsynode ein verpflichtendes Dokument zu den drei Problemkreisen.

In Basel brachten die Basisgruppen ihre Arbeit, ihre Sorge und ihre Hoffnung auf einem großen „Markt der Möglichkeiten" ein, Dialogbereitschaft und Solidarität wuchsen. So war die Enttäuschung darüber verständlich, daß die Verständigung mit den DelegiertInnen nur bedingt möglich war. Das verabschiedete Schlußdokument wurde als unzureichend, zu wenig prägnant und verpflichtend empfunden. Die DelegiertInnen schienen durch den Zeitdruck und die Vielzahl der Themen überfordert, Einstimmigkeit in allen Punkten hätte weit mehr Zeit erfordert, sodaß es nur zu einer Ergänzung des Dokumentes durch Minderheitserklärungen kam.

Für Graz sind folgende inhaltliche Schwerpunkte vorgesehen:

Suche nach der sichtbaren Einheit zwischen den Kirchen, Dialog mit den Religionen und Kulturen, Einsatz für soziale Gerechtigkeit, vor allem für die Überwindung von Armut, Ausgrenzung und anderen Formen der Diskriminierung, Engagement für die Versöhnung in und zwischen den Völkern, und für gewaltfreie Formen der Konfliktbe-

wältigung, neue Praxis ökologischer Verantwortlichkeit, besonders in Hinblick auf kommende Generationen, gerechter Ausgleich mit anderen Weltregionen. (Hier liegen viele Möglichkeiten der Bearbeitung im Religionsunterricht!) Wenn auch die großen Erwartungen an Basel sich nicht erfüllen, blieb ein dankbares Gefühl des Aufbruches zu gemeinsamem Dialog und Handeln.
Viele, die sich an Basel 1989 und an die starken Impulse erinnern, die dieser I. Europäischen Versammlung von Christen vorausgingen, sehen dem kirchlichen Ereignis in Graz mit einiger Skepsis entgegen. Die Weltversammlung in Seoul 1990 hatte in der Nachfolge von Basel nicht das einmütige Zeugnis und vor allem die eindeutige Verpflichtung gebracht, die gewünscht wurde. Gerechtigkeit, Frieden und Bewahrung der Schöpfung benannte sehr konkret die Hoffnung und Sehnsucht von Christen in einer zunehmend ungerechten, kriegerischen und zerstörerischen Umwelt.
Die politischen, sozialen und ökologischen Entwicklungen der seither vergangenen Jahre sind nicht besser geworden, obwohl die Konkurrenz um die Hegemonie in Europa in einer Politik der gegenseitigen Abschreckung so nicht mehr besteht, obwohl der sog. Eiserne Vorhang zwischen Ost und West gefallen ist. Die Probleme sind komplexer und vor allem globaler geworden, als es 1989 noch schien. Die freie Marktwirtschaft hat das sozialistische Planwirtschaftskonzept im Zuge des Zusammenbruchs des Kommunismus gleichsam kampflos überholt, die Beweislast, das menschengerechtere Wirtschaftssystem zu sein, blieb weithin uneingefordert. Doch die Gesetze des Marktes Effizienz, Wachstum und Wettbewerb, um nur einige zu nennen,– haben die Konkurrenzierung aller Lebensbereiche verschärft. Neben dem sich verschärfenden Nord-Süd-Konflikt ist das Elendsgefälle zwischen West und Ost sichtbar geworden. In Europa ist ein Krieg geführt worden, dessen Brutalität und Grausamkeit dem Vertrauen in einen Gewinn an Menschlichkeit und die Tragfähigkeit des Menschenrechtsgedankens den Boden zu entziehen scheint. Längst überwunden geglaubte Motive gewalttätigen Handelns wie Rassismus, Nationalismus und Fundamentalismus haben sich in erschreckendem Ausmaß verbreitet. Die Globalisierung der Wirtschaft bedroht die Solidargemeinschaft vieler europäischer Demokratien mit drastischen Beschränkungen im Sozialbereich. Wachsende Arbeitslosigkeit scheint mit traditionellen politischen Maßnahmen nicht mehr aufzufangen zu sein.
In all diesen Konflikten ist der geringe Einfluß der Kirchen auf politische Entscheidungen deutlich geworden. Unter den engagierten Chri-

sten ist angesichts der Probleme auch Resignation und der Zweifel an der Wirksamkeit des Engagements gewachsen. So sehen viele Christen mit einiger Skepsis auf die II. E.Ö.V. in Graz. Dennoch sollte den Veranstaltern schon mit der Wahl des Ortes in unmittelbarer Nachbarschaft zu dem nur notdürftig befriedeten ehemaligen Jugoslawien und an der Grenze zu den osteuropäischen Ländern Glaubwürdigkeit in ihrer Anstrengung, Wege der Versöhnung zu suchen, zuerkannt werden. Die Gefahr, das Thema Versöhnung zu „spiritualisieren", liegt nahe. Doch das liegt daran, daß die reale Unversöhntheit in der Christentumsgeschichte schon immer in allen Konfessionen dogmatisch übersprungen wurde, ohne die Knochenarbeit der Analyse von Fehlentscheidungen und Fehlentwicklungen angesichts der den Christen anvertrauten Realutopie des Friedens. Um die Chance einer offenen Zukunft zu begreifen, müssen Schritte zur metanoia – Buße und Umkehr – getan werden. Umkehr kennzeichnet die Bewegung sich Versöhnender und dieser Weg braucht viele Füße. Die II. Ö.E.V. kann Versöhnung nicht verfügen oder als Ergebnis bereithalten. Versöhnung wäre in Ansätzen auch dort zu finden, wo Trennendes als skandalöse Wirklichkeit unter Christen erkannt und bekannt würde. Versöhnung kann gelingen, wenn alle Beteiligten sich auf einen auch schmerzhaften, dialogischen Prozeß einließen, einen Prozeß, der auch das Scheitern riskiert. Denn Niederlagen müssen von Christen nicht als endgültig erkannt werden. Liegen die Gründe für das vorläufige Scheitern offen, so werden die Antriebskräfte zur Versöhnung –Glaube, Hoffnung und Liebe –nicht müde werden, neue Versuche zu unternehmen. Die II. Ö.E.V. findet eine andere Situation vor als Basel 1989. Die Öffnung des sog. Eisernen Vorhangs erweitert den TeilnehmerInnenkreis sowohl unter den Delegationen als auch unter den Basisinitiativen. Dieses Mehr an Vielfalt fordert größere Sorgfalt im Umgang miteinander und eröffnet allen Beteiligten einen weiten Horizont der Geschwisterlichkeit. Der kommunikative Prozeß liegt vor uns, was daraus zu lernen sein wird, wird sich zeigen.

Anmerkungen

1 W. Huber: Ein ökumenisches Konzil des Friedens – Hoffnungen und Hindernisse, in: Ökumenische Existenz heute, hg. W. Huber/D. Ritschl/T. Sundermeier, München 1986, 101–147, S. 102.

2 A. Deißmann (Hg.): Die Stockholmer Weltkonferenz: Amtlicher Bericht. 1926, S. 77.

3 D. Bonhoeffer: Ges. Schriften I ²1965, S. 117.

4 Ebenda S. 218.
5 W. Huber, a.a.O. S. 109.
6 Bericht des öffentlichen Hearings „Bevor es zu spät ist", in: Kirche und Frieden. Kundgebungen und Erklärungen aus den deutschen Kirchen und der Ökumene (EKD-Texte 3) 1982. S. 198ff.

Europäische Ökumenische Versammlung „Frieden in Gerechtigkeit"

Basel, 15.–21. Mai 1989

Von der KEK und dem CCEE einberufen, hat vom 15.–21. Mai 1989 in Basel die Europäische Ökumenische Versammlung „Friede in Gerechtigkeit" getagt. Über 700 Delegierte und Tausende von Gläubigen aus allen Kirchen Europas haben sich während dieser Tage zum gemeinsamen Gebet, zum Austausch und zur Besinnung über ihren christlichen Auftrag versammelt. Das biblische Wort „Gerechtigkeit und Friede umarmen sich" (Ps 85) diente der Versammlung als Losung. Die Ergebnisse und Empfehlungen der Versammlung finden sich in einem ausführlichen Dokument, das am 20. Mai verabschiedet wurde. Der folgende Text ist die Botschaft, die die Versammlung an die Christen Europas richtet.

Liebe Brüder und Schwestern,
1. Zum ersten Mal sind Delegierte aus allen Kirchen Europas zusammengekommen – aus Ost und West, aus Nord und Süd, über konfessionelle und politische Grenzen hinweg, die noch vor kurzem unüberwindlich schienen. So tief die Wunden der Vergangenheit in Europa sind, haben sich die Bande, die uns in Christus einen, als stärker erwiesen. Eine Gemeinschaft ist im Wachsen, die uns Hoffnung gibt; dafür sind wir dankbar.
2. „Gerechtigkeit und Friede umarmen sich." Dieses Psalmwort war der Leitgedanke unserer Versammlung. Aber wie weit sind wir von dieser Verheißung entfernt! Millionen von Männern, Frauen und Kindern gehen in Armut, Hunger und Kriegen zugrunde. Fundamentalste Menschenrechte werden ständig verletzt. Pflanzen- und Tierarten werden unwiederbringlich ausgerottet. Unser aller Leben und das der nachkommenden Generationen ist heute in Frage gestellt.
3. Was sagt uns Christen in Europa das Evangelium in dieser Stunde? Die Voraussetzung für jedes glaubwürdige Zeugnis ist Umkehr – Umkehr zum Schöpfer, der in seiner Liebe jedes einzelne seiner Geschöpfe umsorgt, Umkehr zu Jesus Christus, Gottes Sohn, der uns

wahres Menschsein vorgelebt hat, Umkehr zum Heiligen Geist, der Quelle neuen Lebens. Als europäische Christen haben wir besonderen Anteil an den Ursachen der heutigen Krise. Darum bitten wir Gott um Vergebung unserer Schuld, um die Kraft zur Umkehr, damit wir Werkzeuge seines Friedens werden.

4. Gottes Ratschluß für die Menschheit bleibt letztlich ein Geheimnis, das niemand durchschaut. Im Vertrauen auf das Evangelium haben wir aber die Gewißheit, daß Gott seine Schöpfung zur Erlösung führen will. Aufgrund dieser Gewißheit widerstehen wir jedem Fatalismus. Wie der Apostel Paulus haben auch wir heute die Einladung weiterzugeben: Lasset euch versöhnen mit Gott! Sich mit Gott versöhnen lassen heißt aber zugleich, den Mächten der Zerstörung und des Todes zu widerstehen.

– Jeder Mensch, gleich welchen Geschlechts, welcher Rasse, Nation und Sprache, trägt Gottes Bild in sich und ist darum gleichberechtigtes Glied der Gesellschaft. Laßt uns unmißverständlich bezeugen, daß Christus selber in denen leidet, deren Würde mit Füßen getreten wird; laßt uns ihm nachfolgen, indem wir uns auf die Seite der Unterdrückten, Entrechteten und Gefolterten stellen. Wir werden für die Rechte der Flüchtlinge eintreten und verpflichten uns, eine Gemeinschaft aufzubauen, in der Männer und Frauen zu gleichen Teilen Verantwortung tragen.

– Armut und Hunger sind ein Skandal, der uns nicht ruhen lassen darf. Wir verpflichten uns, sowohl weltweit als auch im eigenen Umkreis zu teilen, und werden jeden Schritt unterstützen, der dazu beiträgt, daß die Last der Verschuldung, unter der viele Länder der Dritten Welt ersticken, beseitigt wird.

– Der Krieg als Mittel zur Lösung von Konflikten muß überwunden werden. Wir werden, jeder in seinem Lande, alles daransetzen, daß die Vision gemeinsamer Sicherheit verwirklicht werden kann. Wir verpflichten uns heute, über Grenzen hinweg ein Vertrauen zu schaffen, in dem die Bereitschaft zur Beseitigung sowohl atomarer als auch chemischer und konventioneller Waffen wachsen kann. Zum Weg der Versöhnung gehört unabdingbar das Zeugnis der Gewaltlosigkeit.

– Laßt uns der Täuschung den Kampf ansagen, daß der Ausbeutung der Natur keine Grenzen gesetzt sind. Der friedliche Umgang mit der Natur setzt die Absage an lebensbedrohende Strukturen in Wirtschaft und Gesellschaft voraus. Es ist uns in diesen Tagen erneut klargeworden, daß der heutige Verbrauch von Ressourcen und Energie drastisch reduziert werden muß. Von uns allen ist ein radikal veränderter, einfacher Lebensstil gefordert.

5. Sollen wir den empfangenen Auftrag erfüllen, haben wir einander nötig. Gottes Bund in Jesus Christus steht fest. Unter dieser Verhei-

ßung wollen wir in Geschwisterlichkeit und Solidarität zusammenstehen. Die politischen und gesellschaftlichen Veränderungen, die heute in Europa stattfinden, geben Anlaß zur Hoffnung. Gemeinsam wollen wir das Unsere dazu beitragen, daß mehr Gerechtigkeit, mehr Bereitschaft zum Dialog und mehr Achtung vor den Gaben der Schöpfung sich durchzusetzen vermögen. So wie die Krise nationale Grenzen überschreitet, muß auch unsere Gemeinschaft diese überschreiten. Unsere Gemeinschaft muß offen sein für die Freundschaft und Zusammenarbeit mit allen, die Frieden in Gerechtigkeit suchen, gleich welcher Religion oder Überzeugung diese sind. Nur so wird unsere Gemeinschaft zu einem Zeichen der Hoffnung in dieser bedrohten und gespaltenen Welt werden können.

Der Geist Gottes, der uns hier zusammengeführt hat, wird immer wieder weit über unsere Erwartungen hinaus wirken. Wir glauben, daß er am Werke ist, um die Saat aufgehen zu lassen, die hier gesät wurde. Das ist unsere Hoffnung. Das ist unser Gebet.

Programmatischer Aufruf des Planungskomitees

Aus dem 1. Entwurf des Arbeitsdokuments (Oktober 1996)

700 Delegierte aller christlichen Kirchen Europas und eine große Zahl von Teilnehmerinnen und Teilnehmern werden im Juni 1997 in Graz zusammenkommen, um sich erneut auf den Weg zur Versöhnung zu machen. Sie empfinden Verantwortung für das Wachsen jener Versöhnung, die Christus durch sein Kommen in diese Welt grundgelegt hat. Im Augenblick vor seinem Sterben bat Christus den Vater für die Seinen um die Gabe: „Alle sollen uns sein: Wie du, Vater, in mir bist und ich in dir bin, sollen auch sie in uns sein ..." (Joh 17,21).

1. Zu Pfingsten 1989 fand in der alten Konzilsstadt Basel die erste Europäische Ökumenische Versammlung statt. Vertreterinnen und Vertreter aus allen europäischen Kirchen kamen unter dem Thema „Frieden in Gerechtigkeit" zusammen. Für sie alle wurde „Basel" zu einem unvergeßlichen Fest der christlichen Gemeinschaft, waren doch zum ersten Mal seit Jahrhunderten Delegierte aus der römisch-katholischen, den orthodoxen und evangelischen Kirchen zu Gebeten, Gottesdiensten und Beratungen vereint.

2. In Basel ahnte niemand, daß wenige Monate später der Eiserne Vorhang, der Europa fast vier Jahrzehnte lang geteilt hatte, fallen würde. Die staatssozialistischen Systeme in Mittel- und Osteuropa zerbrachen; an ihre Stelle traten demokratische Regierungen und marktwirtschaftliche Gesellschaftsordnungen. Wir sind dankbar, daß

dieser Umwandlungsprozeß fast überall ohne Bürgerkriege und blutige Unruhen vor sich gegangen ist. Aber uns ist auch bewußt, daß die revolutionär zu nennenden Umwandlungen noch längst nicht abgeschlossen sind. Vielen Menschen fällt es schwer, die neuen Verhältnisse zu verstehen und sich in ihnen zurechtzufinden. Die Mehrheit der Menschen in den betroffenen Ländern wünscht zwar keine Rückkehr zu den kommunistischen Machtverhältnissen, aber mit den gegenwärtigen Verhältnissen kann sie auch keineswegs zufrieden sein. Zu tief sind die Verunsicherungen, zu offensichtlich die sozialen Ungerechtigkeiten, zu ungewiß die Möglichkeiten für eine friedliche Zukunft.

3. Auch konnte sich in Basel niemand vorstellen, daß in dem ehemaligen Jugoslawien zwischen den Serben, Kroaten und Bosniern ein Bürgerkrieg ausbrechen würde, der Abertausenden von Menschen das Leben kosten, Hunderttausende in die Flucht treiben, fruchtbare Landschaften veröden und blühende Städte in Asche legen würde. Wir sind Zeugen dieser Eruption des Hasses geworden, die sich aus den Kavernen alter Kränkungen und Rachegefühle speiste, die wir für überwunden glaubten. So haben wir mit angesehen und mit geschehen lassen, wie aus guten Nachbarn erbitterte Feinde wurden.

4. Leider ist dies nicht der einzige kriegerische Konflikt in unserem Kontinent geblieben. Der Krieg in Tschetschenien hat uns ebenso erschüttert wie die nicht endenwollenden „Troubles" in Nordirland. Es hat den Anschein, als habe die Neigung, den Krieg als ein unausrottbares Übel zu akzeptieren, wieder unter uns Raum gewonnen. Das hat dazu beigetragen, daß in allen Ländern unseres Kontinents Verunsicherung und Ratlosigkeit zugenommen haben. Wir verweisen darüber hinaus auf die Massenarbeitslosigkeit als ein bestürzendes Zeichen einer zunehmenden sozialen Zerrissenheit. Die Gewaltbereitschaft wächst, gerade auch bei jungen Menschen. Wir verstehen sie unter anderem als ein Indiz dafür, daß die junge Generation ihrer Zukunft nicht mehr sicher ist. Allzu alarmierend sind die Hinweise auf ökologische Zerstörungen, wirtschaftliche Diskrepanzen und politische Verwerfungen, deren Folgen kaum jemand verstehen und noch weniger seelisch verkraften kann.

5. Es ließen sich ohne Mühe weiter Beispiele aufzählen, die erklären, warum die Zweite Europäische Ökumenische Versammlung, die vom 23.–29. Juni 1997 in Graz stattfinden wird, unter dem Thema „Versöhnung" stehen mußte. Es ist vor aller Augen: Europa braucht Versöhnung! Aber wir bezeugen nicht minder entschieden: Europa wünscht Versöhnung! Wenige Jahre vor dem Eintritt in das 3. Millenium hben wir uns hier verbündet in dem Begehren, alles in unseren Kräften Stehende zu tun, damit dieses von entsetzlichen Kriegen und

Greueln erfüllte 20. Jahrhundert in Frieden, Gerechtigkeit und Würde zu Ende gehen kann. Dazu bedürfen wir alle der Versöhnung.

6. Wir sind uns bewußt, daß Versöhnung ein oft mißbrauchtes Wort geworden ist. Es wurde benutzt, um schuldhafte Verhältnisse zu beschönigen und den Mantel eines nachsichtigen Schweigens über Geschehnisse zu breiten, die kritischer Offenlegung bedurft hätten. Versöhnung aber, die diesen Namen verdient, ist ohne Wahrheit und Ehrlichkeit nicht zu haben.

7. Es ist ein Gebot der Wahrheitsliebe, genauer zu beschreiben, welches „Europa" wir meinen, das Versöhnung braucht und begehrt. Wir haben auf die gegenwärtigen Zerrissenheiten und Spaltungen hingewiesen. Diese gründen auf einer langen Geschichte von Feindschaft und Ungerechtigkeit, Unterdrückung und Vergeltung, welche oft die Geschichte unserer Gemeinsamkeiten überdeckt. Zusammen mit unseren verschiedenen Völkern sind wir geprägt von selektiven Erinnerungen an Siege und Niederlagen, Größe und Schande. Unsre Identität nährt sich auch von Feindbildern und stereotypen Vereinfachungen des „anderen" und des „Fremden". Unser politischer Alltag und unsere jeweiligen nationalen und ethnischen Symbole spiegeln diese ererbten Gegensätze wider. Wir sind miteinander Opfer einer unglückseligen Geschichte. Darum muß die Versöhnung, die wir suchen, auch einen neuen Umgang mit unseren Erinnerungen einschließen. Dazu gehört vor allem, daß wir einander in der gemeinsamen Bearbeitung unserer Geschichten begleiten und voneinander zu lernen bereit sind.

8. Es ist ferner ein Gebot der Wahrheitsliebe, festzuhalten, daß in diesem Kontinent Schuld und Kränkung, Machtmißbrauch und Demütigung sehr unterschiedlich verteilt sind. Im Laufe der Jahrhunderte sind die kleineren Völker von den größeren unterjocht und verfolgt worden, so daß sie nicht selten um ihre politischen Grundrechte, ja um ihr Existenzrecht bangen mußten. Der Umgang mit Minderheiten, zu denen in unseren Tagen vor allem Immigranten, Flüchtlinge und Wanderarbeiter zählen, ist immer auch eine Herausforderung für die ortsansässigen Bevölkerungsmehrheiten. Wo sich ihre Integrationsfähigkeit erschöpft, werden die Fremden leicht zu Sündenböcken gemacht. Diese tiefen Unterschiede zwischen Tätern und Opfern gilt es zu beachten, damit wir uns nicht im Namen der Versöhnung neuer Verletzungen schuldig machen. Der Ruf nach Versöhnung trifft Täter und Opfer darum auch auf unterschiedliche Weise. Das gilt nicht nur für die Völker, denen wir angehören. Als Christen, die wir hier in Graz zusammengekommen sind, müssen wir bekennen, daß es genauso auch für die Kirchen gilt, deren Glieder wir sind.

9. Mit welcher Autorität sprechen wir als Repräsentanten und Repräsentantinnen unserer Kirchen von Versöhnung? Die Ehrlichkeit gebie-

tet uns zu bekennen, daß alles, was wir über unsere Völkergeschichte gesagt haben, auch für unsere Kirchengeschichte zutrifft. Wir bezeugen mit Dankbarkeit, daß wir im Laufe dieses Jahrhunderts durch die ökumenische Bewegung zueinander gefunden haben. Dennoch sitzen die Erinnerungen an Glaubenskriege, Verunglimpfungen und Verleumdungen wie Stacheln des Mißtrauens in uns. Wir sind aneinander schuldig geworden. Wie können wir die Botschaft von der Versöhnung vor der Welt vertreten, wenn wir doch selber noch unversöhnt sind?

10. Es bedrückt unser Gewissen, daß die christlichen Kirchen eine lange Geschichte der Schuld gegenüber dem jüdischen Volk haben. Die fast vollständige Vernichtung der Juden in Europa durch die Shoah in diesem Jahrhundert ist ein Vorgang von singulärer Barbarei. Sie hat jedoch eine lange Vorgeschichte, in welche auch die europäische Christenheit seit ihren Anfängen verstrickt ist.

11. Wir sehen nicht auf uns selbst, wenn wir das Wort von der Versöhnung in den Mund nehmen, sondern auf Gott, der uns in dem Juden Jesus offenbar gemacht hat, was die Versöhnung vermag. Die einzige Autorität, die wir Christen als „Botschafter der Versöhnung" (2 Kor 5,20) reklamieren dürfen, ist, daß wir miteinander unter das Kreuz dieses Jesus treten und uns von seiner Liebe erfüllen lassen. „Denn er ist unser Friede. Er vereinigte die beiden Teile (Juden und Heiden) und riß durch sein Sterben die trennende Wand der Feindschaft nieder. Er hob das Gesetz samt seinen Geboten und Forderungen auf, um die zwei in seiner Person zu dem neuen Menschen zu machen. Er stiftete Frieden und versöhnte die beiden durch das Kreuz mit Gott in einem einzigen Leib. Er hat in seiner Person die Feindschaft getötet" (Eph 2,14–16). Wir bekennen Jesus als Gottes Sohn und Wende der Zeiten, weil er durch seinen Tod und seine Auferstehung die Feindschaft aus der Schöpfung herausgenommen hat. Durch sein bedingungsloses Selbstopfer hat er „die Feindschaft getötet", das heißt den unglückseligen Kreislauf der Gewalt, die sich immer wieder ihre Sündenböcke sucht und darum nie zur Ruhe kommt, zu entmachten. Der Mechanismus der Verfeindung, der aus den anderen Gegner und Rivalen macht, ist ersetzt durch die Geschichte der Entfeindung. Sie eröffnet einen neuen Horizont, in welchem die anderen Menschen nicht als Fremde und Rivalen, sondern als Mitmenschen und Freunde erkannt werden.

12. Wenn wir also Versöhnung als „Gottes Gabe" bezeichnen, dann meinen wir nicht irgendein Geschenk unter anderen, sondern das Mysterium der Selbstmitteilung Gottes in seinem Sohn. Damit konzentrieren wir uns auf das Geheimnis, daß Gott in Jesus als dem Christus Mensch geworden und in der Schöpfung gegenwärtig ist. Wir

vertrauen darauf, daß die Kraft der Veränderung durch und durch geht, wie es das griechische Wort für Versöhnung „katallagé" von seinem Wortsinn her nahelegt. Daher erkennen wir, obgleich wir doch alle Spuren der Unversöhntheit an uns tragen, schon in unserer Sehnsucht nach Versöhnung den Anhauch der Gotteskraft (vgl. Röm 8,26f). Und wir verlassen uns darauf, daß in und mit der Gegenwart dieses Geistes Gottes Versöhnung zu einer geschichtlichen Möglichkeit wird. Gott gibt die Versöhnung als eine konkrete Möglichkeit in die Geschichte der Menschen hinein.

13. Uns ist schmerzlich bewußt, daß der Name Gottes für viele Menschen in Europa bis zur Unkenntlichkeit verzerrt ist. Er wurde für allerlei egoistische, nationalistische und kirchliche Machtinteressen mißbraucht, ein Umstand, der mit dazu beiträgt, daß unser Kontinent durch Wellen der religiösen Gleichgültigkeit geht und heute an einer geradezu alltäglich gewordenen Gottesfinsternis leidet. Wir können also nicht davon ausgehen, daß Versöhnung dadurch einsichtiger oder überzeugender wird, daß wir sie als die „Gabe" Gottes bezeichnen. Vielmehr ist das Ringen um Versöhnung auch ein Ringen um Gott und ein Versuch, Gott zu verstehen und zu bezeugen.

14. Wie bereits erwähnt, betrachten wir Versöhnung als den fundamentalen Vorgang der Überwindung der Spirale von Gewalt, die ständig nach neuen Opfern sucht, der Vergeltung und Rache. Dem entspricht, daß im Zentrum des christlichen Glaubens das Bekenntnis zu Gott als dem Barmherzigen steht „Liebe will ich, nicht Schlachtopfer, Gotteserkenntnis statt Brandopfer" (Hos 6,6). So und ähnlich in der gesamten Heiligen Schrift wird die Barmherzigkeit Gottes bezeugt. Daß der Gott Abrahams dem Wesen nach liebevoll und barmherzig sei, ist eine Glaubenserkenntnis, die das Christentum – und auch der Islam – von ihrer jüdischen Mutterreligion übernommen haben. Wir erkennen darin eine große Übereinstimmung, die noch sehr viel deutlicher zur Grundlage von Annäherung und Zusammenarbeit gemacht werden sollte.

15. Dieses Mysterium der Barmherzigkeit zu ergründen, hat in der Alten Kirche zur Entfaltung einer trinitarischen Theologie beigetragen. In der „Kenosis", der Selbstentäußerung des Sohnes, wird uns der Abgrund der Barmherzigkeit offenbar, mit dem Gott die Schöpfung von Stunde zu Stunde trägt und erhält. Im Kreuz des Sohnes wird die verhängnisvolle Mechanik von Haß und Gewalt durchkreuzt. Im Geist wird diese Energie der Barmherzigkeit unter uns wirksam. Es ist also in dem dreieinigen Gott eine einzige große Bewegung der Liebe, eine Koinonia (Gemeinschaft), die in die Schöpfung überquillt, die das Universum ebenso umfaßt, wie sie das Herz eines jeden von

uns durchdringt. So wird der Glaube an Gott oder das Vertrauen in der Gegenwart des Geistes zur treibenden Kraft des „éleos“, der Barmherzigkeit, mit kosmischer Ausstrahlung, als die Kraft, die die Schöpfung enthält, das Zerrissene heilt und von allen Gestalten der Gefangenschaft befreit.

16. Der heilige Isaak der Syrer, der im 7. Jahrhundert gelebt hat, hat uns gelehrt, daß es darauf ankomme, in die „Schule des Erbarmens“ einzutreten; denn dort werde Vergebung und Barmherzigkeit allen anderen gegenüber gelernt. Der heilige Isaak war es auch, der davon sprach, daß die Bewegung der Barmherzigkeit in der Dreieinigkeit Gottes ihre geschichtliche Logik in der Schule des Erbarmens findet, in der wir ein „barmherziges Herz“ bekommen: „Was ist nun ein barmherziges Herz? Es ist das Herz, welches sich um der ganzen Schöpfung willen verzehrt, für die Menschheit, die Vögel, die Tiere, die Dämonen und für jedes Geschöpf ... Durch sein großes Erbarmen wird sein Herz demütig und er kann es nicht ertragen, irgendeine Verletzung oder den kleinsten Kummer in der Schöpfung zu hören oder zu sehen ...“ (aus der 71. Homilie im „Buch der Gnade“). Daß es diese Verbindung von Demut und Großmut ist, welche die Schöpfung erhält und alles Lebendige stützt, finden wir auch in den Seligsprechungen, wo Jesus sagt: „Selig, die keine Gewalt anwenden; denn sie werden daß Land erben“ (Mt 5,5).

17. Dieser barmherzige Gott ist es, aus dem die Versöhnung wie eine „Quelle neuen Lebens“ hervorquillt. Wir erkennen Spuren dieser Quelle in unserer Welt. Wir erinnern an die ungezählten Akte von Versöhnung zwischen Frauen und Männern oder Eltern und Kindern, durch die Zerwürfnisse geheilt und neues Zusammenleben ermöglicht wird. Es gehen glücklicherweise mehr Menschen in die „Schule des Erbarmens“, als uns gemeinhin bewußt ist. Wir sind dankbar für jede Frau und jeden Mann, die Böses mit Gutem vergelten und immer wieder versuchen, ihre Feinde mit Freundlichkeit und Liebe für sich zu gewinnen (vgl. Mt 5,44). Wir erinnern auch dankbar an alle Politikerinnen und Politiker und kirchenleitenden Persönlichkeiten, die sich für die Versöhnung verfeindeter Völker und Kirchen eingesetzt haben. Auch wenn gewichtige Einzelheiten des europäischen Einigungswerkes kritisiert werden können, so halten wir daran fest, daß ihr Grundimpuls in dem Verlangen nach Versöhnung wurzelt und darum auch weiterhin unverzichtbar wichtig bleibt. Wir lassen uns nicht in der Überzeugung beirren, daß Völkerversöhnung möglich ist, auch wenn man dieses Wort oft mißbraucht hat.

18. Es gibt deutliche Spuren der Versöhnung mitten in unserem Alltag. Die Quelle dieses neuen und erneuernden Lebens fließt auch in uns. Dies kommt mit einzigartiger Deutlichkeit in den Sakramenten

zum Ausdruck. Im Wasser der Taufe bezeugen wir Gottes Geistesgegenwart als die Quelle erneuernden und neuschaffenden Lebens. Und in der Eucharistie feiern wir die Gegenwart des Versöhners, der sein Leben gab, damit wir Leben hätten und durch seine Wunden geheilt seien (vgl. Jes 5,5). Es kommt nunmehr alles darauf an, daß diese Sakramente ihre heilsame Wirklichkeit im Alltag unseres Lebens entfalten. Bildlich gesprochen, das Wasser der Versöhnung muß auf die Felder geleitet werden, die von Feindschaft und Mißtrauen verwüstet daliegen. Wir werden das hier in Graz auf sechs Themenfeldern zu tun versuchen.

19. In dieser Bemühung ist uns immer wieder bewußt geworden, daß Versöhnung nichts mit einer oberflächlichen Amnestie zu tun hat, sondern einen Prozeß beschreibt, der die Heilung unserer qualvollen Erinnerungen mit dem Streben nach besseren Verhältnissen verbindet. Um die unerschöpfliche Quelle der Barmherzigkeit und Gnade Gottes herum entstehen gleichsam Oasen des Vertrauens, in denen wir Leid und Schuld bekennen, unser Herz in ehrlicher Reue vor den anderen bloßlegen und in der Gewährung von Vergebung das volle Maß unserer Humanität wiedergewinnen. Wo Schuldige im Eingeständnis ihrer Vergehen auf ihre vermeintliche Macht verzichten und Beleidigte in der Gewährung von Vergebung ihre Würde und Größe wiederfinden, geschieht die Wiederentdeckung der Mitmenschlichkeit und die Wiedergewinnung von Geschwisterschaft. Wir erkennen: die anderen sind wie wir. Was du getan hast, könnte ich auch getan haben. Das ist ein aufwühlender Vorgang, der uns die gewohnten Waffen der Leugnung und Verdrängung, der Vergeltung und Verteufelung aus der Hand schlägt.

20. Solche Prozesse von Versöhnung sind schwere Kämpfe; denn sie stehen in Widerspruch zu unserer Neigung als einzelne, als Gruppen und als Völker, unser Vertrauen auf die rücksichtslose Macht der Ellenbogen und die einschüchternde Gewalt abschreckender Waffen zu setzen. In einer Welt, welche Macht als einen gnadenlosen Kampf zwischen „Gewinnern" und „Verlierern" definiert, ist die Macht der Versöhnung ein Ärgernis und eine Provokation. Und doch ist es diese Macht, die uns hilft, der ständigen Anklage der anderen Seite zu widerstehen, weil wir eingesehen haben, daß wir damit nicht zuletzt die dunklen Seiten in uns selbst, die Angst und Unerlöstheit unseres eigenen Herzens zu verdecken suchen. Der Weg der Versöhnung führt nicht nur zu den anderen. Er reicht auch in die Abgründe unseres eigenen Lebens. Versöhnen ist Loslassen. Wir erinnern an das Gleichnis von dem verlorenen Sohn oder besser: von den beiden verlorenen Söhnen; denn beiden kommt der Vater in seiner Barmherzigkeit entgegen. Nun ist es an ihnen, sich zu versöhnen (vgl. Lk 15,11–32).

21. Da wir die Versöhnung als einen Prozeß verstehen, der die gewalttätigen Verzerrungen in unserem Zusammenleben heilt, welche sich aus dem Zuviel der einen und dem Zuwenig der anderen Seite herleiten, müssen wir ihn auch ausdrücklich auf unsere Gemeinschaft als Frauen und Männer beziehen. Obgleich bedeutsame Anstrengungen unternommen worden sind, geht die Herrschaft der Männer in unseren Familien, Kirchen und Gesellschaften immer noch zu Lasten der Frauen, mit der Folge, daß der Reichtum der Gaben geschmälert und die Intensität der Begegnung eingeschränkt sind.

22. Loslassen wollen wir auch die Angst vor unserer Endlichkeit, die uns immer wieder dazu bringt, das Maß unserer Kräfte zu überspielen und uns mächtiger zu machen, als wir in Wirklichkeit sind. Dieses wahnhafte Bemühen, alle Risiken des Lebens abzusichern, zu kontrollieren und zu beherrschen, verleitet zu Verzerrungen des Menschlichen und macht uns dadurch blind gegenüber dem Sinn und den Möglichkeiten, die wir als Mitmenschen und als Mitgeschöpfe in einer endlichen Welt haben. Zu solchem Loslassen gehören der Verzicht auf Allmachtsphantasien und die Suche nach dem Maß des Verträglichen und des Gerechten für unsere Zeit und die kommenden Generationen.

23. Dies ist der Grund, warum wir von einer Versöhnung mit der Natur reden können und müssen. Es ist offenkundig, daß die Welt der Pflanzen und Tiere, daß Wasser, Luft und Erde an der Maßlosigkeit menschlicher Ausbeutung Schaden genommen haben. Das Haus des Lebens, in dem allein wir wohnen können, droht unter dem Mißbrauch, der in unserem Kontinent vor allem durch unser Konsumverhalten geschieht, zugrunde zu gehen. Daraus folgt, daß die Lebensmöglichkeiten kommender Generationen an unserer mörderischen Maßlosigkeit leiden. Und diese Maßlosigkeit berührt vor allem den unerträglichen wirtschaftlichen Tatbestand, daß immer weniger Menschen immer reicher werden, während immer mehr Menschen ein immer elenderes Leben fristen müssen. Die Versöhnung zwischen dem „Übermenschen“, der alles meint haben zu müssen, und dem „Untermenschen“, dem alles genommen wird, ist die wichtigste Aufgabe, die vor uns liegt. In dem Kampf um das genugsame Maß des Menschlichen verbinden sich der Verzicht auf den Überfluß auf seiten der reichen Welt mit der Gewährleistung der Grundrechte auf der Seite der verelendenden Welt. So zeigt sich, daß die Aufgaben des konziliaren Prozesses für Gerechtigkeit, Frieden und die Bewahrung der Schöpfung durch die Dimension der Versöhnung in ihrer Dringlichkeit bekräftigt werden.

Theologische Überlegungen auf dem Weg nach Graz

Ulrich H. J. Körtner

1. Auf dem Weg nach Graz

„Versöhnung – Gabe Gottes und Quelle neuen Lebens" lautet das Motto der Zweiten Europäischen Ökumenischen Versammlung, zu welcher die Konferenz Europäischer Kirchen (KEK) und der Rat der Europäischen Bischofskonferenzen (CCEE) vom 23. bis 29. Juni 1997 nach Graz einladen. Die Versammlung in Graz soll entsprechend dem Wunsch der Veranstalter „ein kraftvolles ökumenisches Zeugnis in einem neuen Europa" geben.[1]

Inzwischen macht sich freilich Skepsis breit. Manche, die sich im Konziliaren Prozeß engagieren, äußern die Befürchtung, Graz könnte zu einem ökumenischen Flop werden.[2] Diese Sorge scheint mir nicht unbegründet zu sein, und das aus zweifachem Grund. Zum einen besteht die Gefahr, die Rolle, welche die Kirchen als Friedensstifter spielen können, zu überschätzen. Eine der Hauptfragen, die in Graz zu diskutieren wäre, lautet, ob die Kirchen Europas heute überhaupt fähig sind, „Träger des versöhnenden und erlösenden Wortes für die Menschen und die Welt" (Dietrich Bonhoeffer)[3] zu sein. Daß sie aufgrund ihrer Geschichte und konfessionellen Spaltungen bestenfalls „zweideutige Zeugen der Versöhnung sind, wie es in einer Arbeitshilfe für Graz heißt[4], kann nicht genug betont werden. Die Kirchen Europas leben in engem Zusammenhang mit ihren Gesellschaften und Kulturen. Sie sind verflochten mit der Politik und Geschichte der Völker Europas und haben teil an deren Konflikten und Widersprüchen. Die biblische Botschaft von der Versöhnung, welche die Kirche in Wort und Tat, in Martyria, Diakonie und Leiturgia der Welt verkündigen soll, ist darum zuvor ihr selbst zu predigen. Andernfalls verkommt die ökumenische Formel von der Einheit der Kirchen in versöhnter Verschiedenheit zur kirchlichen Ideologie.

Eine zweite Gefahr für Graz besteht darin, das Versammlungsthema zu sehr und allzu schnell von seiner ethischen und zu wenig von seiner theologischen Seite her zu betrachten. Vor allem praktischen Einsatz für Versöhnung unter den Menschen sowie zwischen Mensch und Natur ist Versöhnung ein zentraler Inhalt des christlichen Glaubens, dessen Sinn sich heute keineswegs mehr von selbst versteht. Diesen Glaubensinhalt gilt es erst einmal theologisch gründlich zu reflektieren, soll sich die Versöhnungsarbeit der Kirchen nicht in Alibihandlungen und wirkungslosem Aktionismus erschöpfen. Welchen Sinn haben irgendwelche gutgemeinten Versöhnungsinitiativen, solang keine Klarheit darüber herrscht, worin eigentlich nach christlicher Auffassung das Wesen von Versöhnung und die Ursachen von Unversöhntheit bestehen? Die von den Initiatoren der Grazer Versammlung bislang angestellten theologischen Überlegungen zum Grundmotiv christlichen Glaubens und Handelns bleiben allzusehr an der Oberfläche der Versöhnungsproblematik. Schon der Versöhnungsbegriff selbst wird beispielsweise in der 1995 veröffentlichten Arbeitshilfe der gemeinsamen Vorbereitungsgruppe von KEK und CCEE völlig unzureichend bestimmt. „Versöhnung“, so lesen wir da, „bedeutet Wiederherstellung der Bande der Freundschaft oder Zuneigung von Menschen, die durch Streit, Feindschaft oder sogar durch Verbrechen und Konflikte entzweit sind“[5]. Und in bestürzender Einfalt erklären die Autoren: „Sich versöhnen heißt: sich wieder vertragen, wieder Freunde werden.“[6] Daß der Versöhnungsbegriff alltagssprachlich diese Nuance angenommen hat, ist nicht zu bestreiten, wohl aber, daß sich die theologische Reflexion mit solchen Allgemeinplätzen begnügen kann. Oder sollte das tatsächlich schon die Botschaft von Graz, das versöhnende und erlösende Wort sein, welches den Schaden in Europa heilen kann, „befreiend und erlösend“, um mit Dietrich Bonhoeffer zu sprechen, „wie die Sprache Jesu, daß sich die Menschen über sie entsetzen und doch von ihrer Gewalt überwunden werden, die Sprache einer neuen Gerechtigkeit und Wahrheit, die Sprache, die den Frieden Gottes mit den Menschen und das Nahen seines Reiches verkündigt“[7]. Und wie steht es mit der inhaltlichen Füllung der theologischen Hauptaussage der zitierten Arbeitshilfe, wonach das Wesen und der Grund aller Versöhnung „in der Beendigung der Feindschaft zwischen Gott und Mensch“ besteht?[8] Ist auch hier einfach gemeint – was immer das eigentlich heißen mag –, daß Gott und Mensch „sich vertragen, wieder Freunde werden“? Was könnte eine aus einem derartigen Versöhnungsverständnis abgeleitete Ethik anderes bieten als den wohlmeinenden Appell an alle miteinander verfeindeten Menschen guten Willens, auch sie mögen sich doch bitte wieder die Hand reichen? Solch eine appellative Ethik unterschätzt das Ausmaß und die wahren Ursachen von Konflikten, um derentwillen Versöhnung überhaupt notwendig ist. Theologisch betrachtet unterbietet sie das erforderliche Verständnis von Sünde.

Zu einer ernsthaften und darum auch ethisch ernstzunehmenden Behandlung des Versöhnungsthemas gehören neben einer theologischen Bestimmung des Wesens von Konflikten und einer theologischen Verhältnisbestimmung von Konflikt und Sünde die kritische Aufarbeitung der Geschichte des Versöhnungsgedankens sowie die exegetische

Überprüfung seiner biblischen Voraussetzungen. Daß das biblische Wort von der Versöhnung heute nur wenig Gehör findet, liegt unter anderem daran, daß seine gedanklichen Voraussetzungen und Konnotationen den meisten Zeitgenossen kaum mehr verständlich sind. Über die Problemgeschichte der christlichen Versöhnungslehre verliert die genannte Arbeitshilfe kein einziges Wort.
Was aber die biblischen Grundlagen einer zeitgemäßen Versöhnungslehre betrifft, so halten es die Verfasser anscheinend für ausreichend, einige Bibelstellen aufzulisten. Wenn Graz nicht wirklich ein ökumenischer Flop werden soll, sind die Vorarbeiten auf theologischem Gebiet erheblich zu verstärken. Dazu möchten die nachfolgenden Überlegungen in sieben Schritten einen Beitrag leisten. Ich werde zunächst den etymologischen Aspekt des Versöhnungsbegriffs beleuchten (2), um anschließend die Hauptpositionen der christlichen Versöhnungslehre in ihrer Geschichte und ihrer ökumenischen Weite in Erinnerung zu rufen (3). In einem dritten Schritt werde ich die wichtigsten Kritikpunkte der neuzeitlichen Kritik an der traditionellen Versöhnungslehre des Christentums benennen (4). Im Zentrum der neuzeitlichen Debatte steht das Problem des Opfergedankens, welcher in seiner vormodernen Form theologisch obsolet und moralisch verwerflich erscheint. Von namhaften Ethnologen und Soziologen wie auch von Theologen wird heute jedoch bezweifelt, daß die Logik des Opfers in der modernen Gesellschaft wirklich überwunden ist. Und andererseits macht eine Reihe von Theologen geltend, daß die biblische Versöhnungslehre ohne ihren Bezug zur Logik des Opfers gar nicht verständlich ist. In einem vierten Schritt unserer Überlegungen ist daher der innere Zusammenhang von Versöhnungslehre und Opfergedanken zu diskutieren (5). Inwiefern nun Versöhnung im biblischen Sinne Gabe Gottes und Quelle neuen Lebens ist, soll in den beiden folgenden Abschnitten erläutert werden. Zunächst gilt es, das biblische Evangelium von der Versöhnung im Sinne des Paulus als Wort vom Kreuz zu interpretieren (6). Sodann ist zu fragen, worin im biblischen Sinne ein Leben aus der Kraft der Versöhnung besteht (7). Zum Schluß unserer Überlegungen soll die Frage nach dem Versöhnungsauftrag der Kirchen gestellt werden (8).

2. Der Begriff der Versöhnung

„Versöhnung" ist zu einem Grundbegriff christlicher Theologie geworden, obwohl er im Neuen Testament recht selten gebraucht wird. Als tragender Begriff des christlichen Heilsverständnisses begegnet er uns überhaupt nur bei Paulus[9].

Das griechische Substantiv *katallage* bzw. das Verb *katallassein* finden sich auch in der Septuaginta, der griechischen Version des Alten Testaments, nur selten, und zwar nicht in der Bedeutung von „Versöhnung", sondern von „umdrehen".[10] Für „versöhnen" gebraucht die Septuaginta sonst die Vokabeln *hilaskesthai* oder *exhilaskesthai.* Eine wichtige Parallele hat der paulinische Versöhnungsbegriff allerdings im Sprachgebrauch des 2. Makkabäerbuches, wo die Versöhnung zwischen Gott und Mensch durch die passivische Wendung *katallastesthai* ausgesagt wird.[11] Versöhnung meint hier die Beschwichtigung Gottes, der durch die Sünde der Menschen erzürnt ist. Durch Gebete und Buße, durch Beweise ihres erneuerten Gehorsams suchen die Menschen auf Gott einzuwirken. Der Versöhnung, die Gott gewährt, geht die kultische Sühnung oder Vergebung der Sünden voran, wie sie dem jüdischen Opferkult in alttestamentlicher Zeit und vor allem dem Ritus des in nachexilischer Zeit aufgekommenen großen Versöhnungstages (Jom Kippur) zugrunde liegt.[12] Versteht man unter Versöhnung einen Akt, durch den die gestörte Gemeinschaft zwischen Gott und den Menschen, genauer gesagt seinem Volk, wieder geordnet wird, so trifft das recht genau den Sinn der hebräischen Vokabel *kippaer,* welche die Wiederherstellung von Gemeinschaft an kultische Vollzüge bindet, deren Bedeutung für das christliche Versöhnungsverständnis noch zu bedenken sein wird.

Die lateinische Vulgata übersetzt das griechische *katallage* mit „reconciliatio", womit im Lateinischen von der ursprünglichen Wortbedeutung her die Wiederherstellung eines Freundschaftsverhältnisses bzw. die Beendigung einer Feindschaft gemeint ist. Im biblischen Kontext schließt die Reconciliatio freilich den Aspekt der Sühne für zugefügtes Unrecht bzw. für begangene Sünde mit ein. Das entspricht auch der deutschen Vokabel „Versöhnung", die auf das mittelhochdeutsche „versüenen" zurückgeht[13]. Außerordentlich oft wird das Wort von Martin Luther gebraucht, vor allem in seiner Übersetzung der Bibel. Überhaupt haben die Reformation und die religiösen Konflikte des 16. Jahrhunderts zur Befestigung des Versöhnungsbegriffs im Neuhochdeutschen viel beigetragen. Luther gebraucht sowohl die Vokabel „versüenen" als auch deren jüngere Form „versönen", welche bei ihm sowohl den Sinn von „aussöhnen" als auch von „wiedergutmachen" haben kann.[14] In der heutigen Lutherbibel ist nur die Form „versöhnen" übriggeblieben, die inzwischen die Bedeutung von „Frieden stiften, sich aussöhnen" bis hin zur abgeschwächten Bedeutung „sich wieder vertragen" angenommen hat.

Das lateinische „reconciliatio" begegnet uns sowohl im romanischen Sprachraum wie auch im Englischen wieder, wobei die englischsprachige Theologie zwischen „atonement" (Sühne, Sühnopfer) und

„reconciliation“ (Aussöhnung) unterscheidet und unter „reconciliation“ auch die sozialethische Aufgabe der Friedensstiftung faßt.
Wie die Sprachgeschichte des Versöhnungsbegriffs zeigt, sind semantisch mehrere Bedeutungsfelder zu unterscheiden, die sich im theologischen Versöhnungsgedanken auf komplexe Weise überlagern. Wir können eine kultische und eine soziale Bedeutungsebene des Versöhnungsbegriffs unterscheiden. Wo in biblischen Bezügen von Versöhnung als einem Geschehen zwischen Gott und Mensch bzw. als einem Handeln Gottes gesprochen wird, umfaßt dieser Vorgang alle drei genannten Dimensionen, wobei sie in theologischer Perspektive sogar eine kosmische Dimension haben. Davon wird noch zu reden sein. Beim gegenwärtigen Nachdenken über den Versöhnungsbegriff als Grundmotiv christlichen Glaubens und Handelns gilt es freilich zu beachten, daß gegenüber der biblischen Tradition wie auch gegenüber der traditionellen christlichen Versöhnungslehre seit der Aufklärung eine Bedeutungsverschiebung stattgefunden hat.[15] In ihrem Verlauf ist der Versöhnungsbegriff seiner kultischen Bedeutung entkleidet und auf seine juridische und soziale Dimension reduziert worden. Von einem zentralen Begriff christlicher Dogmatik ist „Versöhnung“ mehr und mehr zu einem Begriff der (Sozial-)Ethik geworden. Diese Begriffsverschiebung markiert ein theologisches Problem von erheblichem Gewicht, zeigt sie doch, daß und wie das christliche Heilsverständnis seit der Aufklärung einer folgenreichen ethischen Transformation unterworfen ist. Versöhnung erscheint nun nicht mehr als exklusives Heilshandeln Gottes, sondern als eine nach dem Modell zwischenmenschlicher Versöhnungsbemühungen gedachte friedensstiftende Maßnahme Gottes, welche umgekehrt menschlichen Bemühungen um zwischenmenschliche Aussöhnung und die Herstellung politischen oder sozialen Friedens als Vorbild und Motivation dient. Offen bleibt bei solcher Ethisierung christlicher Glaubensinhalte jedoch die Frage, inwiefern das Versöhnungshandeln Gottes vom Versöhnungshandeln des Menschen zu unterscheiden ist und inwiefern letzteres sich auf ersteres bezieht. Wenn diese Frage keine überzeugende Antwort findet, wird die christliche Versöhnungslehre zu einem religiösen Durchlauferhitzer ethischer Appelle reduziert, ohne zu den sozialethischen Problemen der Konfliktregelung und Friedensstiftung wirklich etwas Neues und Unverwechselbares zu sagen zu haben. Eben darin scheint mir das zentrale Problem des Generalthemas der im kommenden Jahr stattfindenden Zweiten Europäischen Ökumenischen Versammlung zu bestehen. Doch bevor wir versuchen können, unter heutigen Verstehensbedingungen die spezifisch theologische Dimension der Versöhnungsproblematik zu benennen, müssen wir uns in ihren Grundzügen mit der Geschichte der christlichen Versöh-

nungslehre sowie den Gründen für ihre neuzeitliche Kritik und ethische Transformation befassen.

3. Zur Geschichte der christlichen Versöhnungslehre

Prägnant hat Paulus die urchristliche Versöhnungslehre in einem einzigen Satz zusammengefaßt: „Gott war in Christus und versöhnte die Welt mit sich selber und rechnete ihnen ihre Sünden nicht zu und hat unter uns aufgerichtet das Wort von der Versöhnung“ (2 Kor 5,19). Doch wie ist diese Aussage zu verstehen? Worin bestehen Wesen und Wirkung der durch das Christentum verkündigten Versöhnung zwischen Gott und Mensch, und was ist dementsprechend der Inhalt des Wortes von der Versöhnung?

Die Kirchengeschichte hat eine Reihe von Interpretationen hervorgebracht. Ihnen gemeinsam ist eine gegenüber Paulus folgenschwere Vertauschung von Subjekt und Objekt des Versöhnungsgeschehens. Während nach Paulus Gott selbst das Subjekt der Versöhnung ist, entwickelte sich in nachapostolischer Zeit die Vorstellung, daß Gott durch den Gehorsam Christi bzw. durch das Opfer seines Lebens am Kreuz mit der Menschheit versöhnt werden mußte, nachdem seine göttliche Majestät zuvor durch die Sünde Adams beleidigt worden war.

In einer bedeutenden Studie hat der schwedische Theologe Gustav Aulén theologiegeschichtlich drei Haupttypen der christlichen Versöhnungslehre unterschieden.[16] Aulén unterscheidet zwischen einem klassischen Typus, einem lateinischen Typus und einem humanisierenden Typus. Unter dem klassischen Typus versteht Aulén den der altkirchlichen Theologie, der einerseits in der Theologie der orthodoxen Kirchen bewahrt sei, andererseits aber angeblich wieder von Luther aufgenommen und vertieft worden sei. Für das als klassisch bezeichnete Versöhnungsverständnis spielt die Inkarnation eine zentrale Rolle. Gott versöhnt die Welt durch den Sieg Christi über die Mächte des Bösen und des Todes und ermöglicht so nicht nur die Vergottung des Menschen, d. h. dessen Teilhabe am ewigen Leben Gottes, sondern die Wiederherstellung des gesamten Kosmos.

Der zweite, von Aulén als lateinisch bezeichnete Typus interpretiert das Versöhnungsgeschehen vornehmlich in juridischen Kategorien. Vor allem Anselm von Canterbury (1033/34–1109) wurde maßgebend für diesen Typus eines kultisch-rechtlichen Versöhnungsbegriffs. Demnach bedeutet Sünde vornehmlich die Zerstörung eines zwischen Gott und den Menschen bestehenden Rechtsverhältnisses, das allein dadurch wiederhergestellt werden kann, daß Christus, welcher in

seiner Person sowohl der wahre Gott als auch der wahre Mensch ist, Genugtuung (satisfactio) dafür leistet, daß Gottes Heiligkeit angetastet worden ist. Mit dieser sogenannten Satisfaktionslehre wird auch die Frage nach dem Grund der Menschwerdung Christi beantwortet.
Den dritten, von ihm als humanisierend bezeichneten Haupttyp findet Aulén vor allem in der Theologie des Neuprotestantismus, etwa bei Friedrich Schleiermacher, Albrecht Ritschl, Adolf v. Harnack oder auch Ernst Troeltsch.[17] Während für den lateinischen Typus Gott in erster Linie das Objekt der Versöhnung ist, ist er nach Auffassung des neuzeitlichen Typus das Subjekt der Versöhnung. Dieser Typus von Versöhnungslehre nähert sich also in gewisser Weise wieder dem klassischen Haupttyp an, unterscheidet sich von diesem aber in der Durchführung des Versöhnungsgedankens. Gemeinsam ist nämlich den Spielarten der modernen Erlösungslehre, daß alle Glaubensaussagen nicht als Beschreibung objektiver Heilstatsachen, sondern als Ausdruck religiöser Bewußtseinslagen verstanden werden. Dementsprechend ist die Rede vom Zorn Gottes, den es zu besänftigen gilt, nicht so sehr eine Aussage über Gott selbst, sondern über das schlechte Gewissen des sündigen Menschen. Versöhnung bedeutet nun nicht einen Gesinnungswandel Gottes, sondern einen Bewußtseinswandel des Menschen. Nicht der Wille Gottes, sondern das menschliche Gottesbild wandelt sich, wo dem Menschen der Sinn des Evangeliums aufgeht, welches davon spricht, daß Gottes ewiges Wesen nicht Zorn und Strafbedürfnis, sondern Liebe ist. Für diesen modernen Typus christlicher Versöhnungslehre gibt es nach Auléns Auffassung allerdings schon einen mittelalterlichen Ahnherrn, nämlich Petrus Abaelard (1079–1142), welcher Versöhnung als Wirkung überströmender göttlicher Liebe verstanden hat, die den Menschen erfaßt und so die Gerechtigkeit Gottes bringt. Nach Abaelard weckt Gottes in Christus erschienene Liebe die Liebe des Menschen zu Gott, geht im Glauben auf den Menschen über und breitet sich so in der Welt weiter aus.
Ein besonderes Problem der Darstellung Auléns besteht in der Zuordnung der Reformatoren zu den genannten Haupttypen christlicher Versöhnungslehre. Daß namentlich Luthers Theologie im wesentlichen dem klassischen Typus zuzuordnen ist, stellt eine Verkürzung seiner Versöhnungslehre dar. Luther wie auch die übrigen Reformatoren haben sehr wohl die scholastische Auffassung des lateinischen Westens vom Tod Christi als eines den Zorn Gottes versöhnenden Sühneopfers beibehalten, gegenüber Anselm aber diese Vorstellung im Sinne eines stellvertretenden Strafleidens umgedeutet, zu dessen Übernahme durch Christus die Initiative bei Gott dem Vater lag. Gegenüber der spätmittelalterlichen katholischen Theologie betonen die

Reformatoren, daß die Versöhnung exklusiv zum sogenannten priesterlichen Amt Christi gehört und daher auf kein menschliches Verdienst bezogen ist, weder als Voraussetzung noch als Folge des Versöhnungsgeschehens.
Erst der neuzeitliche Rationalismus hat zu einem grundsätzlichen Überdenken der gedanklichen Voraussetzungen christlicher Versöhnungslehre geführt, indem der Satisfaktionsgedanke und die Logik seiner kultisch-juridischen Begrifflichkeit der Kritik unterzogen wurde. Mit ihr haben wir uns im folgenden noch auseinanderzusetzen. Wie immer man die neuere protestantische Theologie im einzelnen beurteilen mag, kommt dem von Aulén als humanisierend bezeichneten und eher kritisch betrachteten Typus das Verdienst zu, die Diskussion um das Verständnis der Versöhnung zwischen Gott und Mensch in eine Richtung gelenkt zu haben, welche, wie wir noch sehen werden, dem paulinischen Versöhnungsbegriff darin nahekommt, daß Gott nicht länger als Objekt, sondern als Subjekt des Versöhnungsgeschehens begriffen wird und die fragwürdigen Assoziationen eines rachsüchtigen und blutrünstigen Gottes getilgt werden. Zugleich finden sich in der nachaufklärerischen Theologie und Religionsphilosophie Ansätze zur Überwindung jener anthropologischen Engführung des christlichen Heilsverständnisses, zu welcher es im Verlauf der Kirchengeschichte in der westlichen Tradition gekommen ist.[18] Namentlich bei G. W. F. Hegel ist Versöhnung zu einem religionsphilosophischen Schlüsselbegriff geworden, welcher in kosmischer Weite die Überwindung von Entfremdung bzw. die dialektische Aufhebung vermeintlich unversöhnlicher Gegensätze bezeichnet. In ähnlicher Weise hat F. W. J. Schelling einen Begriff universaler Versöhnung entwickelt, durch welchen vor allem Paul Tillich in starkem Maße beeinflußt worden ist. Aber auch die nordamerikanische Prozeßphilosophie und -theologie müssen erwähnt werden, wenn es um die Wiedergewinnung der kosmischen Dimension des christlichen Versöhnungsgedankens geht, wobei sie gegenüber den bislang behandelten Haupttypen nochmals einen eigenen Typus darstellen, weil sie göttliches und menschliches Handeln nicht getrennt, sondern im Prozeß einer evolutionären Dynamik aufeinander bezogen sehen.
Das Hauptproblem christlicher Versöhnungslehre bleibt freilich die Bindung des Versöhnungsgeschehens an Person und Geschick Jesu von Nazareth. Und hierbei stellt sich die zentrale Frage, welcher Zusammenhang zwischen Versöhnungsbegriff und Opfergedanken besteht. Daß zwischen beiden ein notwendiger Zusammenhang besteht, wird von der neuzeitlichen Kritik der traditionellen Versöhnungslehre bestritten. Wie stichhaltig diese Kritik jedoch tatsächlich ist, wird im folgenden kritisch zu diskutieren sein.

4. Die neuzeitliche Kritik der traditionellen Versöhnungslehre

Die neuzeitliche Kritik am christlichen Sühnopfergedanken und einem kultisch-juridischen Versöhnungsverständnis hat ihren Grund in einer fundamentalen Kritik jedes kultischen Opfergedankens überhaupt. Hierbei lassen sich mehrere Aspekte neuzeitlicher Opferkritik unterscheiden.[19] Die historische Kritik erklärt, daß Opfer eine zeitgebundene, inzwischen aber infolge des Christentums wie auch innerhalb desselben obsolete Verhaltens- und Vorstellungsform seien, so daß eine opfertheologische Deutung des Todes Jesu dessen Verständnis als Heilsereignis nur verbaue statt erschließe. Einen Schritt weiter geht die logische Kritik des Opfergedankens, der hinter jeder Opferpraxis wie auch hinter jeder opfertheologischen Deutung des Todes Jesu stehe. Die Praxis des Opfers beruhe auf einem Selbstwiderspruch, den schon Heraklit mit den Worten beschrieben hat, wer glaube, man könne eine Blutschuld durch neues Blutvergießen sühnen, der sei wie einer, der in den Kot getreten sei und sich mit Kot abwaschen wolle.[20] Analog hat Nietzsche in der opfertheologischen Deutung des Todes Jesu die Selbstaufhebung des Christentums und seines Evangeliums sehen wollen. Der Gedanke, die Sünden der Schuldigen könnten durch das Schuldopfer in seiner widerlichsten und barbarischesten Form, nämlich durch Opferung eines Unschuldigen gesühnt werden, sei schauderhaftes Heidentum.[21] Mit diesem Einwand ist eng verbunden die moralische Kritik des Opfergedankens. Nicht nur das Mittel des Opfers, sondern schon die von der Opferpraxis vorausgesetzte Problembeschreibung menschlicher Schuld sei in sich widersprüchlich. Sie impliziere nicht nur ein unangemessenes Gottesbild, sondern auch eine moralisch unhaltbare Auffassung von Schuld und Sühne. Namentlich I. Kant hat gegen die Logik des Opfers eingewandt, daß moralische Schuld an der Person hafte und prinzipiell unübertragbar sei. Folglich könne sie auch nicht von einem anderen getilgt, sondern nur von ihrem Urheber selbst getragen oder gesühnt werden. Die theologische Opferkritik hält es für unangemessen zu meinen, der ewige Gott könne durch endliche und materielle Leistungen in seinem Willen beeinflußt werden. Hinter der Praxis des Opfers stehe somit ein fragwürdiges Gottesbild. Die opfertheologische Deutung des Todes Christi habe zur Rehabilitierung des doch schon im Judentum überwundenen Menschenopfers geführt. Dementsprechend trage das christliche Gottesbild letztlich sadistische Züge, deren grausame Logik in der Gewaltgeschichte des Christentums und seiner unbarmherzigen Verfolgung Andersgläubiger, namentlich in der Verfolgung der Juden, offen zutage trete.[22]

Kritik am Opfergedanken wird aber auch in sozialgeschichtlich-politischer Hinsicht sowie aufgrund hermeneutischer und exegetischer Erwägungen geübt. Ideologiekritisch läßt sich gegen den Opferbegriff einwenden, daß er in der Geschichte des Christentums fortgesetzt mißbraucht wurde, um die Opferbereitschaft von Menschen zu wekken oder zur Hinnahme ungerechter Gesellschaftsverhältnisse zu bewegen. Individualpsychologisch korrespondiere somit einem sadistischen Gottesbild ein masochistisches Glaubensverständnis, wie vor allem von feministischen Theologinnen kritisiert wird.[23] Das kultische Opferinstitut sei also im Christentum lediglich gegen eine moralische Opferforderung eingetauscht worden. Eine wirkliche Erlösung habe somit aber durch Christus gar nicht stattgefunden. Doch auch innerhalb der neueren Exegese regt sich Widerspruch gegen eine opfertheologische Deutung des Todes Jesu. Hermeneutisch wird gefragt, wie konstitutiv die Sühnopfertraditionen des Alten Testaments für ein zeitgemäßes Verständnis des Todes Jesu sind. Es stellt sich zugleich die Frage nach dem Recht einer christlich-typologischen Lektüre des Alten Testaments und ihrem Verhältnis zu dessen Interpretation im Judentum. Von exegetischer Seite wird außerdem eingewendet, daß es sich bei den opfertheologischen Aussagen des Neuen Testaments bestenfalls um eine Nebenlinie urchristlicher Verkündigung handle. Sie dürften daher dogmatisch nicht überbewertet werden, könne das Heilsgeschehen schon im Neuen Testament doch auch in ganz anderen als kultischen Kategorien ausgesagt werden, zum Beispiel im Bild von Gefangenschaft und Befreiung, in der Vorstellung des Bundes oder auch in personalen Begriffen wie Gemeinschaft, Freundschaft und Liebe.
Die unterschiedlichen Formen der Opferkritik sind freilich nicht ohne Widerspruch geblieben. Auch die Gegenkritik, auf die wir im folgenden Abschnitt eingehen wollen, argumentiert auf unterschiedlichen Ebenen. Die Frage nach dem Verhältnis von christlichem Versöhnungsverständnis und Opfergedanken erweist sich somit dogmatisch wie ethisch als überaus komplex.

5. Die Kategorie des Opfers

Daß die Kategorie des Opfers in der Moderne keine Aussagekraft mehr besitze, wird von unterschiedlicher Seite bestritten. Religionswissenschaftlich wird die Frage gestellt, was genau eigentlich kritisiert wird, wenn man die kultische Institution des Opfers kritisiert. Tatsächlich gibt es keinen einheitlichen Opferbegriff, weil Opfer als rituelle Handlungen keine isolierbaren Phänomene sind, sondern in unterschiedliche Symbolsysteme eingebunden sind und daher in ganz unterschiedlichen Gestalten auftreten. Wir haben es beim Opfer also gar nicht mit einem einheitlichen Phänomen zu tun, sondern mit einer Vielzahl von Opferpraktiken und Opferbegriffen. Das nötigt, zumindest zwischen einem kultisch-rituellen, einem juridischen und einem moralischen Opferbegriff zu unterscheiden. In kultisch-religiösen Zusammenhängen gebrauchen wir das Begriffspaar „Opfernder – Opfer“, in der Sphäre des Rechts aber das Begriffspaar „Opfer – Täter“. Sodann sprechen wir metaphorisch von den Opfern der Geschichte oder auch von Verkehrsopfern, die es im Straßenverkehr zu beklagen gilt. Zwischen den unterschiedlichen Bedeutungsebenen des Opferbegriffs sind kurzschlüssige Äquivokationen zu vermeiden, soll es nicht auf dem Gebiet der Theologie, aber auch nicht im Bereich der Ethik zu Konfusionen kommen.

Betrachtet man Opfer als symbolische Interaktionen, so läuft die neuzeitliche Opferkritik möglicherweise partiell ins Leere, weil das, was das Ritual des Opfers bewirken soll, nicht eigentlich durch den Vollzug der Handlung, sondern durch die in diesem Vollzug vermittelte Erkenntnis bewirkt wird. Die Wirkung des alttestamentlichen Sühnopfers besteht dann nicht in dem untauglichen Versuch, einen anthropomorph gedachten Gott mit einem Blutzoll umzustimmen, sondern in der mit dem Vollzug des Opfers gegebenen Möglichkeit, sich als einen solchen Menschen zu erkennen, dessen Schuld von Gott vergeben ist.[24]

Fragwürdig ist aber auch die moralische Kritik am Opfergedanken, wonach dieser auf einem unhaltbaren Verständnis von Schuld und Sühne beruht. Der Einwand Kants, daß es bei Schuld und Strafe keine Stellvertretung geben könne, da beide personenbezogen seien, impliziert die Vorstellung, daß Schuld der Person gleichsam naturhaft anhaftet. Die Wirklichkeit des Menschen und seine Personalität sind aber gerade nicht naturhaft gegeben, sondern eine soziale Realität, welche auf kommunikativen Vorgängen von Zurechnung und Selbstzurechnung basiert. Das aber gilt auch für Schuldzuweisungen und Schuldvergebung.[25]

Die These, wonach die im Denken der Aufklärung begründete Religionskritik zur Überwindung des Opfergedankens geführt habe, ist außerdem sozialgeschichtlich zu hinterfragen. Der französische Ethnologe René Girard vertritt die gegenteilige Ansicht, daß die neuzeitliche Opferkritik lediglich zur Spiritualisierung des Opfergedankens geführt habe, keineswegs aber zu seiner Außerkraftsetzung. Die Abschaffung von Opferriten habe in der modernen Zivilisation vielmehr zur Verlagerung des Sündenbockmechanismus und damit zu einer Steigerung des gesellschaftlichen Destruktionspotentials geführt, weil

es keine Mechanismen mehr gebe, die im menschlichen Aggressionstrieb begründete Kette von Gewalt und Gegengewalt zu durchbrechen.[26] Girards Thesen haben auch in der zeitgenössischen Theologie Beachtung gefunden, weil sie der traditionellen Versöhnungslehre des Christentums neue Plausibilität zu verleihen scheinen. Insbesondere die katholischen Systematiker Raymund Schwager, Józef Niewiadomski und Gerhard Larcher vertreten das Konzept einer dramatischen Versöhnungslehre, deren Pointe darin besteht, daß gemäß der Thesen Girards alle Kulturen auf Opfern gründen, die sie zu verschleiern suchen, während die christliche Theologie solche Gründungsopfer gerade sichtbar zu machen versucht.[27] Als eschatologischer Sündenbock hat Jesus von Nazareth sein Leben geopfert, um so gerade die unbewältigten Aggressionskräfte auf sich zu lenken und von anderen Sündenböcken abzulenken. So besehen führe die christliche Erlösungslehre nicht zur religiösen Legitimation von Gewalt, sondern zu deren Beendigung, während die aufgeklärte Moderne ihr Gewaltpotential lediglich zu kaschieren suche. Die Gegenkritik an der Opferkritik der Aufklärung verweist somit auf die schon von Horkheimer und Adorno thematisierte Dialektik der Aufklärung, deren Humanitätspathos durch die Gewaltlogik der Tribunalisierung der Gesellschaft, des Totalitarismus und der Technokratie kontrastiert wird. Gegen die theologische Preisgabe der Opferkategorie werden aber auch exegetische und hermeneutische Einwände geltend gemacht. Vor allem Peter Stuhlmacher, Hartmut Gese und Martin Hengel vertreten die These, daß die Heilsbedeutung des Todes Jesu nicht nur faktisch im Neuen Testament mittels des Rückgriffs auf die alttestamentliche Sühnopfertradition ausgesagt wird, sondern auch systematisch ohne Verwendung der Opferkategorie nicht wirklich verständlich zu machen ist. Zugespitzt formuliert H. Gese: „Die Heilsbedeutung des Todes Jesu ist nur [!] mit dem Sühnegedanken zu fassen. Das ist der Sinn der Rede vom Blut Jesu“[28]. Daher könne auch die heutige Versöhnungslehre auf die hermeneutische Kategorie des Sühnopfers nicht verzichten, weil sie auch dort im Hintergrund stehe, wo das Neue Testament explizit die Heilsbedeutung des Todes Jesu in anderen Bildern auszusagen versuche.
Versuchen wir nun die Argumente der neuzeitlichen Opferkritik wie ihrer Gegenkritik gegeneinander abzuwägen, so scheint mir das systematische Grundproblem heutiger Versöhnungslehre darin zu bestehen, daß beide Seiten kurzschlüssig argumentieren, sofern sie Versöhnungslehre und Opfertheologie umstandslos identifizieren. Man kann, wie Ingolf Ulrich Dalferth mit Recht zu bedenken gibt, „die Lehre vom Opfertod Jesu zurückweisen, ohne damit zu bestreiten, daß dieser Tod ein Heilstod ist, und man kann die Heilsbedeutung von Jesu

Kreuzestod betonen, ohne dessen opfertheologisches Verständnis zu vertreten. Das dogmatische Problem besteht nicht in der Frage, ob Jesu Kreuzestod ein Heilstod ist – davon geht theologisches Denken aus. Die Frage ist vielmehr, ob dieser Heilstod als Opfertod verstanden werden *kann,* verstanden werden *muß* oder verstanden werden sollte"[29].

Bei sorgfältiger Abwägung aller exegetischen und systematisch-theologischen Aspekte gelange ich wie Dalferth zu der Ansicht, daß es zweifellos möglich, keinesfalls aber notwendig ist, den Tod Jesu als einen Opfertod zu verstehen, zumal seine Hinrichtung als solche kein rituelles Geschehen, sondern ein Justizmord war. Die Rede vom Sühnopfer bezeichnet im Hinblick auf den Tod Jesu nicht die zu interpretierende Sache, sondern das Interpretament, mit dessen Hilfe der Sinn des Todes Jesu in seiner Heilsbedeutung für uns ausgesagt werden soll. So kann man nicht sagen, daß einzig der Sühnopfergedanke die Heilsbedeutung des Todes Jesu angemessen erfaßt, wohl aber, daß er sie hinreichend sachgemäß zur Sprache bringt, um auch unter modernen Verstehensbedingungen als hermeneutischer Schlüssel zur christlichen Versöhnungslehre zu dienen.[30] Hermeneutisch ist jedoch von Belang, daß die Anwendung der Opferkategorie auf den unrituellen Kreuzestod Jesu zu einem hermeneutischen Zirkel führt, in welchem nicht nur die Heilsbedeutung des Todes Jesu erschlossen, sondern zugleich das als Interpretament herangezogene Opfermodell von innen her zerbrochen wird. Im Blick auf das Kreuz Christi kann von einem Opfer paradoxerweise nur im Sinne eines Selbstopfers Gottes gesprochen werden, welches zugleich das Ende jeglicher Opferpraxis wie jedes ihr verpflichteten Opfergedankens ist. Mit dem Tod Christi und nur durch ihn ist das Opfer als Mittel zur Wiederherstellung der Gemeinschaft zwischen Gott und Mensch als gleichermaßen untauglich wie unnötig erwiesen. In der endgültigen Überwindung der Logik des Opfers besteht also die Pointe der christlichen Versöhnungslehre. Das wird nun gerade sichtbar am paulinischen Versöhnungsverständnis, dem wir uns im folgenden Abschnitt zuwenden.

6. Das Wort vom Kreuz

Wie schon gesagt wurde, ist es im Neuen Testament einzig Paulus, der die christliche Heilsbotschaft ausdrücklich als Wort von der Versöhnung bezeichnet und die Heilsbedeutung des Todes Jesu auf den Begriff der Versöhnung bringt. Auch hier gilt, daß Begriff und Sache einander wechselseitig bedingen. So ist also die paulinische Versöhnungslehre nicht von einem vorgängigen Versöhnungsbegriff aus zu interpretieren, sondern der paulinische Sinn des Versöhnungsbegriffs ergibt sich aus seiner Anwendung auf Person und Tod Jesu von Nazareth. Das Wort von der Versöhnung, von welchem Paulus in 2 Kor 5,19 spricht, ist also nichts anderes als das Wort vom Kreuz (1 Kor 1,18), wie umgekehrt das Kreuz Christi der Inhalt des Wortes von der Versöhnung ist. Wiewohl auch bei Paulus der alttestamentliche Gedanke des Sühnopfers im Hintergrund steht, wird dessen Logik doch gerade dadurch überwunden, daß Gott bei Paulus nicht der Adressat des versöhnenden Opfers, sondern dessen Subjekt und somit das Subjekt des Versöhnungsgeschehens ist: „Gott war in Christus und versöhnte die Welt mit sich selber und rechnete ihnen ihre Sünden nicht zu und hat unter uns aufgerichtet das Wort von der Versöhnung" (2 Kor 5,19). Durch Christus ist die zwischen Gott und Mensch aufgrund der Sünde bestehende abgrundtiefe Feindschaft überwunden worden. Zugespitzt bezeichnet Paulus in Röm 5 den sündigen Menschen als Feind Gottes. Der Tod Jesu aber ist Inbegriff und äußerste Verwirklichung der Feindesliebe Gottes, in welcher wiederum die Feindesliebe ihren Grund hat, zu welcher Jesus seine Jünger in der Bergpredigt auffordert (Mt 5,43ff). Es ist nun aber nicht Gott der Feind des Menschen, sondern einzig der Mensch der Feind Gottes. Und entsprechend sagt Paulus nicht, was es zu beachten gilt, daß Gott durch Christus mit den Menschen versöhnt wurde, sondern daß Gott selbst, der in Christus war, die Menschen mit sich versöhnt hat. Gott ist also auf exklusive Weise das alleinige Subjekt des Versöhnungsgeschehens. Zwar sind die Menschen an diesem Versöhnungshandeln beteiligt, nicht aber im Sinne einer aktiven Mitwirkung, sondern einzig als Empfangende (vgl. Röm 5,11). Paulus fordert daher nicht dazu auf, Gott durch Bußfertigkeit und Sühneleistungen gnädig zu stimmen, sondern bittet an Christi Statt, das gänzlich unverdiente Geschenk der Versöhnung anzunehmen: „Laßt euch versöhnen mit Gott" (2 Kor 5,20).

Im Vergleich zur Versöhnungslehre der kirchlichen Tradition, namentlich zur Satisfaktionslehre Anselms v. Canterbury fällt auf, daß Paulus weder von der Notwendigkeit der Genugtuung noch direkt vom Tod Jesu als Sühnopfer spricht, sondern in Christus Gott selbst in Erscheinung treten sieht, der seine Feinde liebt und ihnen vergibt. Bemerkenswert ist ferner, daß der Versöhnungsgedanke bei Paulus nicht – wie über weite Strecken der späteren Theologiegeschichte – auf das Seelenheil des einzelnen gerichtet ist, sondern daß das Versöhnungsgeschehen bei Paulus eine soziale und eine kosmische Dimension hat. In Röm 11,15 spricht Paulus von der Versöhnung des *Kosmos,* wobei an dieser Stelle zwar zunächst an die Menschenwelt gedacht ist, gemäß Röm 8 aber auch die außermenschliche Schöpfung

in das Versöhnungshandeln Gottes einbezogen ist. Nicht nur den Menschen, sondern der ganzen Schöpfung ist nach Paulus die „herrliche Freiheit der Kinder Gottes" verheißen (Röm 8,21).
Das Ziel des Versöhnungshandelns Gottes aber kann Paulus mit dem Wort „Frieden" bezeichnen. „Frieden", griechisch *eirene,* entspricht dem hebräischen Wort „shalom". Wie der alttestamentliche Begriff des Schalom meint auch „Frieden" im Neuen Testament nicht etwa nur den inneren Seelenfrieden des einzelnen, sondern den Frieden der Menschheit wie des gesamten Kosmos. An mehreren Stellen nennt Paulus darum den Gott, der die Welt in Christus mit sich versöhnt hat, den „Gott des Friedens".[31] Der von einem unbekannten Schüler des Paulus verfaßte Epheserbrief bezeichnet das Evangelium von Christus als „Evangelium des Friedens" (Eph 6,15). Das Wort von der Versöhnung (2 Kor 5,19) bzw. das Wort vom Kreuz (1 Kor 1,18) ist also gleichbedeutend mit dem Evangelium des Friedens, den Gott in der Welt stiftet.
So besehen war es eine theologisch gute Entscheidung, die kommende Europäische Ökumenische Versammlung unter das Leitthema der Versöhnung zu stellen. Recht verstanden ist ein biblisch begründeter Begriff von Versöhnung gerade nicht, wie manche Kritiker befürchten, geeignet, den heute notwendigen Streit etwa um die Bekämpfung von Massenarbeitslosigkeit, Nationalismus und Rassismus, um die Fortsetzung der Anstrengungen im Umweltschutz oder um einen gerechten Ausgleich zwischen armen und reichen Ländern zu verdrängen. Vielmehr müssen Frieden, Gerechtigkeit und Bewahrung der Schöpfung als Näherbestimmung von Versöhnung begriffen werden. Freilich gilt auch umgekehrt, daß erst ein theologisch angemessenes Verständnis von Versöhnung zu einem vertieften Verständnis dessen führt, was christlicherseits mit Gerechtigkeit, Frieden und Bewahrung der Schöpfung gemeint ist. Darüber ist im folgenden Abschnitt nachzudenken.

7. Leben aus der Kraft der Versöhnung

Wenn die Versöhnung in ihrer religiösen, ihrer sozialen wie ihrer kosmologischen Dimension als alleinige Wirkung Gottes zu verstehen ist, verbietet sich sowohl die Abschwächung des Versöhnungsbegriffs auf das zwischenmenschliche Bemühen um allseits geübte Nachsicht, noch darf kurzschlüssig ein Gleichschritt zwischen dem Handeln Gottes und menschlichen Versöhnungsbemühungen behauptet werden. Die Aufgabe theologischer Ethik und auch der bevorstehenden Ökumenischen Versammlung in Graz kann m. E. gerade nicht, wie heute viele meinen, darin bestehen, Sätze wie den folgenden aufzustellen: „Weil Gott in Jesus Christus die Welt mit sich versöhnt hat, deshalb soll das Handeln der Christen auf Versöhnung gerichtet sein.“[32] Solche Begründungssätze sind theologisch wie ethisch kein hinreichendes Argument. Theologisch ist an ihnen zu kritisieren, daß sie die Frage unbeantwortet lassen, inwiefern sich das menschliche Versöhnungshandeln auf das Versöhnungshandeln Gottes in Jesus Christus bezieht. Vom ethischen Standpunkt aber ist einzuwenden, daß Sätze wie der oben genannte streng genommen keine Begründung für ein bestimmtes moralisches Handeln geben, sondern lediglich die Motivation für dieses benennen. Würde sich eine Ethik der Versöhnung in Sätzen wie dem obigen erschöpfen, beginge sie den Fehler eines sogenannten naturalistischen Fehlschlusses, weil sich aus Seins-Aussagen keine Sollens-Forderungen ableiten lassen. „Nicht weil Gott in Christus die Welt versöhnt hat, sondern weil Versöhnung ethisch gut und geboten ist, soll menschliches Handeln auf Versöhnung gerichtet sein.“[33] Das heißt freilich nicht, daß dem Verweis auf das Handeln Gottes ethisch keine argumentative Bedeutung zukommt. Vielmehr bewegen sich nach theologischer Auffassung die Frage nach dem ethisch Guten und die Rede vom Handeln Gottes in einem hermeneutischen Zirkel. Einerseits setzt die Frage, inwiefern das göttliche Handeln als Maßstab des Guten gelten kann, schon einen Begriff desselben voraus. Andererseits aber hat der Begriff des Guten keinen feststehenden Inhalt, sondern ist in seiner Bedeutung wie Verwendung strittig, so daß jeder vorgängige Begriff des Guten kritisch zu hinterfragen ist.

Angesichts dieser Begründungsproblematik des Ethischen sollten wir uns von Paulus daran erinnern lassen, daß unsere Möglichkeiten, Versöhnung zu stiften, von der vorgängigen Wirklichkeit der Versöhnung durch Gott abhängen, welche der Grund christlichen Glaubens und Hoffens ist. Dies bedeutet aber, daß der christliche Glaube, welcher unsere Lebenswirklichkeit im Licht des biblischen Wortes von der Versöhnung betrachtet, gegenüber allen Versuchen einer soteriologischen Inanspruchnahme des Ethischen kritisch bleibt. Menschliche Bemühungen um Versöhnung haben in der durch Gott geschenkten Versöhnung ihren Grund, aber sie haben von sich aus keine erlösende Kraft, weil sie ohne die Versöhnungswirklichkeit Gottes wirkungslos bleiben. Wo Menschen zu Gott kein wirkliches Vertrauen haben, werden sie auch untereinander kein echtes Vertrauen fassen.

Menschlicher Einsatz für Versöhnung ist daher nicht zu verstehen als Fortsetzung des göttlichen Handelns, sondern als dessen Inanspruchnahme. Zutreffend hat G. Schüepp diesen Sachverhalt beschrieben:

„Menschliches Leben setzt täglich Versöhnung voraus im Sinne des *Annehmens des Lebens in seiner Defizienz und seinem Versagen* und im Sinne der *Erfahrung des Angenommenseins.*“[34] Man muß diesen Gedanken wohl dahingehend präzisieren, daß das Annehmen des Lebens in seiner Defizienz und seinem Versagen nur möglich ist *aufgrund* der Erfahrung des Angenommenseins, welche genau durch das Wort von der Versöhnung im Sinne des Paulus vermittelt wird.[35] Die Wirklichkeit der Versöhnung hängt also, wie Paulus schon im 2. Korintherbrief ausführt, an der Gegenwart des Wortes von der Versöhnung als dem Wort vom Kreuz Christi. Vor allen praktischen Fragen der Versöhnungsarbeit ist darum m. E. die in Graz zu diskutierende Grundsatzfrage, wie das Wort von der Versöhnung heute glaubwürdig zu verkündigen ist.

Fragen wir nun, worin die durch die Versöhnung mit Gott ermöglichte zwischenmenschliche Versöhnung besteht, so können wir sie beschreiben als „Vergewisserung der gegenseitigen Annahme in der geforderten oder gewollten Beziehung, in wechselseitiger Bereitschaft, dem Anderen, so wie er schuldig ist, die Annahme zu schenken, ihm zu vergeben“[36]. Voraussetzung echter Versöhnung ist eine Wandlung der inneren Einstellung, die man mit einem biblischen Wort als Umkehr *(metanoia)* bezeichnen kann. Gegenseitige Annahme aber bedarf des Vertrauens, so daß Versöhnungsbereitschaft einerseits Vertrauen voraussetzt und andererseits in dem Bemühen besteht, Vertrauen zu wecken. Letzteres ist also eine wichtige ethische, nicht zuletzt eine friedenspolitische Aufgabe.[37]

Ein ungelöstes Problem der Ethik besteht allerdings darin, daß Versöhnung zumeist stillschweigend nach dem personalethischen Modell der Versöhnung zweier Personen gedacht wird, welches sich aber als unzureichend erweist, wenn es auf der sozialethischen Ebene um die Bewältigung von Konflikten zwischen Gruppen, Völkern und Gesellschaften geht. Eine offene Frage ist, wie ein sozialethischer Schuldbegriff formuliert werden kann, der sich jenseits der Alternative von Sündenbockmechanismus und der beliebten Suche nach einzelnen Schuldigen und andererseits der Theorie einer Kollektivschuld bewegt.[38] Wie ein sozialethischer Schuldbegriff, so ist auch ein sozialethisches Verständnis von Versöhnung allererst zu entwickeln. Es wäre jedenfalls unzureichend, wollte man die heutigen Probleme kollektiver Unversöhntheit in personalethischen Kategorien lösen.

Das Problem kollektiver Versöhnung lenkt unseren Blick nochmals zurück auf die Kategorie des Opfers. Gerade das Problem des Opfers ist im Zusammenhang kollektiver Unversöhntheit zentral, wobei der Opferbegriff mehrere Bedeutungsfelder hat. Für die ethische Urteilsbildung ist der Glaube an die Heilsbedeutung des Todes Christi in doppelter Hinsicht von Belang, weil das Wort vom Kreuz zum einen die Logik des Sühnopfers und damit auch des Sündenbockmechanismus von innen her zerbricht, andererseits aber zur Solidarität mit den Opfern der Geschichte motiviert. Die Kategorie des Opfers verweist einerseits auf den schon mehrfach angesprochenen Sündenbockmechanismus, der sich letztlich als ein untaugliches Mittel zur dauerhaften Versöhnung und Befriedung von Konflikten erweist. Andererseits geht es um die Unterscheidung von Opfern und Tätern sowie um das Problem, daß Versöhnung nicht auf Kosten der Opfer geschieht, so daß die Täter im Akt vermeintlicher Versöhnung ein zweites Mal über ihre Opfer triumphieren.[39] Umgekehrt darf die christologisch begründete Kritik des Sündenbockmechanismus nicht derart pervertiert werden, daß es am Ende gar keine Täter, sondern nur noch Opfer gibt, so daß ungesühnte Schuld durch eine Versöhnungsrhetorik verschleiert wird. Bei der Benennung und Aufarbeitung von Schuld handelt es sich nicht nur um das Problem der Wiedergutmachung, so wichtig allein dieses Thema für sich schon ist, sondern auch um die Frage, wie Versöhnung möglich ist angesichts derer, welche zu Tode gekommen sind und am Akt der Versöhnung nicht mehr als Subjekt beteiligt sein können. Versöhnung hat das Gedächtnis der Toten und ihrer Leiden einzubeziehen.[40] Daher kann es Versöhnung unter den Lebenden nur geben, wenn sie zugleich ein mit den Toten solidarisches Handeln ist. Schon deshalb ist es unmöglich, das Problem kollektiver Versöhnung nach dem Modell von zwei sich wieder vertragenden Personen zu beschreiben. Das biblische Wort von der Versöhnung aber verweist auf Kreuz und Auferstehung Jesu als letzten Grund göttlicher Solidarität mit den Opfern der Geschichte und somit auf den letzten Grund einer Hoffnung auf Versöhnung in kosmischen Dimensionen, die keinen, der je gelebt und gelitten hat, ausschließt. Diese Hoffnung gilt es im Leben und Handeln aus Glauben praktisch zu bewähren. Leben aus der Kraft der Versöhnung ist also Leben im eschatologischen Horizont des Reiches Gottes. In diesen Horizont sind alle menschlichen Bemühungen um eine Versöhnung gestellt, ohne ihn freilich je einholen zu können.

Zu fragen ist nun aber auch, worin die Rolle der Kirchen sowohl in den vielfältigen Konflikten dieser Welt wie auch bei den Bemühungen um Versöhnung, Gerechtigkeit, Frieden und Bewahrung der Schöpfung spielt. Mit dieser Frage komme ich zum Schluß meiner theologischen Überlegungen auf dem Weg nach Graz.

8. Der Versöhnungsauftrag der Kirchen

Um den Versöhnungsauftrag der Kirchen zu verstehen, gilt es sich den Zusammenhang in Erinnerung zu rufen, der nach der Lehre des Paulus zwischen der Wirklichkeit und dem Wort der Versöhnung besteht. Die Möglichkeit zwischenmenschlicher Versöhnung hängt von der vorgängigen Wirklichkeit der von Gott gewirkten Versöhnung ab, die Wirklichkeit dieser Versöhnung aber ist abhängig von der Präsenz des Wortes von der Versöhnung. Der innere Zusammenhang von Versöhnungswirklichkeit und Versöhnungswort wird von Paulus in 2 Kor 5,19f folgendermaßen beschrieben: „Gott war in Christus und versöhnte die Welt mit sich selber und rechnete ihnen ihre Sünden nicht zu und hat unter uns aufgerichtet das Wort von der Versöhnung. So sind wir nun Botschafter an Christi Statt, denn Gott ermahnt durch uns; so bitten wir nun an Christi Statt: Laßt euch versöhnen mit Gott!"
Der ureigenste Versöhnungsauftrag der Kirche besteht also darin, das Wort von der Versöhnung zu verkündigen, und zwar so, daß darin die bereits in Christus Wirklichkeit gewordene Versöhnung zwischen Gott und Mensch präsent wird. Das Wort von der Versöhnung hat aber die Gestalt der Bitte und des Angebotes, nicht der moralischen Forderung. Die Kirche hat nicht Moral zu predigen, und sei es auch die Moral der Versöhnung, sondern die Versöhnungsbotschaft des Evangeliums, nämlich das Wort vom Kreuz.

Alle Versöhnung hängt davon ab, daß das lösende Wort gesprochen wird, welches Vertrauen schafft und somit Vergebung und gegenseitige Annahme ermöglicht. Jedes Wort, das solches Vertrauen zwischen Menschen schafft, hat in dem Wort von der Versöhnung, das Gott in Jesus von Nazareth gesprochen hat und welches Jesus von Nazareth in Person ist, seinen letzten Grund und seine Wahrheit. Darum besteht die Aufgabe der Kirchen vor allem darin, in Menschen die Gewißheit des eigenen Versöhntseins zu wecken, aus welcher der Mut zu zwischenmenschlichen Schritten der Versöhnung wachsen kann.

Versöhnung beginnt dort, wo Menschen in wechselseitigem Vertrauen den Mut gewinnen, bestehende Konflikte offen beim Namen zu nennen, und die Kraft finden, mit ungelösten Konflikten zu leben, ohne sich mit ihnen abzufinden. Das Wort von der Versöhnung zielt gerade nicht auf Konfliktvermeidung oder auf die Verdrängung und Verharmlosung von Konflikten, sondern auf deren Aufdeckung und Überwindung. Eine erste ethische Konsequenz des biblischen Wortes von der Versöhnung ist daher Wahrhaftigkeit im Umgang mit Konflikten.

Nur zu oft erleben wir freilich, wie wenig Worte auszurichten vermögen, wie kraftlos auch die kirchliche Verkündigung ist.[41] Diese Kraftlosigkeit hat ihren Grund nicht nur darin, daß die Wahrheit der biblischen Versöhnungsbotschaft strittig ist und Widerspruch findet, sondern auch darin, daß der Streit um die Wahrheit dieses Wortes unter den Christen selbst immer wieder zu Formen der Unversöhntheit und Unversöhnlichkeit geführt hat. Glaubwürdige Botschafter an Christi Statt können die Kirchen nur sein, wenn sie ihre eigene Mitschuld an Unrecht und Gewalt, Intoleranz und Machtstreben in Geschichte und Gegenwart bekennen. Das gilt nicht zuletzt im Blick auf das jüdische Volk und die leidvolle Geschichte christlicher Judenfeindschaft.

Der gemeinsame Glaube an die Wirklichkeit der in Christus geschenkten Versöhnung kann nur im Geist ökumenischer Bußfertigkeit und Vergebungsbereitschaft gelebt werden. Die das heutige ökumenische Selbstverständnis der Kirchen charakterisierende Formel von der Einheit in versöhnter Verschiedenheit verkommt zur Ideologie, wenn sie dazu dient, den Geist der inner- wie zwischenkirchlichen Bußfertigkeit zu dämpfen, Konflikte zu verschleiern und einem heute um sich greifenden selbstgenügsamen Konfessionalismus ein gutes Gewissen zu verschaffen.[42] Sie ist außerdem unzureichend, solange sie nicht auch das Verhältnis der Christenheit zum Judentum einbezieht. Es bleibt zu hoffen, daß die Kirchen dem ideologischen Mißbrauch des ökumenischen Gedankens eine klare Absage erteilen und den Mut finden, sich ihren inner- und zwischenkirchlichen Konflikten im Geist der Wahrhaftigkeit zu stellen.

Doch selbst dort, wo sich Christen bemühen, in ökumenischer Eintracht das Wort von der Versöhnung zu verkündigen und praktisch zu leben, erleben wir oft genug, wie wenig dieses Wort vermag, wenn es gilt, in zwischenmenschlichen, gesellschaftlichen und globalen Konflikten versöhnend und friedensstiftend einzugreifen. Wenn es in Graz gelingen sollte, unsere Ohnmacht als jene Schwachheit begreiflich zu machen, in der die Kraft Gottes mächtig ist, so wäre dies vielleicht mehr als alles andere jenes kraftvolle ökumenische Zeichen, welches wir uns alle von Graz erhoffen.

Anmerkungen

1 Brief der Präsidenten von KEK und CCEE vom 10. 2. 1995.

2 So z. B. *H. Schaefer,* Von Basel nach Graz. Der Weg zur Zweiten Europäischen Ökumenischen Versammlung 1997 in Graz, MdKI 47, 1996, S. 1f.

3 *D. Bonhoeffer,* Widerstand und Ergebung. Briefe und Aufzeichnungen aus der Haft, hg. v. E. Bethge, Neuausgabe, München ^{3}1985, S. 328.

4 *KEK/CCEE* (Hg.), Versöhnung. Gabe Gottes und Quelle neuen Lebens. Eine Arbeitshilfe für die Vorbereitung der Zweiten Europäischen Ökumenischen Versammlung (1997), Genf/St. Gallen 1995, S. 32f.

5 A.a.O. (Anm. 4), S. 12.

6 A.a.O. (Anm. 4), S. 13. Ungleich fundierter als die zitierte Arbeitshilfe ist *U. Duchrow,* Versöhnung im Kontext von Nicht-Versöhnung. Bibelarbeiten, Analysen und praktische Beispiele zur II. Europäischen Ökumenischen Versammlung im konziliaren Prozeß für Gerechtigkeit, Frieden und Bewährung der Schöpfung (Graz 1997), Beilage zur JK, H. 3, 1996; G. Müller-Fahrenholz, Vergebung macht frei. Beiträge zu einer Theologie der Versöhnung, Frankfurt a. M. 1996.

7 D. Bonhoeffer, a.a.O. (Anm. 3), S. 328.

8 A.a.O. (Anm. 4), S. 14.

9 „Versöhnung" *(katallage):* Röm 5,11; 11,15; 11 Kor 5,18.19; „versöhnen" *(Katallassein):* Röm 5,10; 1 Kor 7,11; 2 Kor 5,18.19.20. Zum Versöhnungsverständnis im Neuen Testament siehe u. a. *R. Gyllenberg,* Art. Versöhnung IV. Im NT, RGG[3] VI, Tübingen 1962, Sp. 1371–1373; *E. Käsemann,* Erwägungen zum Stichwort „Versöhnungslehre im Neuen Testament", in: Zeit und Geschichte (FS R. Bultmann), Tübingen 1964, S. 47–59; *J. Becker,* Die neutestamentliche Rede vom Sühnetod Jesu, in: Die Heilsbedeutung des Kreuzes für Glaube und Hoffnung des Christen (ZThK. B 8), Tübingen 1990, S. 29–49.

10 Jes 9,5; Jes 31(48), 39 (LXX).

11 II Makk 1,5; 7,33; 8,29.

12 Vgl. Lev 16; Sir 50,6ff. Zum Versöhnungsgedanken im Alten Testament und im Judentum siehe *K. Koch,* Art. Versöhnung II. Im AT, RGG[3] VI, Tübingen 1962, Sp. 1368–1370; *C.-H. Hunzinger,* Art. Versöhnung III, Im Judentum, RGG[3] VI, Sp. 1370f; *A. Büchler,* Studies in Sin and Atonement, London 1928; *B. Janowski,* Sühne als Heilsgeschehen. Studien zur Sühnetheologie der Priesterschrift und zur Wurzel KPR im Alten Orient und im Alten Testament, Neukirchen-Vluyn 1982; *H. Heinz/K. Kienzler/J. Petuchowski* (Hg.), Versöhnung in der jüdischen und christlichen Liturgie, Freiburg i. Br. 1990.

13 Vgl. *J. Grimm/W. Grimm,* Deutsches Wörterbuch, Bd. XII/1, Leipzig 1956, Sp. 1350–1354; *F. Kluge,* Etymologisches Wörterbuch der deutschen Sprache, Berlin/New York [21]1975, S. 818.

14 Vgl. auch *G. Sauter,* Art. Versöhnung, EKL [3]IV, Göttingen 1996, Sp. 1165–1169, hier 1165.

15 Vgl. G. Sauter, a.a.O. (Anm. 14), Sp. 1168.

16 Vgl. *G. Aulén,* Die drei Haupttypen des christlichen Verkündigungsgedankens, ZSTh 8, 1930, S. 501–538 (im Anschluß an sein Hauptwerk „Christus Victor", 1930). An Aulén schließt sich weitgehend an *K. Heim,* Die Haupttypen der Versöhnungslehre, ZThK 19, 1938, S. 304–319. Zur Geschichte der christlichen Versöhnungslehre siehe *A. Ritschl,* Die christliche Lehre von der Rechtfertigung und Versöhnung, 3 Bde., Bonn 1870–1874, Bd. 1 u. 2: [3]1889, Bd. 3: [3]1888; *G. Sauter* (Hg.), „Versöhnung" als Thema der Theologie, Gütersloh 1996 (Lit.!); *W. Pannenberg,* Systematische Theologie, Bd. 2, Göttingen 1991, S. 447ff.

17 Zur Entwicklung der Versöhnungslehre in der Neuzeit siehe *G. Wenz,* Geschichte der Versöhnungslehre in der evangelischen Theologie der Neuzeit, 2 Bde., München 1984–1996; *Th. H. Hughes,* The Atonement. Modern Theories of the Doctrine, London 1949. Zur gegenwärtigen Theoriebildung siehe neben den einschlägigen Dogmatiken u. a. *J. Blank/J. Werbick* (Hg.), Sühne und Versöhnung, Düsseldorf 1986; *J. Gründel,* Schuld und Versöhnung, Mainz 1990; *G. Hummel,* Sehn-

sucht der unversöhnten Welt. Zu einer Theologie der universalen Versöhnung, Darmstadt 1993.

18 Vgl. *W. Dantine,* Versöhnung. Ein Grundmotiv christlichen Glaubens und Handelns, Gütersloh 1978, S. 9ff. 17ff.

19 Vgl. *I. U. Dalferth,* Der auferweckte Gekreuzigte. Zur Grammatik der Christologie, Tübingen 1994, S. 287ff.

20 *Heraklit,* in: *H. Diels/W. Kranz* (Hg.), Die Fragmente der Vorsokratiker, Bd. I, Berlin ^{6}1951, 22 B 5.

21 *F. Nietzsche,* Antichrist. Fluch auf das Christentum, KSA 6, München/Berlin/New York 1988, Nr. 41.

22 Siehe z. B. *R. Ruether,* Nächstenliebe und Brudermord, München 1978; *M. Ley,* Auschwitz – Ein historischer Essay, in: *Ch. Kohn-Ley/M. Ley* (Hg.), Auschwitz. Versuche einer Annäherung, Wien 1996, S. 55–133.

23 Vgl. u. a. *D. Sölle,* Leiden, Stuttgart ^{3}1976, bes. S. 17ff; *M. Daly,* Jenseits von Gott, Vater, Sohn & Co., München 1980; *M. Kassel,* Tod und Auferstehung, in: *dies.,* Feministische Theologie. Perspektiven zur Orientierung, Stuttgart 1988, S. 191–226; *R. Strobel,* Das Kreuz im Kontext feministischer Theologie, in: *D. Strahm/R. Strobel* (Hg.), Vom Verlangen nach Heilwerden. Christologie in feministisch-theologischer Sicht, Freiburg/Luzern 1991, S. 182–193; *L. Schrottroff,* Die Crux mit dem Kreuz. Feministische Kritik und Re-Vision der Kreuzestheologie, EK 25, 1992, S. 216–218.

24 Vgl. *J. Fischer,* Vom Geheimnis der Stellvertretung, EK 21, 1988, S. 165–167, hier S. 166f.

25 Vgl. J. Fischer, a.a.O. (Anm. 24), S. 165f.

26 Siehe vor allem *R. Girard,* Der Sündenbock, Zürich 1988 (Neuausgabe unter dem Titel: Ausstoßung und Verfolgung. Eine historische Theorie des Sündenbocks, Frankfurt a. M. 1992); *ders.,* Das Ende der Gewalt. Analyse des Menschheitsverhängnisses, Freiburg i. Br. 1983; *ders.,* Zur inzwischen ausufernden Sekundärliteratur siehe *J. Niewiadomski* u. a. (Hg.), The Bulletin of the Colloquium on Violence & Religion (COV & R).

27 Siehe *R. Schwager,* Der wunderbare Tausch. Zur Geschichte und Deutung der Erlösungslehre, München 1986; *ders.,* Brauchen wir einen Sündenbock? Gewalt und Erlösung in den biblischen Schriften, München 1978; *ders.,* Jesus im Heilsdrama. Entwurf einer biblischen Erlösungslehre (IThS 29), Innsbruck 1990; *J. Niewiadomski/W. Palaver* (Hg.), Dramatische Erlösungslehre. Ein Symposion (IThS 38), Innsbruck/Wien 1992; *J. Niewiadomski/R. Schwager/G. Larcher,* Dramatisches Konzept für die Begegnung von Religionen, in: *R. Schwager* (Hg.), Christus allein? Der Streit um die pluralistische Religionstheologie (QD 160), Freiburg/Basel/Wien 1996, S. 83–117.

28 *H. Gere,* Die Sühne, in: *ders.,* Zur biblischen Theologie. Alttestamentliche Vorträge, München 1977, S. 85–106, hier S. 104. Siehe ferner *M. Hengel,* The Atonement. A Study of the Origins of the Doctrine in the New Testament, London 1981; *P. Stuhlmacher,* Das Evangelium von der Versöhnung in Christus. Grundlinien und Grundprobleme einer biblischen Theologie des Neuen Testaments, in: *ders./H. Claß,* das Evangelium von der Versöhnung in Christus, Stuttgart 1979, S. 13–54; *P. Stuhlmacher,* Biblische Theologie des Neuen Testaments, Bd. 1: Grundlegung. Von Jesus zu Paulus, Göttingen 1992. Zur Debatte um die Tübinger Position siehe die

bei I. U. Dalferth, a.a.O. (Anm. 19), S. 242, Anm. 19 genannte Literatur, vor allem *G. Friedrich,* Die Verkündigung des Todes Jesu im Neuen Testament (BThSt 6), Neukirchen-Vluyn [2]1985.

29 I. U. Dalferth, a.a.O. (Anm. 19), S. 293.

30 Vgl. I. U. Dalferth, a.a.O. (Anm. 19), S. 269. Einen theologisch-hermeneutischen Zugang zur Rede vom Sühnetod Christi sucht auch *G. Ebeling,* Der Sühnetod Christi als Glaubensaussage. Eine hermeneutische Rechenschaft, in: Die Heilsbedeutung des Kreuzes für Glaube und Hoffnung des Christen (ZThK. B 8), Tübingen 1990, S. 3–28. Zum neu erwachten theologischen Interesse an der Kategorie des Opfers siehe auch *G. Bader,* Jesu Tod als Opfer, ZThK 80, 1983, S. 411–431; *H. Hübner,* Sühne und Versöhnung. Anmerkungen zu einem umstrittenen Kapitel Biblischer Theologie, KuD 29, 1983, S. 284–305; *G. Wenz,* Die Lehre vom Opfer Christi im Herrenmahl als Problem ökumenischer Theologie, KuD 28, 1982, S. 7–41; *K. Lehmann/E. Schlink* (Hg.), Das Opfer Christi und seine Gegenwart in der Kirche. Klärungen zum Opfercharakter des Herrenmahls (Dialog der Kirche 3), Freiburg/Göttingen 1983.

31 Vgl. Röm 15,33; 16,20; 2 Kor 13,11; Phil 4,9; 1 Thess 5,23. Zum in der biblischen Tradition bestehenden Zusammenhang zwischen Versöhnung und Schalom siehe auch W. Dantine, a.a.O. (Anm. 18), S. 52ff.

32 Dagegen mit *J. Fischer*, Theologische Ethik und Christologie, ZThK 92, 1995, S. 481–516.

33 J. Fischer, a.a.O. (Anm. 32), S. 482.

34 G. Schüepp, zitiert nach *A. Müller*, Die Befreiung zur Hoffnung. Wege der Metanoia, in: *A. Hertz* u.a. (Hg.), Handbuch der christlichen Ethik, Bd. 3, Freiburg i. Br. / Gütersloh 1982, S. 180–194, hier S. 186.

35 Vgl. auch A. Müller, a.a.O. (Anm. 34), S. 186.

36 A. Müller, a.a.O. (Anm. 34), S. 189.

37 Zur friedensethischen Seite des Versöhnungsthemas siehe u. a. *W. Huber/H.-R. Reuter*, Friedensethik, Stuttgart 1990.

38 Vgl. auch A. Müller, a.a.O. (Anm. 34), S. 189

39 Zur strafrechtlichen Seite des Versöhnungsthemas vgl. u. a. *K. Sessar*, Das Verhältnis von Tätern und Opfern in der Strafrechtspflege, ZEE 28, 1984, S. 167–186. Zur biblischen Perspektive der Täter-Opfer-Problematik siehe *R. Albertz*, Täter und Opfer im Alten Testament, ZEE 28, 1984, S. 146–166.

40 Siehe dazu vor allem die Arbeiten von J. B. Metz. Vgl. u. a. *J. B. Metz*, Befreiendes Gedächtnis Jesu Christi, Mainz 1970; *ders.*, Zukunft aus dem Gedächtnis des Leidens, Conc 8, 1972, S. 399–407; *ders.*, Erinnerung des Leidens als Kritik eines teleologisch-technischen Zukunftsbegriffs, EvTh 32, 1972, S. 338–352; *ders.*, Art. Erinnerung, in: HPhG I, München 1973, S. 386–396; *ders.*, Die Rede von Gott angesichts der Leidensgeschichte der Welt, StZ 117, 1992, S. 311–320.

41 Vgl. dazu auch *G. Ebeling*, Dogmatik des christlichen Glaubens, Bd. 2., Tübingen 1982, S. 225ff.

42 Vgl. *U. Körtner*, Paradigmenwechsel? Wandlungen im Einheitsverständnis der protestantischen Kirchen, Ökumenisches Forum 18, 1995, S. 51–75, bes. S. 71ff.

Impressionen aus Graz

Barbara Rauchwarter

Die Stadt ist in mancher Hinsicht fokussierend ein Spiegel der Aktualität der Themen der europäischen Versammlung: ein geschichtsmächtiger Ort, die Altstadt nahezu vollkommen erhalten, es hat im Zweiten Weltkrieg kaum Zerstörungen gegeben. „Kirche“ ist in Graz ebenso präsent wie ein selbstbewußtes Bürgertum, sehenswerte, gepflegte Architektur, die Mur – entgegen der Auffassung der Europäischen Union – ein nicht schiffbarer Fluß, der die Stadt teilt. Graz ist Landeshauptstadt der Steiermark, desjenigen österreichischen Bundeslandes, das sich wegen des bewaldeten Hügellandes gern das „grüne Herz“ Österreichs nennt. Die steirische Holzindustrie wird das Material für die Stände auf der Agora der Versöhnungsinitiativen sponsern, die nach der Versammlung von der Caritas transportiert in osteuropäischen Gemeinden weiter verwendet werden sollen.
Graz erzählt auf Straßen und Plätzen von seiner Geschichte. Und es lohnt sich, diese Geschichte ein wenig nachzubuchstabieren, denn der Umgang mit Geschichte ist auch Aufgabe der EÖV2, ist doch die Vernachlässigung des kontextuellen Ansatzes im konziliaren Prozeß 1 oft genug Grund für schwelende und offene Konflikte in Europa, diesem alten Kontinent. Eines der Dialogforen zum Schwerpunktthema I wird sich damit befassen, und in vielen Hearings und Workshops wird der Ariadnefaden der Historie aufgenommen werden, um den Weg in das Labyrinth der Verstrickungen von Nationalismus und Konfessionalismus zu finden, in dessen Mitte die TeilnehmerInnen an der Versammlung das Untier Machtgier finden könnten, wenn sie sich der Herausforderung „Versöhnung“ in Europa denn wahrhaftig zu stellen bereit sind. So ist es nur empfehlenswert, den Ort der Versammlung nach seinen Erinnerungen zu befragen.
Die Herrengasse – eine Straße, die vom Hauptplatz Richtung Messegelände führt, wo während der Versammlung die Delegierten arbeiten werden, wo die Agora der Versöhnungsinitiativen die Vielfalt des Engagements der Basis spiegeln wird – war und ist Ort der Repräsentation. Das Landhaus, heute Sitz des Landeshauptmanns – des politischen Oberhauptes eines österreichischen Bundeslandes – war früher Regierungssitz der Stände. Im 16. Jh. waren diese Stände zum größten Teil lutherisch – eine andere konfessionelle Identitätsbestimmung war reichsrechtlich nicht möglich. Gegen Ende dieses Jahrhunderts siegte der Zentralismus der deutschen Habsburger im Gewand des absolutistischen Verständnisses des Gottesgnadentums. So wurde Graz Stadt

der Gegenreformation. Reich ausgestattete barocke Kirchen in der Innenstadt zeugen davon und werden während der Versammlung die Orte des Abendgebets sein.
Graz ist der Bischofssitz der Steiermark, Bischof Johann Weber ist Vorsitzender der Österreichischen katholischen Bischofskonferenz und stellt dem Vorbereitungsteam für die Versammlung die vorzügliche Logistik seines Ordinariates zur Verfügung, Evangelische könnten das in Österreich gar nicht leisten, und so entsteht auf dieser Seite ein leichtes Unbehagen. Doch die Achtsamkeit in der Frage, wo denn das Nützen von potenten Strukturen durchlässig werden könnte für Interessen, ist durchaus schon ein Einüben in innerösterreichischer Ökumene geworden. Und die ist schwierig genug, obwohl im Ökumenischen Rat der Kirchen in Österreich die römisch-katholische Kirche Mitglied ist. Man muß in Österreich und in Graz begreifen, daß die Evangelischen oft übersensibel und animos reagieren: Anders als in den Niederlanden, die den Absolutheitsanspruch der spanischen Linie der Habsburger erfolgreich abwehren konnten, hat die Gegenreformation im 17. und 18. Jahrhundert den Protestanten im Kaiserreich nur die Wahl zwischen „Glaube oder Heimat“ gelassen. Juden und Orthodoxe hatten unter der Habsburgermonarchie ein ähnlich bitteres Schicksal gehabt. Erst 1781 erhielten Juden und „A-Katholiken“ von Kaiser Joseph II. die Toleranz. Die vollständige rechtliche Gleichstellung kam für die Evangelischen erst mit dem Protestantengesetz 1961. Seitdem trägt der Jahreskalender der evangelischen Kirchen den etwas trotzigen Titel „Glaube und Heimat“. Es ist nicht zu leugnen, daß es immer auch eine Strömung unter den Protestanten gegeben hat, die Glaube als Konfession und Heimat einseitig nationalistisch verstand: Es gab in Österreich keine offizielle Zustimmung zur Bekennenden Kirche, wohl aber eine starke Akzeptanz deutschnationaler Gedanken. Heute liegt die Herausforderung in der positiven Sicht der Diasporaexistenz. Denn Österreich ist ein katholisches Land – die 5 Prozent Evangelischen fallen kaum ins Gewicht, Angehörige des Islams sind inzwischen weit zahlreicher.
Graz ist auch die Stadt der sogenannten Volkserhebung, die Stadt, in der der Anschluß Österreichs an Großdeutschland am vehementesten gefordert wurde. In Graz zerbricht der Mythos von der Opferrolle, der in Österreich den redlichen Umgang mit der jüngsten Vergangenheit weithin verhindert. Schon Wochen vor Hitlers Ankunft in Österreich gab es in Graz Demonstrationen damals noch illegaler Nationalsozialisten, die das Straßenbild bestimmten. Am 22. 2. 1938 wurde vom Rathaus die Hakenkreuzfahne entrollt. Die breite Zustimmung zur

populistischen Partei Jörg Haiders bei der jüngsten Europaratswahl mag in diesem Zusammenhang nachdenklich stimmen. Deutschnationales Denken ist begründet in der Zerrissenheit der Untersteiermark und dem Grenzland Slowenien. Den slowenischen Minderheiten in Steiermark und Kärnten wird trotz den Schutzbestimmungen seit der Minderheitenfeststellung in den 70er Jahren letztlich stillschweigend die totale Assimilation abverlangt. Das gleiche gilt für Kroaten im nahen Burgenland, in dem es vor zwei Jahren einen bis heute nicht geklärten Bombenanschlag auf eine Romasiedlung gegeben hat. Es wurde viel zu wenig wahrgenommen, daß die äußerst restriktive Flüchtlingspolitik Europas schon ein Jahr vor der Übernahme dieses Konzeptes durch Deutschland vom österreichischen Innenministerium entworfen und realisiert worden war. Der Briefbombenterror hat noch kein Ende gefunden, der sich gegen Menschen richtet, die sich zu Minderheitenfragen und für eine positive Ausländerpolitik engagieren. Gertraud Knoll, Superintendentin des Burgenlandes und Delegierte zu der Versammlung, mußte mit ihrer Familie fast ein halbes Jahr von Sicherheitsbeamten geschützt werden, weil sie bei einem Menschenrechtsfest auf dem Heldenplatz zum Jahrestag der dort Hitler 1938 zujubelnden Menschenmassen gesagt hatte: „Gott sei Dank, daß wir den Krieg nicht gewonnen haben!". Sie verstand diesen Satz als Eröffnung des Diskurses über Schuld und mögliche Umkehr. Sie wird möglicherweise beim Schlußgottesdienst der Versammlung die Predigt halten.
Das Büro des Lokalsekretariats zur Vorbereitung der EÖV2 liegt in unmittelbarer Nachbarschaft des Rathauses, in dem der sozialistische Bürgermeister Stingl seit Jahren eine für Österreich vorbildliche Sozialpolitik durchsetzt. Er hat u. a. auch ein Friedensbüro eingerichtet. Zu Unrecht macht man übrigens ihm allein zum Vorwurf, daß in der Vorweihnachtszeit das „aggressive Betteln von Kindern" in den Einkaufsstraßen unter Strafe gesetzt wurde. Die lebhaften Gesten und das helle „Bitte!" dieser Romakinder sind mit ihnen verschwunden. An ihrer Stelle hocken jetzt junge, stumme Männer in der Kälte – wie steinern gewordene Vorbilder von Demutshaltungen aus Illustrationen mittelalterlicher Meditationsbücher.
In großzügigen, hellen Räumen am Hauptplatz wird also die Versammlung unter dem Thema Versöhnung geplant und vorbereitet. In denselben Räumen befand sich 1938 bis 1945 das Gestapohauptquartier, danach ließen sich darin die russischen Besatzer mit ihrer Kommandantur nieder.
Hier trifft sich das Lokalkomitee unter dem Vorsitz von Prof. Dr. Grigorios Larentzakis, der als griechisch-orthodoxer Theologe we-

sentlich die Arbeit des ISA (Publikationen: Ökumenisches Forum) mitbestimmt und an der Grazer Universität Seminare und Vorlesungen zur Ökumene hält. Die einzige evangelische Fakultät Österreichs gibt es an der Universität Wien. Und die hält kaum Beziehungen zu der Orthodoxie, als wäre das Gespräch zwischen Orthodoxie und Katholizismus angebrachter. So ist das Ökumeneverständnis – wenn überhaupt – in Österreich mit der Vorstellung des Dialogs zwischen römisch-katholischen Christen und Protestanten verbunden. M. E. wird auch dies die Aufgabe der Versammlung sein, die Wirklichkeit der tausendjährigen kirchengeschichtlichen Entwicklung zweier getrennter Traditionen – west- und oströmisch – zu beschreiben, die zudem in jüngster Zeit durch den Eisernen Vorhang weitgehend hermetisch voneinander isoliert waren.

Darüber läßt sich nicht leicht versöhnlich hinwegreden, und die merkwürdige Lähmung der KEK oder des ÖRK scheint es zu verdeutlichen: Das orthodoxe Selbstbewußtsein der Vergöttlichung des Menschen und das durch die Erschütterungen der westeuropäischen Politik- und Geistesgeschichte immer wieder bestätigte protestantische Verständnis der notwendigen Rechtfertigung des Gottlosen ist schwer zu vereinbaren. Im theologischen Diskurs gibt es längst Annäherungen, auch die für 1998 in Aussicht gestellte Anerkennung der lutherischen Rechtfertigungslehre vor dem Spiegel der Gnadenlehre durch die röm.-kath. Kirche läßt solch Entgegenkommen vermuten. Doch ich frage mich, auf welchen Fundamenten solche Schritte gemeinsamer Wahrheitsfindung versucht werden sollen. Für Protestanten gilt nach wie vor das sola scriptura der Reformation. Und auch hier gibt es sogar im Innenraum evangelischer Ökumene genug Schwierigkeiten im Gespräch zwischen biblizistischer, historisch-kritischer und sozial-geschichtlicher Exegese. Die römisch-katholische Kirche beweist durch die jüngste Exkommunikation des Bischofs Balasuria aus Sri Lanka Festhalten an den Dogmen. Proteste kommen zwar von den Theologen, aber wieviel Autorität können sie beanspruchen, wenn letztlich die Glaubenskongregation in Rom das Recht auf Zensur praktiziert? Der theologische Diskurs vor und während der Versammlung muß die Unversöhntheit zwischen der „Hofprophetie“ und dem Wächteramt der Kirchen zur Sprache bringen, Schweigen darf nicht länger als ökumenische Praxis von Toleranz gelten.

Einmischen werden sich in diesen notwendigen Dialog rund 200 bisher gemeldete Basisinitiativen und -organisationen – auf der Agora, in 150 Hearings, 100 Workshops und 40 anderen kreativen Beiträgen. Sie setzten ihre Schwerpunkte in den Bereichen sozial-ökumenischer und politischer Gerechtigkeit innerhalb und außerhalb der Grenzen

Europas, gewaltfreier Konfliktregelung und einem Lebensstil, der Nachhaltigkeit ermöglicht. Die Initiativen zeigen eine große Bereitschaft und Fähigkeit zur Vernetzung: So wird es neben dem Ökumenischen Dorf des Aktionsbündnisses auf der Agora das Friedenshaus in Verantwortung von IFOR, Pax Christi und Church and Peace im Minoritenzentrum geben. Im „Welthaus“ – Kolpinghaus – wird das Versammlungsthema VI verhandelt, im „Haus der Gastfreundschaft“ in der Carnerigasse wird es um Fragen von Minderheiten und Probleme gehen, die sich aus Migration und Flucht ergeben. Es wird ein – übrigens von den Veranstaltern budgetiertes – Zentrum im Martin-Luther-Haus geben, in dem alle Themen aus frauenspezifischer Sicht bearbeiten werden. Die Jugend wird sich mit ihrem Programm zu Wort melden. Die Überschaubarkeit von Graz wird ein Auseinanderdriften der verschiedenen Schwerpunktsetzungen verhindern. Der Jakominiplatz, eine verkehrstechnische Drehscheibe in Graz zwischen Hauptplatz und Messezentrum, wird zum „Platz der Empörung“ werden, wo Initiativen ihre Proteste kreativ gestalten und die Passanten ins Gespräch ziehen werden. Am Freitagnachmittag werden die TeilnehmerInnen im Umkreis von zwei Fahrstunden in eine Richtung – auch grenzüberschreitend – Orte konkreter Versöhnungsversuche besuchen.
So wird sichtbar, daß Basisbewegungen und Teile der Kirchen die durch ökumenische Interessen und Sachzwänge gewachsenen Leerfelder politischen Handelns besetzen und vernetzen. Sie nutzen sie als Freiräume biblisch buchstabierter Solidarität mit den Schwächeren und Kleingemachten. Die von ihnen erworbene Kompetenz wird den DolmetscherInnen viel abverlangen, das kirchlich-theologische Idiom der Ökumeneberatungen wird nicht mehr ausreichen, den Skandal der Unversöhntheiten zu beschreiben. Das ist bereits an der kritischen Auseinandersetzung mit dem ersten Entwurf des Dokumentes deutlich geworden, Delegierte und Basis haben kompetente Änderungsvorschläge eingebracht. Neben den je drei Dialogforen zu den sechs Themen von Assisi am Nachmittag wird es zusätzlich noch drei Foren geben zu den Fragen, die Kirche und Israel, Mission und Proselytismus und das Miteinander von Frauen und Männern in den Kirchen aufwerfen.
So ist Graz bereits im Vorfeld der Versammlung Herausforderung zum Dialog und positiven Streit.
Die breite Teilnahme osteuropäischer Basischristen – anfangs schien es ihnen so dargestellt, als würde die Einladung nach Graz nur offiziellen Delegierten gelten – wird diesem Gespräche eine hohe Sensibilität in der Bereitschaft zum Hören abverlangen. Die Ungleichzei-

tigkeit in den kirchlichen, kulturellen und politischen Entwicklungen darf nicht in einem einseitigen, atemlosen Aufholprozeß übersprungen werden. Analysen sollten in Graz auf keinen Fall zur vorschnellen Beoder gar Verurteilung führen. Den alles forensische Denken macht eine Inszenierung unumgänglich, die die Inanspruchnahme von Machtstrukturen voraussetzt. Jedes Ja und jedes Nein, zu dem sich die Versammlung entschließen wird müssen, wenn denn die Kirchen das Wächteramt wieder zu ihrem Dienst an und in der Welt machen wollen, möge ausgesprochen werden im Namen des sich erbarmenden Gottes, unter dessen Recht es keine Rangvorteile gibt.
„Junge Kirche“ ...

II. Die Fundamente der Versöhnung

Versöhnung – Ein Herzstück des christlichen Glaubens

Johannes Dantine

Indem der Zweiten Europäischen Ökumenischen Versammlung das Thema „Versöhnung“ gegeben wurde, hat sie sich auf ein zentrales theologisches Thema eingelassen, auf ein Herzstück christlichen Glaubens, und kann sie sich nicht mit bloßen und angemessenen Konkretisierungen begnügen. Mit ihrem Thema: „Gabe Gottes und Quelle neuen Lebens“ werden beide Dimensionen der Versöhnung angesprochen, die dogmatische und die ethische.[1] Verkürzungen sind daher ebensowenig zulässig wie einseitige Betonung der einen oder der anderen Dimension.[2] Es wird hier zu zeigen sein, wie eng beide miteinander verbunden sind und was das für diese Versammlung bedeutet.

I

Was in der christlichen Theologie Versöhnung genannt wird, ist der Schnittpunkt mehrerer, teilweise sehr unterschiedlicher Linien biblischer Begriffe und Vorstellungen.[3] Das Alte Testament kennt eine Fülle von Versöhnungshandlungen und Vorstellungen aus dem kultischen Bereich. Gott wird versöhnt bzw. Gott versöhnt sich nach dargebrachtem Opfer. Wichtig ist das Ritual des Versöhnungstages Lev 16 mit dem Sündenbock, auf den die Sünden des Volkes vom Hohenpriester gelegt werden.[4]

Das Neue Testament nimmt zahlreiche Vorstellungen des Alten Testaments auf. Der Begriff, der im allgemeinen mit Versöhnung übersetzt wird, stammt aber offenbar nicht aus der Opfervorstellung des Alten Testaments, sondern aus der hellenistischen Umwelt und ist politisch-sozial geprägt, so *H. Merkel,* der abschließend über die Versöhnungsvorstellung bei Paulus urteilt, „daß Paulus die Heilsbedeutung des Todes Jesu gerade dadurch heraushebt, daß er unterschiedliche Deutungskategorien nebeneinander stellt: die Versöhnung aus dem politisch-sozialen Bereich, die Sühne aus dem kultischen, die Rechtfertigung aus dem forensischen, den Loskauf aus dem völkerrechtlichen Denken.“[5]

Bei Paulus ist dieser Begriff zentral. In 2 Kor 5,18–21 wird ein offenbar vorpaulinischer Satz aufgenommen und dann von Paulus mit der Christuspredigt selbst identifiziert. In Röm 5,1–11, der abschließenden Passage des in 1,18 beginnenden Gedankengangs, wird der Begriff in v. 10f aufgenommen.[6] Das setzt sich in den Deuteropaulinen fort. In Kol 1,20 kommt die kosmische Dimension zum Thema Versöhnung zu Wort. In Eph 2,16 wird von der Versöhnung von Juden und den Völkern in der einen Kirche, dem Leib Christi, geredet. So sehr, nein, weil Gott es ist, der die Welt mit sich versöhnt, ist die Predigt von Christus die Predigt von der Versöhnung und hat sowohl eine kosmische als auch eine menschenverbindende, also ethische Dimension.

Zwar wird bei Paulus selbst nur Röm 5,1–11 die Versöhnung explizit mit dem Tod Christi verbunden, aber es ist ja durchgängig bei ihm so, daß das entscheidende Heilsereignis das Kreuz ist. Das ist zu bedenken, wenn berücksichtigt wird, daß die theologische Tradition den Versöhnungs-Begriff eng mit dem im Neuen Testament ursprünglich eigenständigen Opfergedanken und damit mit der alttestamentlichen Versöhnungsvorstellung verknüpft hat. So bei Paulus[7] und den Deuteropaulinen[8] und vor allem in Hebr[9]: Christus als Hohepriester und Opfer in einem, der nicht etwas oder jemanden zum Opfer gebracht hat, sondern sich selbst, hat damit ein für allemal das Opfern beendet.[10, 11]

In Mt 5,24 ist der kultische Zusammenhang deutlich erkennbar, dabei aber betont gerade diese Stelle den ethischen, zwischenmenschlichen Bezug der Versöhnungsvorstellung. In gut prophetischer Tradition wird die gottmenschliche Beziehung nur durch die Verwirklichung zwischenmenschlicher Gerechtigkeit als möglich angesehen, im Gegensatz zur rein kultischen Praxis. Es zeigt sich aber auch hier, daß von Anfang an die ethische Dimension zur neutestamentlichen Versöhnungsvorstellung dazugehört, und zwar auch dort, wo nur die Sache selbst angesprochen wird.[12]

Die christliche Theologie hat die diversen neutestamentlichen Vorstellungen aufgearbeitet und verbunden. Erst jetzt entwickeln sich die Lehren, die im NT noch als einzelne Gedankenlinien wie Puzzlestükke nebeneinander stehen, zu ganzen Gebilden. Für die Versöhnungslehre bedeutete dies die Kombination der Vorstellung vom Sühneopfer des Ersten Testaments mit der neutestamentlichen, vor allem paulinischen politisch-rechtlichen Versöhnungsvorstellung. Allerdings war es zunächst nicht sie, die im Vordergrund stand, sondern die Erlösungslehre, genauer: die Lehre vom Freikauf.[13] Erst mit der Satisfaktionslehre des Anselm von Canterbury ist die Versöhnungslehre ins Zentrum der Theologie gerückt worden.[14] Sie hat bei aller Problematik[15] unbestreitbar für sich, daß sie den tiefen Bruch zwischen Gott und Menschheit durch die Sünde und damit die Bedeutung der notwendigen Versöhnung voll ernst nimmt.[16, 17]

II

Es entspricht dem Begriffsgemenge, das in den beiden Testamenten entgegentritt, daß „Versöhnung" immer in den zwei Dimensionen gesehen wird, in der Beziehung zwischen Gott und Mensch, in der Gott sich mit den Menschen versöhnt hat, und in der zwischenmenschlichen Versöhnung als ethische Aufgabe.[18] Hier aber muß Kritik einsetzen an der traditionellen Versöhnungslehre. Zwar wußte die Theologie wohl immer von der Zusammengehörigkeit der beiden Dimensionen, jeder Theologe betete ja auch im Vaterunser regelmäßig: „vergib uns unsere Schuld, wie auch wir vergeben unseren Schuldigern", theologisch aber wurde diese Selbstverständlichkeit nicht ausreichend wahrgenommen. Umgekehrt ist das Pendel in neuester Zeit in die andere Richtung ausgeschlagen und wird Versöhnung nahezu ausschließlich im zwischenmenschlichen ethischen, sozialethischen Bereich gesehen. Zu Recht drückt daher das Thema der 2EÖV die Zusammengehörigkeit beider Dimensionen aus. Diese muß gewahrt werden, soll das Anliegen dieser Versammlung theologisch verantwortet werden können.

W. Dantine zeichnet die Geschichte der Versöhnungslehre in etwa so: Eine im Neuprotestantismus soteriologisch verkürzte Versöhnungslehre führt schließlich im Gegensatz zur klassischen Soteriologie zur Vorstellung eines „lieben Gottes", der alles versöhnt. Diese Sicht verbindet sich mit Vorstellungen, wonach die Welt völlig eigenständig ist und ihrer eigenen Dynamik folgt. So wird Verantwortungsvergessenheit dreifach abgesichert: durch das ethische Defizit der Versöhnung, durch den Glauben an die Eigenmächtigkeit, Unveränderbarkeit und Unversöhnlichkeit des Kosmos und die Vorstellung von einem „lieben Gott", dessen Welt trotz aller Probleme letztlich heil ist. Wird nun die Versöhnung in die ethische Dimension einfach umgekippt, ohne völlig umgebaut zu werden, wird die unversöhnte Welt zwar als versöhnbar angesehen und daraus folgen notwendig die entsprechenden Imperative; diese Imperative beinhalten aber letztlich den Optimismus, der der Vorstellung vom „lieben Gott" entspricht, der aber immer an der tatsächlich existierenden Welt scheitern muß. Anders gesagt: wird die Versöhnungslehre nicht vollständig aufgearbeitet, scheint die notwendige Folge zu sein, daß die Versöhnungsbotschaft zu einer Häufung von Imperativen führt, die wahrscheinlich, die Erfolg-

losigkeit ahnend, in die Form sanfter Hortativa „man müßte, sollte, könnte ...“ gekleidet werden. Sie aber scheitern an der realen Welt und verursachen schlechtes Gewissen und stabilisieren die Unversöhntheit.
Demgegenüber ist die Versöhnung radikal als Versöhnung Gottes mit dem Menschen zu denken und zwar so, daß die zwischenmenschliche Dimension der Versöhnung Teil ihrer selbst ist. Versöhnung wird so als umfassende Geschichte gesehen. Aus Gottes Versöhnung erschließt sich die zwischenmenschliche notwendig, und zwar nicht als ein zweites, ihr folgendes, sondern als von vornherein inkludiert. „Christlicher Glaube lebt aus der Gewißheit, daß sich Gott mit der Welt so versöhnt hat, daß zwischen ihm und der Schöpfung und damit auch zwischen ihm und der Menschheit Friede herrscht. Dieser Friede ist umfassend und schließt daher auch das Mensch-Welt-Verhältnis, d. h. die kosmische Dimension ebenso ein wie die zwischenmenschliche Dimension.“[19]

Die ethische Dimension erschließt sich also direkt aus dem Glauben an die geschehene Versöhnung Gottes mit der Welt. „Der Glaube an das Versöhntsein von Zukunft und Welt kraft der Versöhnungstat Christi eröffnet bereits unmittelbar die Einsicht in Notwendigkeit und Möglichkeit von ethischer Handlung.“[20]

Gleichzeitig steckt dieser Glaube auch den Verheißungshorizont ab, in dem versöhnendes Handeln geschehen darf. Zwischenmenschliche Versöhnung kann als verheißene geglaubt und daher auch konkret erhofft werden. Nicht die Erfahrungen von Unversöhntheiten, von anscheinend bleibender Unversöhnlichkeit bestimmen den Glauben, sondern eben diese Verheißung, wie umgekehrt der Glaube sich nicht auf optimistische Welt- und Geschichtsdeutung stützen wird, wenn er der resignativen Grundstimmung entkommen will, für die die Erfahrung Anlaß genug bietet.

Der Glaube an die Versöhnung ruht also auf der geglaubten Gewißheit der geschehenen, durch Christus gewirkten Versöhnung und lebt in der Gewißheit der Verheißung der realen Versöhnung. So wird der Glaube versöhnend tätig, Versöhnung wird zum „Totalexperiment aus dem Glauben“.[21]

III

Die Bedeutung dieser Sicht von Versöhnung wird deutlich, wenn ein weiteres Problem angesprochen wird, wobei einiges, was schon angesprochen wurde, zu vertiefen ist. Versöhnung geht davon aus, daß es Konflikte gibt. Versöhnung ist nur möglich, wenn das Bestehen von Konflikten gesehen und anerkannt wird.

Die Stelle aus der Bergpredigt Mt 5,23–26 ist hier paradigmatisch: einer möchte in Gemeinschaft mit Gott treten, also opfern. Auf dem Weg in den Tempel erkennt er, daß er mit einem anderen einen offenen Konflikt hat. Er muß zunächst diesen Konflikt bereinigen, um mit Gott Gemeinschaft haben zu können. Zweierlei spielt also zusammen: die Zusammengehörigkeit der gott-menschlichen bzw. menschgöttlichen Beziehungen und die zwischenmenschliche Beziehung. Und Versöhnung setzt Erkennen, Anerkennen und Bereinigung von Konflikt voraus. Da wir davon ausgehen müssen, daß die ganze Versöhnungsgeschichte unvollendet ist, heißt das dann auch, daß Versöhnungsglaube sich bewährt in Situationen der *Bemühungen* um Versöhnung, in denen Versöhnung nicht möglich wurde.

Versöhnung Gottes mit den Menschen setzt daher auch die Anerkenntnis des tiefen Bruchs voraus, der durch die Sünde verursacht wurde. Es ist das Verdienst der klassischen Versöhnungslehre, gerade auch *Anselms,* daß er dies auf den Leuchter gestellt hat. Diese Theorie wurde und wird kritisiert. Wieso brauche Gott ein Opfer und könne nicht frei vergeben? Wie könne denkbar sein, daß Gott ein Opfer verlangt, noch dazu seinen eigenen Sohn opfern „müsse“? Welchem Zwang könne Gott unterworfen sein, daß dies gedacht werden müßte? Könne die Sünde wirklich so mächtig gedacht werden, daß Gott diesen Weg beschreiten muß? Christliche Soteriologie wird diese Fragen zu bedenken haben und kann die Satisfaktionslehre nicht unverändert übernehmen.

Aber bei dieser Kritik sehe die Theologie zu, daß sie die Sünde nicht zu leicht nehme, daß sie die Tiefe des Bruches zwischen Gott und seinen Geschöpfen nicht übersehe! Geschieht dies, dann wird die Wirklichkeit unserer Welt zu einer letztlich leicht verbesserbaren Idylle, die sie nicht ist, nicht von der Empirie her, die voll leidvoller Erfahrung des Bösen ist, und erst recht nicht vor Gott. Und dann gerät die Versöhnungsbotschaft unweigerlich zu einer Ansammlung von Imperativen, die sich entweder selbst wieder mit einer idyllischen Weltsicht begnügen, oder aber nur schlechtes Gewissen produzieren. Die Versöhnungsbotschaft wird dann zum Gesetz, zum verniedlichenden oder zum tötenden.

Beides hängt zutiefst miteinander zusammen: die Wahrnehmung und Anerkennung von Konflikten, auch von bleibenden, und die Wahrnehmung und Anerkennung der Sünde. Beides kann nicht mit lockerer Hand bereinigt werden.

Das Wort „Versöhnung“ hat andere Worte neben sich, die die Bereitschaft zur Versöhnung ausdrücken sollen, aber zu Widerworten werden können und werden: „versöhnlich“ bzw. „Versöhnlichkeit“. Das abqualifizierende Wort „Versöhnlertum“ u. ä. deckt diesen Zusammenhang auf. Diese Worte haben die Tendenz in sich, den Konflikt, der die Versöhnung erst nötig macht, herunterzuspielen. Auch wird der Konflikt psychologisiert. Es geht dann bei einem Konflikt nicht um einen objektiven Widerspruch, sondern um einen Gegensatz zwischen Subjekten, die diesen Gegensatz mit einigem guten Willen überwinden könnten. Dabei kann natürlich nicht bestritten werden, daß es solche Konflikte auch gibt, und daß die subjektive Geneigtheit, einen Konflikt zu überwinden, für die Versöhnung hilfreich ist. Zu widersprechen ist aber jedem Bemühen, reale Gegensätze zu zwischenmenschlichen Verstimmungen umzufälschen. Die Gegensätze zwischen Armen und Reichen, die Gegensätze zwischen Ethnien, die jahrhundertelang mit-, aber auch gegeneinander gelebt haben, der Gegensatz zwischen Täter und Opfer, und also auch der Gegensatz zwischen Gott und Sünder sind reale Gegensätze. Die Aufforderung, miteinander versöhnlicher umzugehen, kann angesichts solcher Gegensätze nur das Bemühen sein, einen beruhigten Zustand bei Aufrechterhaltung des realen Gegensatzes herzustellen.[22]

Versöhnung ist Überwindung von Konflikten, setzt also Konflikte voraus, setzt voraus, daß die Konflikte als reale anerkannt werden. „Versöhnung in echtem und wirklichem Sinn (setzt) im Grunde Konfliktgeschichte, also die Ambivalenz von Konflikt voraus, der nicht nur ein zerstörerisches, sondern auch ein schöpferisches Moment darstellt. Und nur dort, wo die Konfliktgeschichte als solche ernstgenommen, anerkannt und hingenommen wird, entsteht der Impuls, die Konflikte nicht bloß zu überbrücken und damit sofort wieder neu aufbrechen zu lassen, sondern echten Frieden zu stiften. Friedensstiftung, Versöhnungsverwirklichung ist dort erst möglich, wo die Geschichte als Konfliktgeschichte erkannt wird.“[23]

Konflikte müssen ausgetragen werden. Versöhnung ist nur möglich, wenn dies geschieht. Versöhnung setzt also auch Konfliktfähigkeit voraus, d.h. Bereitschaft zum Streit. Die Gegensätze, aber auch die Probleme ganz allgemein müssen benannt werden. Das „Versöhnungsmanagement“ muß auf alle Bemühungen verzichten, den Konflikt herunterzuspielen oder auszuklammern.

Es geht bei Versöhnung um *Geschichte,* das wurde eben angedeutet. Es geht also nicht um Haltungen und Bereitschaften, aus denen dann gleichsam von selbst Versöhnung als ihre Frucht erwächst, sondern es geht um das schwierige, opferfordernde Unterfangen, Konflikte durchzukämpfen und so zu überwinden.

Indem Versöhnung Geschichte ist, ist sie auch nie (noch nicht) vollendete Geschichte. Das ist wichtig, da die Menschheit doch immer in Zusammenhängen unvollendeter Versöhnungsgeschichten lebt. Wird das übersehen, erliegt man Illusionen, deren harmloseste Folge die

bloße falsche Weltsicht ist und die falsche Rezeptur für weitere Versöhnungsgeschichte. Gefährlich werden Illusionen, wenn die unvermeidliche Einsicht in die Illusion zu lähmender Enttäuschung und Untätigkeit wird oder wenn der Versuch gemacht wird, gewaltsam die Wirklichkeit den Illusionen anzupassen. Theologisch ist dabei von Triumphalismus zu reden oder von *theologia gloriae.*
Eine biblische Geschichte und ihre Auslegung zeigt diese Problematik gut auf, die Geschichte vom verlorenen Sohn (Lk 15), die immer wieder als Beispiel gelungener Versöhnung zitiert wird, nämlich der Versöhnung zwischen Vater und Sohn. Nur hat diese Geschichte eine offene Fortsetzung: die Geschichte mit dem älteren Sohn. Der Text endet mit dem Protest des Älteren; es wird nicht erzählt, wie sie weitergeht.[24]
Soll verantwortlich von Versöhnung in ihrer kosmischen Dimension geredet werden, also einer Dimension, die einfache zwischenmenschliche überschreitet, dann muß den offenen, unvollendeten Versöhnungsgeschichten Rechnung getragen werden, und zwar nicht nur durch Appelle moralischer Art, die sowieso nicht gehört werden. Denken wir an die wesentlichsten Konfliktfälle, die offensichtlich heute akut sind und die Kirchen zu beschäftigen haben, so wird deutlich, daß einfache Appelle unnütz sind, ebenso wie die Hoffnung auf ihre Überwindung in absehbarer Zeit töricht. Dennoch darf diese Einsicht nicht zur Gleichgültigkeit und dem Eindruck der Sinnlosigkeit führen. Vielmehr ist Versöhnung als Aufgabe zu lernen angesichts der wohl noch lange bleibenden Offenheit zahlreicher Versöhnungsgeschichten.

IV

Fassen wir das bisher Gesagte kurz zusammen:
Der Glaube an die Versöhnung ist nicht zu haben ohne seine Realisierung in der zwischenmenschlichen Versöhnung. Und umgekehrt: Versöhnung als Totalexperiment des Glaubens und als Totalanspruch allen Handelns erfließt unmittelbar aus dem Glauben an die Versöhnung selbst. Das Gebot zu versöhnendem Handeln berührt also den Glauben an das Zentrum des Glaubens unmittelbar.
Versöhnung setzt Konflikt voraus, setzt auch voraus, daß der Konflikt wahrgenommen wird und ausgehalten wird. Versöhnung steht damit direkt gegen konfliktverschleiernde Praktiken der Versöhnlichkeit.
Die Versöhnung Gottes mit seiner Menschheit und dem Kosmos durch den Tod Jesu Christi am Kreuz zeigt, wie Gott mit dem Grundkonflikt, der Sünde, umgeht. Er nimmt den Konflikt radikal ernst, er

stellt sich selbst der Sünde: „Er hat den, der von keiner Sünde wußte, für uns zur Sünde gemacht ...“[25] Er hat alles dran gegeben, sich selbst aufgeopfert.[26] Gott betreibt kein *appeasement,* auch nicht aus einem Übermaß seiner Liebe heraus.
Wahrnehmung des Versöhnungsauftrages bedeutet also, Konflikte aufzunehmen, sich ihnen auszusetzen und sie nicht auszuklammern. Das bedeutet auch, in einer offenen, von Verheißung zwar bestimmten, aber eben noch nicht vollendeten Geschichte zu agieren. Sich auf den Weg der Versöhnung zu begeben, heißt also auch zu akzeptieren, daß Versöhnung nicht einfach zu haben ist, weder durch eine Ansammlung von Imperativen noch durch symbolische Aktionen, noch durch das Erlebnis einer fakultativen Vergeschwisterung.

V

Es wird entscheidend sein, ob es der 2EÖV gelingt, den theologischen Spannungsbogen der Versöhnung durchzuhalten und hinreichend zum Ausdruck zu bringen, daß es bei Versöhnung nicht um eine *Anwendung* der christlichen Sache, sondern *um die Sache Gottes selbst geht.* Dann werden die Bedenken derjenigen, die von einer ethischen Verkürzung reden, gegenstandslos werden. Dann wird auch das Ergebnis etwas anderes sein können und müssen als eine Ansammlung von Wünschen, Forderungen und Appellen. Dann wird vor allem Hoffnung möglich gegen alle Erfahrung.

Anmerkungen

1 W. Dantine, *Versöhnung. Ein Grundmotiv christlichen Glaubens und Handelns,* 1978, ^{2}1996 nennt als dritte die kosmische. Wir werden darauf zurückkommen.

2 Gegenüber der Zweiten Europäischen Ökumenischen Versammlung, im folgenden immer 2EÖV genannt, gibt es Vorbehalte, weil die dogmatische Dimension zu kurz kommen würde. Diese Befürchtung ist nicht unberechtigt. Die Konsequenz, sich von ihr und der Vorbereitung zu absentieren, sehr wohl.

3 In diesem Zusammenhang können nur einzelne, wichtige Momente aufgezeigt werden, obwohl es wahrscheinlich wichtig ist, die einzelnen Linien in ihrer Unterschiedlichkeit präzise auseinanderzuhalten. Möglicherweise sind die meisten Probleme der theologischen Lehrentwicklung Folge mangelnder Trennschärfe.

4 Lev 16,20.21f. – Zum ganzen ThWb AT IV,303–318.

5 EWbNT II,646,648.

6 Zu erwähnen ist auch die knappe Bemerkung Röm 11,15.

7 Röm 3,25; vgl. Röm 5,9; 1 Kor 10,16; 11,27.

8 Eph 5,2.

9 9,26ff; vgl. 10,1ff.

10 Hebr 10,18 und die Betonung der Einmaligkeit in 7,27; 9,12; 10,10.

11 Die so modern gewordene Kritik an den Vorstellungen: Opfer, Sühneopfer, Verlangen des Vaters u. a., etwa auch bei J. Moltmann, *Der Weg Jesu Christi. Christologie in messianischer Dimension.* 1989, 197ff und besonders in der feministischen Theologie, hat zwar ihr Recht in bezug auf die (oder eine) Wirkungsgeschichte dieser Vorstellungen, geht aber m. E. leichtfüßig sowohl am neutestamentlichen Gewicht dieser Vorstellung und vor allem an der Pointe dieser Vorstellung vorbei, die eben hier liegt: dieses Opfer beendet alle Opfer. – Allerdings ist zu beachten, daß die unleugbare böse Wirkungsgeschichte, als deren Opfer sich vor allem Frauen empfinden, sich daran nährt, daß in ihr neutestamentliche Begriffe und Vorstellungen akkumuliert werden, die im NT selbst auseinandergehalten werden. Das zeigt schon diese kurze Analyse.

12 Im Vorbereitungsheft für die 2EÖV „Versöhnung – Gabe Gottes und Quelle neuen Lebens", 11f, findet sich eine erste Auswahl solcher Stellen.

13 Zur Geschichte der Versöhnungslehre s. zunächst Gustav Aulén, *Die drei Haupttypen des christlichen Versöhnungsgedankens,* in: ZsystTh 8(1930), 503ff und vor allem für die neuere Zeit G. Wenz, *Geschichte der Versöhnungslehre in der evangelischen Theologie der Neuzeit.* 2 Bde., 1984/6

14 Die Unterscheidung verschiedener Traditionsströme oder Typen der Versöhnungslehre darf nicht übersehen lassen, daß – allerdings in der abendländischen Theologie – die Anselmsche Satisfaktionslehre bleibend, und sei es als Gegenposition zur eigenen, dominant geblieben ist.

15 Zur Kritik s. u. a. Anm. 13. Die geläufige Kritik trifft aber Anselm nicht wirklich. Problematisch ist hingegen dreierlei: Erstens versucht Anselm, sie mit stringenter Logik durchzuziehen. Das geht aber immer auf Kosten des Geheimnisses, das Gott und sein Tun immer ist. Zweitens argumentiert er von einer Ordnungsvorstellung aus, die für biblisches Denken unerträglich ist. Drittens argumentiert er von Gottes Ehre aus, die durch des Menschen Sünden verletzt ist, als ob Gottes Ehre nicht gerade in seinem Kommen zu den Menschen läge.

16 Dies ist der springende Punkt in der Auseinandersetzung Anselms mit der vorgehenden Erlösungslehre. Diese versteht im wesentlichen Erlösung als reinen Akt des Loskaufs der Sünder vom Teufel. Eben dieser Gedanke wird resolut überwunden, und ins Zentrum rückt nun ausschließlich die Beziehung zwischen Gott und Mensch.

17 Die weitere Entwicklung der Versöhnungslehre soll hier nicht weiterverfolgt werden. Allerdings ist auf den interessanten Ansatz von R. Schwager, *Brauchen wir einen Sündenbock? Gewalt und Erlösung in den biblischen Schriften,* 1978, hinzuweisen, der auf die soziologische Theorie von R. Girard aufbaut, nach der jede Gemeinschaft zum Selbsterhalt eines Sündenbockes bedarf. Diese Theorie ist gut begründet. Allerdings kann der Versuch von R. Schwager noch nicht als befriedigend angesehen werden. Es bedarf offensichtlich größerer Anstrengungen, eine aufgrund empirischen Befundes aufgestellte soziologische Theorie in die Theologie aufzunehmen, da doch wohl ein soziologisches Gesetz nicht als Begründung freien göttlichen Handelns verzweckt werden kann.

18 W. Dantine, s. Anm. 1, fügt noch die kosmische Dimension hinzu. Die damit verbundenen Probleme können aber zunächst vernachlässigt werden.

19 W. Dantine, a.a.O., 71. – Dantine führt hier seine Gedanken im Zusammenhang einer Kritik an traditionellen trinitätstheologischen Entwürfen durch, kritisiert die Lehre von der Wesenstrinität und geht selbst von einer „Christologie von unten aus". Das wird in folgendem Satz deutlich: „Auferstehung und Himmelfahrt sind weltbildhaft bestimmte Grundaussagen darüber, daß Gott seinerseits sich mit diesem, mit den Menschen sich solidarisierenden Jesus solidarisiert. Gott will als der Versöhner kein anderer sein als der, der solche Solidarisierung mit den Unversöhnten bejaht und bekräftigt. Er wird nicht erst durch Christus zum Versöhner, sondern handelt in und durch Christus selbst als Versöhner" (a.a.O., 79; s. auch die Zusammenfassung a.a.O. 102). – Diese Überlegungen werden hier nur zitiert. Wir folgen diesen Gedanken nur ansatzweise, weil eine umfassendere Auseinandersetzung über sie noch aussteht, hier aber nicht geleistet werden kann.

20 A.a.O., 102.

21 A.a.O., 110.

23 In der Friedensforschung wurde dieses Problem ausreichend seit Leibniz und Kant (der ewige Frieden des Friedhofs) diskutiert, neuerdings unter dem Stichwort aktiver und passiver Friedensbegriff. Ebenso auch das Problem der Psychologisierung, hier der Familiarisierung nach dem Motto „Friede zuerst im eigenen Haus". So wichtig die persönliche Friedensfähigkeit auch ist, ist persönliche Friedfertigkeit noch keine Garantie für Friedensfähigkeit und Friedenswillen.

23 Dantine, a.a.O., 51.

24 Das Vorbereitungsheft für die 2ÖEV, Versöhnung – Gabe Gottes und Quelle neuen Lebens. Eine Arbeitshilfe für die Vorbereitung der 2EÖV (1997), 1995 erliegt typischerweise diesem Irrtum, a.a.O., 12; G. Müller-Fahrenholz, *Vergebung macht frei. Vorschläge für eine Theologie der Versöhnung.* 1996, 122f stellt das richtig, er zieht aber daraus nicht die nötigen Konsequenzen.

25 2 Kor 5,21.

26 Eine strenge trinitätstheologische Aufteilung der Tätigkeiten der einzelnen Personen führt in Abwege, was die bisherigen Versuche gezeigt haben. Der Grundsatz, daß die Werke der Trinität nach außen unteilbar sind, muß auch hier in Geltung gebracht werden. Auch ist festzuhalten, daß menschliche Rede nur metaphorisch sein kann.

Ökumenische Rundschau, 4/1996 (gekürzt)

Bibelstellen

Versöhnung ohne Illusion

Als nun Jakob seine Augen erhob, sah er Esau herankommen und vierhundert Mann mit ihm. Da verteilte er die Kinder auf Lea und Rahel und die beiden Mägde, und er stellte die Mägde mit ihren Kindern voran, dahinter Lea mit ihren Kindern, Rahel aber mit Joseph zuletzt. Er selbst ging vor ihnen her und verneigte sich siebenmal zur Erde, bis er zu seinem Bruder kam. Esau aber eilte ihm entgegen und

umarmte ihn, fiel ihm um den Hals und küßte ihn, und sie weinten. Als er nun seine Augen erhob und die Frauen mit den Kindern sah, sprach er: Wer sind diese da bei dir? Er antwortete: Es sind die Kinder, die Gott deinem Knechte aus Gnaden beschert hat. Und die Mägde traten herzu mit ihren Kindern und verneigten sich. Dann trat auch Lea herzu mit ihren Kindern, und sie verneigten sich. Darnach traten Joseph und Rahel herzu und verneigten sich. Und er sprach: Was willst du denn mit diesem ganzen Heer, dem ich begegnet bin? Er antwortete: Daß ich Gnade finde vor meinem Herrn. Esau sprach: Ich habe genug, mein Bruder; behalte, was du hast. Jakob antwortete: Nicht doch! Habe ich Gnade vor dir gefunden, so nimm das Geschenk von mir an; denn ich habe ja dein Angesicht schauen dürfen, wie man Gottes Angesicht schaut, und du hast mich gütig aufgenommen. Nimm doch die Gabe an, die ich dir gebracht habe; denn Gott hat es mir in Gnaden beschert, und ich habe vollauf. So drang er in ihn, bis er es annahm. Und Esau sprach: Laß uns nun aufbrechen und fortziehen; ich will vor dir herziehen. Er aber sprach zu ihm: Mein Herr sieht, daß die Kinder noch zart sind und daß ich für die säugenden Schafe und Rinder zu sorgen habe; übertriebe man sie auch nur einen Tag, so würde mir die ganze Herde sterben. Mein Herr ziehe doch seinem Knechte voraus. Ich will gemächlich antreiben, wie eben das Vieh vor mir und die Kinder wandern können, bis ich zu meinem Herrn nach Seir komme. Esau sprach: So will ich doch von den Leviten, die ich bei mir habe, etliche bei dir lassen. Er antwortete: Wozu das? Möge ich nur Gnade finden vor meinem Herrn. Da zog Esau an jenem Tage wieder seines Weges nach Seir.
Jakob aber zog nach Sukkoth und baute sich ein Haus; für sein Vieh aber machte er Hütten. Daher nannte er die Stätte Sukkoth [d. i. Hütten]. Darnach kam Jakob wohlbehalten zu der Stadt Sichem im Lande Kanaan, als er aus Mesopotamien kam, und lagerte vor der Stadt. Und er kaufte das Grundstück, auf dem er sein Zelt aufgeschlagen hatte, von den Söhnen Hemors, des Vaters Sichems, um hundert Taler. Dort richtete er einen Malstein auf und baute einen Altar und nannte ihn „El, Gott Israels“.

Genesis 33

Das Ritual für den Versöhnungstag

Nach dem Tod der beiden Söhne Aarons, die umgekommen waren, als sie vor den Herrn hintraten, redete der Herr mit Mose. Der Herr sprach zu Mose: Sag deinem Bruder Aaron, er soll nicht zu jeder beliebigen Zeit das Heiligtum hinter dem Vorhang vor der Deckplatte der Lade betreten. Dann wird er nicht sterben, wenn ich über der Deckplatte in

einer Wolke erscheine. Aaron darf nur so in das Heiligtum kommen: mit einem Jungstier für ein Sündopfer und einem Widder für ein Brandopfer. Ein geweihtes Leinengewand soll er anhaben, leinene Beinkleider tragen, sich mit einem Leinengürtel gürten und um den Kopf einen Leinenturban binden. Das sind heilige Gewänder; deshalb soll er seinen ganzen Körper in Wasser baden und sie erst dann anlegen. Von der Gemeinde der Israeliten soll er zwei Ziegenböcke für ein Sündopfer und einen Widder für ein Brandopfer erhalten. Hat er den Jungstier für seine eigene Sünde dargebracht und sich und sein Haus entsühnt, dann soll Aaron die beiden Ziegenböcke nehmen und sie vor dem Herrn am Eingang des Offenbarungszeltes aufstellen. Für die beiden Böcke soll er Lose kennzeichnen, ein Los „für den Herrn" und ein Los „für Asasel". Aaron soll den Bock, für den das Los „für den Herrn" herauskommt, herbeiführen und ihn als Sündopfer darbringen. Der Bock, für den das Los „für Asasel" herauskommt, soll lebend vor den Herrn gestellt werden, um für die Sühne zu dienen und zu Asasel in die Wüste geschickt zu werden. Aaron soll den Jungstier für sein eigenes Sündopfer herbeibringen lassen, um sich und sein Haus zu entsühnen, und diesen Jungstier als Sündopfer für sich schlachten.
Dann soll er eine Räucherpfanne voll glühender Kohlen vom Altar, der vor dem Herrn steht, und zwei Handvoll zerstoßenen duftenden Räucherwerks nehmen. Er soll alles hinter den Vorhang bringen und das Räucherwerk auf das Feuer vor dem Herrn tun; die Wolke des Räucherwerks soll die Deckplatte über der Lade einhüllen, damit er nicht sterben muß. Dann soll er vom Blut des Jungstiers nehmen und es mit seinem Finger gegen die Vorderseite der Deckplatte spritzen; auch vor die Deckplatte soll er mit seinem Finger siebenmal etwas Blut spritzen. Nachher soll er den Bock schlachten, der als Sündopfer für das Volk bestimmt ist, und sein Blut hinter den Vorhang tragen. Er soll es mit diesem Blut ebenso machen wie mit dem Blut des Jungstiers und es auf die Deckplatte und vor die Deckplatte spritzen. So soll er das Heiligtum von den Unreinheiten der Israeliten, von all ihren Freveltaten und Sünden entsühnen, und so soll er mit dem Offenbarungszelt verfahren, das bei ihnen inmitten ihrer Unreinheiten seinen Sitz hat. Kein Mensch darf im Offenbarungszelt sein, wenn er in das Heiligtum eintritt, um die Sühne zu vollziehen, bis er es wieder verläßt.
Hat er sich, sein Haus und die ganze Gemeinde Israels entsühnt, so soll er zum Altar vor dem Herrn hinausgehen und ihn entsühnen. Er soll etwas Blut des Jungstiers und des Bockes nehmen und es auf die Hörner rings um den Altar tun. Etwas von diesem Blut soll er mit seinem Finger siebenmal auf den Altar spritzen. So soll er ihn von den Unreinheiten der Israeliten reinigen und ihn heiligen.

Hat er so die Entsühnung des Heiligtums, des Offenbarungszeltes und des Altars beendet, soll er den lebenden Bock herbringen lassen. Aaron soll seine beiden Hände auf den Kopf des lebenden Bockes legen und über ihm alle Sünden der Israeliten, alle ihre Frevel und alle ihre Fehler bekennen. Nachdem er sie so auf den Kopf des Bockes geladen hat, soll er ihn durch einen bereitstehenden Mann in die Wüste treiben lassen, und der Bock soll alle ihre Sünden mit sich in die Einöde tragen.
Hat er den Bock in die Wüste geschickt, dann soll Aaron wieder in das Offenbarungszelt gehen, die Leinengewänder, die er beim Betreten des Heiligtums angelegt hat, ablegen und sie dort verwahren. Er soll seinen Körper in Wasser an einem heiligen Ort baden, wieder seine Kleider anlegen und hinausgehen, um sein Brandopfer und das des Volkes darzubringen. Er soll sich und das Volk entsühnen und das Fett des Sündopfers auf dem Altar in Rauch aufgehen lassen.
Der Mann, der den Bock für Asasel hinausgeführt hat, muß seine Kleider waschen, seinen Körper in Wasser baden und darf danach wieder in das Lager kommen. Den Jungstier und den Bock, die man als Sündopfer dargebracht und deren Blut man in das Heiligtum zur Entsühnung gebracht hat, soll man aus dem Lager hinausschaffen und ihr Fell, ihr Fleisch und ihren Mageninhalt im Feuer verbrennen. Wer sie verbrannt hat, muß seine Kleider waschen, den Körper in Wasser baden und darf danach wieder ins Lager kommen. Folgendes soll euch als feste Regel gelten: Im siebten Monat, am zehnten Tag des Monats, sollt ihr euch Enthaltung auferlegen und keinerlei Arbeit tun, der Einheimische und ebenso der Fremde, der in eurer Mitte lebt. Denn an diesem Tag entsühnt man euch, um euch zu reinigen. Vor dem Herrn werdet ihr von allen euren Sünden wieder rein. Dieser Tag ist für euch ein vollständiger Ruhetag, und ihr sollt euch Enthaltung auferlegen. Das gelte als feste Regel. Der Priester, den man gesalbt und an Stelle seines Vaters als Priester eingesetzt hat, soll die Sühne vollziehen. Er soll die Leinengewänder, die heiligen Gewänder, anlegen. Er soll das geweihte Heiligtum, das Offenbarungszelt und den Altar entsühnen; dann soll er die Priester und das ganze Volk der Gemeinde entsühnen. Das soll für euch als feste Regel gelten: Einmal im Jahr sollen die Israeliten von allen ihren Sünden entsühnt werden. Und man tat, wie es der Herr dem Mose befohlen hatte. *Levitikus 16,1–34*

Versöhnte Welt – eine Vision

Das Wort, das Jesaja, der Sohn des Amoz, in einer Vision über Juda und Jerusalem gehört hat.

Am Ende der Tage wird es geschehen:
Der Berg mit dem Haus des Herrn steht fest gegründet als höchster der Berge;
er überragt alle Hügel. Zu ihm strömen alle Völker.
Viele Nationen machen sich auf den Weg. Sie sagen: Kommt,
wir ziehen hinauf zum Berg des Herrn und zum Haus des Gottes Jakobs.
Er zeige uns seine Wege, auf seinen Pfaden wollen wir gehen.
Denn von Zion kommt die Weisung des Herrn, aus Jerusalem sein Wort.
Er spricht Recht im Streit der Völker, er weist viele Nationen zurecht.
Dann schmieden sie Pflugscharen aus ihren Schwertern und Winzermesser aus ihren Lanzen.
Man zieht nicht mehr das Schwert, Volk gegen Volk, und übt nicht mehr für den Krieg.
Ihr vom Haus Jakob, kommt, wir wollen unsere Wege gehen im Licht des Herrn. *Jesaja 2,1–5*

Initiative zur Versöhnung

Ihr habt gehört, daß zu den Alten gesagt worden ist: *Du sollst nicht töten* (Ex 20,13); wer aber jemand tötet, soll dem Gericht verfallen sein. Ich aber sage euch: jeder, der seinem Bruder auch nur zürnt, soll dem Gericht verfallen sein; und wer zu seinem Bruder sagt: Du Dummkopf!, soll dem Spruch des Hohen Rates verfallen sein; wer aber zu ihm sagt: Du (gottloser) Narr!, soll dem Feuer der Hölle verfallen sein.
Wenn du deine Opfergabe zum Altar bringst und dir dabei einfällt, daß dein Bruder etwas gegen dich hat, so laß deine Gabe dort vor dem Altar liegen; geh und versöhne dich zuerst mit deinem Bruder, dann komm und opfere deine Gabe.
Schließ ohne Zögern Frieden mit deinem Gegner, solange du mit ihm noch auf dem Weg zum Gericht bist. Sonst wird dich dein Gegner vor den Richter bringen, und der Richter wird dich dem Gerichtsdiener übergeben, und du wirst ins Gefängnis geworfen. Amen, das sage ich dir: Du kommst von dort nicht heraus, bis du den letzten Pfennig bezahlt hast. *Matthäus 5,21–26*

Wer nicht vergeben kann – Gleichnis vom unbarmherzigen Gläubiger

Mit dem Himmelreich ist es deshalb wie mit einem König, der beschloß, von seinen Dienern Rechenschaft zu verlangen. Als er nun mit der Abrechnung begann, brachte man einen zu ihm, der ihm zehntausend Talente schuldig war. Weil er aber das Geld nicht zurückzahlen konnte, befahl der Herr, ihn mit Frau und Kindern und allem, was er besaß, zu verkaufen und so die Schuld zu begleichen. Da fiel der Diener vor ihm auf die Knie und bat: Hab Geduld mit mir! Ich werde dir alles zurückzahlen. Der Herr hatte Mitleid mit dem Diener, ließ ihn gehen und schenkte ihm die Schuld. Als nun der Diener hinausging, traf er einen anderen Diener seines Herrn, der ihm hundert Denare schuldig war. Er packte ihn, würgte ihn und rief: Bezahl, was du mir schuldig bist! Da fiel der andere vor ihm nieder und flehte: Hab Geduld mit mir! Ich werde es dir zurückzahlen. Er aber wollte nicht, sondern ging weg und ließ ihn ins Gefängnis werfen, bis er die Schuld bezahlt habe. Als die übrigen Diener das sahen, waren sie sehr betrübt; sie gingen zu ihrem Herrn und berichteten ihm alles, was geschehen war. Da ließ ihn sein Herr rufen und sagte zu ihm: Du elender Diener! Deine ganze Schuld habe ich dir erlassen, weil du mich so angefleht hast. Hättest nicht auch du mit jenem, der gemeinsam mit dir in meinem Dienst steht, Erbarmen haben müssen, so wie ich mit dir Erbarmen hatte? Und in seinem Zorn übergab ihn der Herr den Folterknechten, bis er die ganze Schuld bezahlt habe. Ebenso wird mein himmlischer Vater jeden von euch behandeln, der seinem Bruder nicht von ganzem Herzen vergibt. *Matthäus 18,23–35*

Einheit als Basis der Versöhnung

Aber ich bitte nicht nur für diese hier, sondern auch für alle, die durch ihr Wort an mich glauben. Alle sollen eins sein: Wie du, Vater, in mir bist und ich in dir bin, sollen auch sie in uns sein, damit die Welt glaubt, daß du mich gesandt hast. Und ich habe ihnen die Herrlichkeit gegeben, die du mir gegeben hast; denn sie sollen eins sein, wie wir eins sind, ich in ihnen und du in mir. So sollen sie vollendet sein in der Einheit, damit die Welt erkennt, daß du mich gesandt hast und die Meinen ebenso geliebt hast wie mich. Vater, ich will, daß alle, die du mir gegeben hast, dort bei mir sind, wo ich bin. Sie sollen meine Herrlichkeit sehen, die du mir gegeben hast, weil du mich schon geliebt hast vor der Erschaffung der Welt. Gerechter Vater, die Welt hat dich nicht erkannt, ich aber habe dich erkannt, und sie haben erkannt, daß du mich gesandt hast. Ich habe ihnen deinen Namen bekannt gemacht und werde ihn bekannt machen, damit die Liebe, mit der du mich geliebt hast, in ihnen ist und damit ich in ihnen bin.

Johannes 17,20–26

Hoffnung auf Versöhnung der Schöpfung

Ich bin überzeugt, daß die Leiden der gegenwärtigen Zeit nichts bedeuten im Vergleich zu der Herrlichkeit, die an uns offenbar werden soll. Denn die ganze Schöpfung wartet sehnsüchtig auf das Offenbarwerden der Söhne Gottes. Die Schöpfung ist der Vergänglichkeit unterworfen, nicht aus eigenem Willen, sondern durch den, der sie unterworfen hat; aber zugleich gab er ihr Hoffnung: Auch die Schöpfung soll von der Sklaverei und Verlorenheit befreit werden zur Freiheit und Herrlichkeit der Kinder Gottes. Denn wir wissen, daß die gesamte Schöpfung bis zum heutigen Tag seufzt und in Geburtswehen liegt. Aber auch wir, obwohl wir als Erstlingsgabe den Geist haben, seufzen in unserem Herzen und warten darauf, daß wir mit der Erlösung unseres Leibes als Söhne offenbar werden. Denn wir sind gerettet, doch in der Hoffnung. Hoffnung aber, die man schon erfüllt sieht, ist keine Hoffnung. Wie kann man auf etwas hoffen, das man sieht? Hoffen wir aber auf das, was wir nicht sehen, dann harren wir aus in Geduld. So nimmt sich auch der Geist unserer Schwachheit an. Denn wir wissen nicht, worum wir in rechter Weise beten sollen; der Geist selber tritt jedoch für uns ein mit Seufzen, das wir nicht in Worte fassen können. Und Gott, der die Herzen erforscht, weiß, was die Absicht des Geistes ist: Er tritt so, wie Gott es will, für die Heiligen ein. Wir wissen, daß Gott bei denen, die ihn lieben, alles zum Guten führt, bei denen, die nach seinem ewigen Plan berufen sind; denn alle, die er im voraus erkannt hat, hat er auch im voraus dazu bestimmt, an Wesen und Gestalt seines Sohnes teilzuhaben, damit dieser der Erstgeborene von vielen Brüdern sei. Die aber, die er vorausbestimmt hat, hat er auch berufen, und die er berufen hat, hat er auch gerecht gemacht; die er aber gerecht gemacht hat, die hat er auch verherrlicht.

Römerbrief 8,18–30

Diener der Versöhnung

Wenn also jemand in Christus ist, dann ist er eine neue Schöpfung: Das Alte ist vergangen, Neues ist geworden. Aber das alles kommt von Gott, der uns durch Christus mit sich versöhnt und uns den Dienst der Versöhnung aufgetragen hat. Ja, Gott war es, der in Christus die

Welt mit sich versöhnt hat, indem er den Menschen ihre Verfehlungen nicht anrechnete und uns das Wort von der Versöhnung (zur Verkündigung) anvertraute. Wir sind also Gesandte an Christi Statt, und Gott ist es, der durch uns mahnt. Wir bitten an Christi Statt: Laßt euch mit Gott versöhnen! *Zweiter Korintherbrief 5,17–20*

Die endgültige Versöhnung mit Gott

Denn das Gesetz enthält nur einen Schatten der künftigen Güter, nicht die Gestalt der Dinge selbst; darum kann es durch die immer gleichen, alljährlich dargebrachten Opfer die, die vor Gott treten, niemals für immer zur Vollendung führen. Hätte man nicht aufgehört zu opfern, wenn die Opfernden ein für allemal gereinigt und sich keiner Sünde mehr bewußt gewesen wären? Aber durch diese Opfer wird alljährlich nur an die Sünden erinnert, denn das Blut von Stieren und Böcken kann unmöglich Sünden wegnehmen. Darum spricht Christus bei seinem Eintritt in die Welt:

Schlacht- und Speiseopfer hast du nicht gefordert,
doch einen Leib hast du mir geschaffen;
an Brand- und Sündopfern hast du kein Gefallen.
Da sagte ich: Ja, ich komme –
so steht es über mich in der Schriftrolle –,
um deinen Willen, Gott, zu tun.

Zunächst sagt er: *Schlacht- und Speiseopfer, Brand- und Sündopfer forderst du nicht, du hast daran kein Gefallen,* obgleich sie doch nach dem Gesetz dargebracht werden; dann aber hat er gesagt: *Ja, ich komme, um deinen Willen zu tun* (Ps 40,7–9 G). So hebt Christus das erste auf, um das zweite in Kraft zu setzen. Aufgrund dieses Willens sind wir durch die Opfergabe des Leibes Jesu Christi ein für allemal geheiligt.
Jeder Priester steht Tag für Tag da, versieht seinen Dienst und bringt viele Male die gleichen Opfer dar, die doch niemals Sünden wegnehmen können. Dieser aber hat nur ein einziges Opfer für die Sünden dargebracht und sich dann für immer *zur Rechten Gottes gesetzt;* seitdem wartet er, *bis seine Feinde ihm als Schemel unter die Füße gelegt werden* (Ps 110,1). Denn durch ein einziges Opfer hat er die, die geheiligt werden, für immer zur Vollendung geführt. Das bezeugt uns auch der Heilige Geist; denn zuerst sagt er:

Das wird der Bund sein, den ich nach diesen
Tagen mit ihnen schließe –
spricht der Herr:
Ich lege meine Gesetze in ihr Herz
und schreibe sie in ihr Inneres (Jer 31,33);

dann aber:

An ihre Sünden und Übertretungen denke ich nicht mehr (Jer 31,34).

Wo aber die Sünden vergeben sind, da gibt es kein Sündopfer mehr.

Hebräerbrief 10,1–18

Weitere Bibelstellen

2 Makk 1,1–5; Jes 52,13–15; 53,1–12; Jona 3,1–10; Lk 6,27–36; Joh 3,16–21; Kol 1,12–20

Vätertexte

Der Preis unserer Erlösung

Der allmächtige Schöpfer und unsichtbare Gott selbst hat wahrhaftig die Wahrheit und sein heiliges und unfaßbares Wort vom Himmel her unter den Menschen Wohnung nehmen lassen und ihren Herzen eingepflanzt. Er sandte den Menschen nicht, wie man erwarten sollte, einen Diener, etwa einen Engel oder einen Fürsten oder einen von denen, die mit der Verwaltung im Himmel betraut sind, sondern den Schöpfer und Bildner des Alls selbst, durch den er die Himmel geschaffen, das Meer in seine Grenzen eingeschlossen hat, dessen Geheimnisse alle Himmelskörper treu bewahren, von dem die Sonne die Maße ihrer Tagesumläufe vorgezeichnet erhielt, nach dessen Befehl bei Nacht der Mond scheint, dem die Sterne gehorchen, die der Bahn des Mondes folgen, von dem alles geordnet und bestimmt und dem alles unterworfen ist: die Himmel und was im Himmel, die Erde und was auf Erden, das Meer und was im Meere ist, Feuer, Luft, Abgrund, was in den Höhen, was in den Tiefen und was dazwischen ist.

Diesen hat er zu ihnen gesandt. Etwa, wie ein Mensch meinen könnte, zur Gewaltherrschaft, um Furcht und Schrecken zu verbreiten? Keineswegs, sondern in Milde und Sanftmut schickte er ihn, wie ein König einen Königssohn sendet, als einen Gott sandte er ihn, wie einen Menschen zu Menschen sandte er ihn, zur Erlösung schickte er ihn, zur Überzeugung, nicht zum Zwang; denn Zwang liegt Gott ferne. Er sandte ihn zum Rufen, nicht zum Verfolgen; er sandte ihn in Liebe, nicht zum Gericht. Er wird ihn zwar einst auch noch zum Gericht senden, und „wer wird dann vor seinem Angesicht bestehen“ [Mal 3,2]?

Der Brief an Diognet 7.9

Das Opfer des wahren Hohenpriesters
Leo der Große

Wie hätte eine Wiederversöhnung Gottes mit dem Menschengeschlecht stattfinden können, wenn nicht der Mittler zwischen Gott und den Menschen die Schuldsache aller auf sich genommen hätte? Auf welch andere Weise aber hätte er die wirkliche Mittlerschaft erfüllen können, wenn nicht der in Gottesgestalt dem Vater Gleichstehende in seiner Knechtsgestalt auch einer von uns gewesen wäre? Nur so konnte die Fessel des Todes, die durch die Schuld des einen [Adam] zugezogen wurde, durch den Tod des einen [Christus], der allein dem Tod nichts schuldete, gelöst werden. Das für die Ungerechten vergossene Blut Christi war so reich an Lösekraft, daß, wenn alle Gefesselten an ihren Erlöser glaubten, die Fesseln des Teufels niemand halten könnte. Denn der Apostel sagt: „Wo die Sünde übergroß war, wurde die Gnade noch überfließender" [Röm 5,20]. Und da die unter dem Joch der Sünde Geborenen die Möglichkeit erhielten, zur Gerechtigkeit wiedergeboren zu werden, so ist das Geschenk der Freiheit mächtiger als die Schuld der Knechtschaft. *Brief an Kaiser Leo 4*

Das Amt der Versöhnung
Johannes Chrysostomus

Wir kommen zu euch als Gesandte mit der Forderung, den Krieg beizulegen, und erklären, unter welchen Bedingungen dies geschehen soll. Wir versprechen nicht die Übergabe von Städten, nicht die Lieferung von so und so viel Getreide, nicht Sklaven, nicht Gold, sondern das Himmelreich, das ewige Leben, die Gemeinschaft mit Christus und alle übrigen Güter, die wir nicht einmal zu schildern imstande sind, solange wir in diesem Fleische und im gegenwärtigen Leben wandeln. Wir sind also Gesandte: wir wollen geehrt sein, doch nicht unseretwegen – Gott bewahre! Denn wir wissen recht wohl, was Geringfügiges es um die Ehre ist, sondern euretwegen, damit ihr mit Eifer unsere Worte höret, damit ihr Nutzen daraus ziehet, nicht gleichgültig oder unaufmerksam unsere Vorträge entgegennehmet. Seht ihr nicht, mit welch ausgezeichneter Sorgfalt die Gesandten von allen behandelt werden? Wir sind Gottes Gesandte an die Menschen. Wenn euch das unangenehm berührt, so bedenkt: es handelt sich hier nicht um uns, sondern um das oberhirtliche Amt selbst; nicht um diese oder jene Persönlichkeit, sondern um den Bischof! Niemand schenke mir Gehör, sondern der hohen Würde! Laßt uns also dem göttlichen

Willen gemäß tun, damit wir zur Verherrlichung Gottes leben und der Güter gewürdigt werden, die denen verheißen sind, die ihn lieben.

Kommentar zum Kolosserbrief 305

Mahnung zu kirchlicher Einigkeit

Augustinus

Man flieht die Einheit, und infolge davon geht der Gatte hierhin, die Gattin dorthin zum Gottesdienst. Mag der Gatte sagen: „Halte Eintracht mit mir, denn ich bin dein Mann!", so wird die Gattin ihm antworten: „Ich bleibe dort, wo mein Vater ist." Und so teilen sie Christus in der Ehegemeinschaft, während wir sie aufs höchste tadeln, wenn sie die Ehegemeinschaft lösen. Man flieht die Einheit, und die Folge davon ist, daß Verwandte, Mitbürger, Freunde, Gäste und alle, die sonst durch menschliche Verhältnisse miteinander verbunden und Christen sind, zwar sich in Eintracht befinden, wenn sie an Gastmählern teilnehmen, zur Ehe nehmen und zur Ehe geben, kaufen und verkaufen, Verträge schließen, ihren Willen erklären, sich begrüßen, ihre Zustimmung geben, sich miteinander besprechen, ja in allen ihren Angelegenheiten und Geschäften eins, nur am Altare Gottes in Zwietracht sind. Sonst machen sie jeder Zwistigkeit, mag sie noch so groß sein, wenn sie anderswo entstanden ist, ein Ende und versöhnen sich nach dem Befehl des Herrn zuerst mit ihren Brüdern, um erst dann die Gabe am Altare darzubringen; an anderen Orten sind sie also einig, nur hier uneinig. Laß uns also, Bruder, den Frieden Christi erkennen und miteinander an ihm festhalten! Laß uns danach streben, miteinander gut zu sein und miteinander die Bösen ohne Beschädigung der Einheit mit so strenger Zucht, als nur möglich ist, zu bekehren! Aber wir wollen sie gerade auch um der Einheit willen mit größtmöglicher Geduld ertragen; sonst könnten wir, wie Christus sagt, auch den Weizen entwurzeln, während wir vor der Zeit nur das Unkraut sammeln wollen.

2. Brief an Macrobius 17,20

Bußgebet der Gemeinde

Ephräm der Syrer

Christus, Opfer der Versöhnung, das auf der Höhe von Golgotha geschlachtet wurde und das Sühnopfer für den schuldigen Adam war: nimm unser Opfer und Gebet an und übe an uns allen deine Barmherzigkeit! Nimm, Herr, in deiner Erbarmung dieses Opfer an, das wir dargebracht haben, laß dich dadurch versöhnen und schenke allen

Sündern, die dich um Nachlassung anflehen, Vergebung der Schulden und Sünden. Christus, wende dich nicht weg von uns und entferne dich nicht von deinen Anbetern, denn zu dir nehmen wir unsere Zuflucht. Führe uns auf deinem Wege des Lebens und mache uns in deiner Huld der Verzeihung der Schulden und Sünden würdig. Christus, Freund der Büßer, der gekommen ist, die Sünder zu rufen, nimm uns Büßer alle auf, die wir an der Pforte deiner Erbarmungen anklopfen, und mache uns zu würdigen Büßern in Worten und Werken!

Ermahnungen zur Buße 20,1

Konfessionelle Traditionen

Passions-Predigt über Röm 5,8–11
Martin Luther

Christus ist für dich gestorben, da du noch ein sünder warest, Solches merck wol. Was hat aber sein sterben außgerichtet? Ist es nit war, du bist durch das blüt Christi Jesu gerecht worden? So nun Gott dich hat lieb gehabt, da du ein sünder warest, unnd so vil an dich gewagt unnd seinen Son für dich in tod geben, Wie vil ee unnd mer will er dich für dem zorn behalten, nach dem du durch das blüt Christi Jesu bist gerecht worden?

Mit diesen worten zeigt Paulus fein an, wie unser höchste anfechtung dise sey, das wir besorgen, Gott zórne mit uns: Aber, spricht er, hat Gott nicht zórnet, da du ein sünder warst, Vil weniger wird er yetzund zórnen, Sintemal du durch den tod seines Sons von sünden abgewaschen bist. Das ist doch ye trefflich gepredigt wider den unglauben, der sich der sünden halb in unsern herzen findet. Aber solchs ist noch nit gnúg. Paulus spinnet noch einen grössern unnd hóhern trost auß dem sterben Christi unnd spricht:

„So wir denn Gott *versónet* sind durch den tod seines Sons, da wir noch sünder waren, vil mer werden wir selig werden durch sein leben, so wir nun *versónet* sind.“ Ach Gott, das wir doch disen trost recht kóndten inn unser herz einschliessen.

Ein treflich, groß ding ist es, das Christus für die sünder stirbt, Denn durch solchen tod sind wir ye von sünden frey gemacht. So wir nun des todes unsers Herren Christi Jesu so hoch geniessen, solten wir denn nicht auch seines lebens geniessen? Ist er umb unsert willen gestorben, unnd sein tod hat uns zum besten dienen müssen, so wird inn der warheyt unser lieber Herr Christus sein leben, darinnen er yetzund ist, auch dahin wenden, das es uns zú gút komme, Das wir inn gnaden erhalten, wider den Teuffel unnd die welt geschützet unnd im glauben von tag zú tag zúnemen werden. Wie wir denn sehen, das die lieben Aposteln allenthalb uns auff die frólichen Aufferstheung unsers Herrn Christi weysen, das wir uns derselben trósten sollen unnd hoffen, er werde uns nicht lassen, Sonder er sey darumb auffgefaren, das er uns gaben geben unnd seine Christen in allen gnaden regirn unnd handhaben wólle wider alle anfechtung.

Laßt euch versöhnen mit Gott

Johannes Calvin

Nein, was ist das doch für ein entsetzlicher Unterschied, ob unsere Übeltaten alle auf Christus gelegt werden, um in ihm Sünde zu finden – oder ob wir durch unsere eigenen Werte Sünde empfangen; ob Christus die „Versöhnung ist für unsere Sünden" – oder ob wir Gott durch Werke versöhnen müssen!
Das zweite Erfordernis war, daß dem Gewissen zum Frieden verholfen werden müsse. Geht es nun darum, was soll das denn für ein Stillen des Gewissens sein, wenn es hört, die Sünden müßten durch genugtuende Werke getilgt werden? Wann wird es je die Gewißheit haben, mit seinen genugtuenden Werken das rechte Maß erreicht zu haben? Es wird also immerfort im Zweifel sein, ob es nun Gott für gnädig halten darf, es wird immerfort in Qual und Schrecken leben! Denn die Leute, die sich auf geringe Werklein zur Genugtuung verlassen, die denken allzu verächtlich von Gottes Gericht und erwägen, wie ich noch an anderer Stelle darlegen muß, zuwenig, wie groß das Gewicht der Sünde ist. Aber wenn man den Menschen auch zugäbe, sie könnten für eine bestimmte Anzahl von Sünden mit rechter Genugtuung die Vergebung erkaufen – was sollen sie dann tun, wenn sie sich von soviel Sünden bestürmt sehen, daß nicht hundert Leben hinreichen können, für die Genugtuung zu leisten, selbst wenn man sie ausschließlich damit zubrächte? Auch muß man bedenken, daß all die Stellen, in denen die Vergebung der Sünden gelehrt wird, nicht an solche Menschen gerichtet sind, die erst im Glauben unterwiesen werden, sondern an wiedergeborene Kinder Gottes, die lange Zeit im Schoße der Kirche aufgezogen sind! Die Botschaft, die Paulus so herrlich erhebt: „So bitten wir nun an Christi Statt: Lasset euch versöhnen mit Gott!" (2 Kor 5,20) – diese Botschaft richtet sich nicht an Außenstehende, sondern an solche, die bereits vor langer Zeit niedergeboren waren! Und doch gibt er allen genugtuenden Werken den Abschied und weist Menschen zu Christi Kreuz! Oder wenn Paulus an die Kolosser schreibt: „daß alles ... versöhnt würde zu ihm, selbst, es

sei auf Erden oder im Himmel, damit daß er Frieden machte durch das Blut an seinem Kreuz ..." (Kol 1,20) – so beschränkt er das nicht auf den Augenblick, da wir in die Kirche aufgenommen werden, sondern er dehnt das auf den ganzen Lauf unseres Lebens aus. Das ergibt sich leicht aus dem Zusammenhang, wo er von den Gläubigen sagt, daß sie „die Erlösung durch das Blut Christi haben", nämlich „die Vergebung der Sünden" (Kol 1,14). Es ist allerdings überflüssig, hier noch mehr Stellen zusammenzuhäufen, wie sie immer wieder vorgenommen.

Unterricht in der christlichen Religion

Das Amt, das die Versöhnung predigt

Johannes Calvin

Diese Zusammenschau von Glaube und Evangelium ist nicht verwunderlich; denn das Evangelium ist ja „Das Amt, das die Versöhnung predigt" (2 Kor 5,18), und deshalb gibt es nichts anderes, das die Freundlichkeit Gottes, deren Erkenntnis der Glaube erfordert, hinreichend kräftig bezeugte. *Unterricht in der christlichen Religion*

Versöhnung muß auch sozial sein

Huldrych Zwingli

Das lehrt Gott im 2. Buch Mose 22,1: „Wenn jemand einen Ochsen oder ein Schaf gestohlen hat und diese schlachtet oder verkauft, so soll er fünf Ochsen für den einen Ochsen und vier Schafe für das eine Schaf zurückerstatten." Was hier vom Diebstahl gesagt wird, gilt für jedes freche Entwenden, d. h. für jeden Raub. Denn es heißt auch im Buch Jesaja 61,8: „Ich bin der Herr, der das Recht liebt und den Raub haßt, auch wenn er mir zum Opfer dargebracht wird." Aus diesen Worten erkennen wir, daß sich Gott das Opfer dessen, was gestohlen oder geraubt ist, nicht gefallen lassen will, selbst wenn es in seinem Namen dargebracht wird. Beiläufig erlaubte ich mir die Frage: Wo sind jetzt eigentlich die großen Räuber – ich meine die Tyrannen –, die ihre armen Untertanen gegen Ehre und Recht berauben (meine Worte beziehen sich nur auf die neu erfundenen Abgaben; was hergebrachtes Herrschaftsrecht ist, weiß man natürlich) und schließlich ein Kloster oder eine Pfründe stiften? Glaubst du, sie kommen in den Himmel? Ich habe Zweifel: Der, welcher seinen Raub verschenkt, und der, welcher ihn annimmt, kommen zusammen an denselben Ort, wenn nicht Gott ihnen große Gnade erweist. Denn der Räuber hätte

den Untertanen das Ihre nicht wegnehmen dürfen, und der, welcher es angenommen hat, sollte es jenem nicht abnehmen, sondern sagen: „Es gehört nicht mir. Bringe es demjenigen zurück, dem du es genommen hast."
Nimm dich gut in acht, rechtschaffener Mann! Solches Gut anzunehmen ist gefährlich. Laß dir den närrischen Prunk dieser Welt nicht zu lieb werden, denn er wird in der kommenden völlig verbrennen.
Dieser Ansicht ist auch Christus. Matthäus 5,23–24 heißt es: „Wenn du deine Opfergabe zum Altar bringst" – das sagt Christus von der Zeit, in der man die Opfer noch brauchte – „und dir dort in den Sinn kommt, daß dein Bruder gegen dich Klage erhebt, so laß deine Gabe vor dem Altar liegen und gehe zuerst zu deinem Bruder und versöhne dich mit ihm; dann erst komme zurück und opfere deine Gabe." Diese Versöhnung bezieht sich nicht nur auf den Friedensschluß nach Haß und Feindschaft, sondern auf jede Versöhnung. Nun wird der Geschädigte nie zufrieden sein, wenn ihm das Seine nicht zurückerstattet wird. Wenn also Christus Versöhnung von uns verlangt, verlangt er auch, daß wir das Weggenommene zurückerstatten.

Auslegung und Begründung der Thesen oder Artikel 1523

Gott hat die Erde zum Nutzen der Völker bestimmt
Zweites Vatikanisches Konzil

Gott hat die Erde mit allem, was sie enthält, zum Nutzen aller Menschen und Völker bestimmt; darum müssen die geschaffenen Güter in einem angemessenen Verhältnis allen zugute kommen ... Wie immer das Eigentum und seine nähere Ausgestaltung entsprechend den verschiedenartigen und wandelbaren Umständen in die rechtlichen Institutionen der Völker eingefügt sein mag, immer gilt es, diese allgemeine Bestimmung der Güter zu beachten ... Allen steht das Recht zu, einen für sich selbst und ihre Familien ausreichenden Anteil an den Gütern der Erde zu besitzen.

Pastoralkonstitution über die Kirche in der Welt von heute „Gaudium et spes", 69

III. Konflikte als Versöhnungsverhinderung

Das unversöhnte Europa

Wilhelm Höynck

I

Wir sind umgeben von Situationen, in denen Versöhnung notwendig wäre. Aber Versöhnung entzieht sich dem leichten Zugriff.

Wie spricht man, heute in Mürzzuschlag, nach allem, was in diesem Jahrhundert Menschen zwischen Skopje und Zagreb angetan wurde, über Versöhnung, die unsere serbischen Nachbarn einschließt?

Peter Handke schreibt in dem Buch über seine Reise nach Serbien: „Die bösen Fakten festhalten, schon recht. Für einen Frieden jedoch braucht es noch anderes, was nicht weniger ist als die Fakten."

Heute vor zwei Wochen waren Wahlen in Bosnien-Herzegowina. Wie ein Brennglas bündelt dieses geschundene Land Ursachen und Folgen des unversöhnten Europa. Obwohl es nicht zum Ostblock gehörte, wurde Jugoslawien mit harter Hand zusammengehalten. Wie in anderen mittel- und osteuropäischen Staaten, waren Kernbereiche des gesellschaftlichen Lebens erstarrt. Als sich die Starre löste, setzte sich die Geschichte aus der Lage fort, in der sie erstarrt war. Ein halbes Jahrhundert zwangsweisen Zusammenlebens hatte keinen Raum gelassen für Versöhnung.

An dem alten Streit zwischen Religionen, dem alten Streit zwischen Völkern und ethnischen Gruppen, dem alten Streit um Gebiete, um Grenzen, um wirtschaftliche Vorteile und politischen Einfluß entzündeten sich Nationalismus, Haß, Krieg und Völkermord.

Enttäuscht, erschrocken und nahezu hilflos stellten die Völker und die internationale Gemeinschaft fest, daß weite Teile Europas sich nicht vom Erbe der Vergangenheit befreit hatten. Zwar war das Ende des Ost-West-Konflikts unerwartet über uns hereingebrochen. Aber dies allein reichte nicht aus als Grundlage für das an der Jahreswende 1990/91 von den Staats- und Regierungschefs aller europäischen und nordamerikanischen Staaten erwartete „neue Zeitalter der Demokratie, des Friedens und der Einheit".

Eine zu wenig beachtete Folge der Kriege und militärischen Auseinandersetzungen im zerfallenden Jugoslawien ist, daß andere regionale Konflikte kaum beachtet werden.
In verständlicher Sorge um den eigenen Wohlstand richtet sich der Blick in Westeuropa und Nordamerika zunehmend nach innen. Die Schlange vor den Toren der Europäischen Union wird länger, das Gedränge in der Schlange handfester.
Irgendwie spüren wir alle, daß es auf Dauer dem einen Teil Europas nicht gutgehen wird, wenn es dem anderen schlechtgeht. Europa wird seine Einheit nicht dadurch finden, daß Mittel- und Osteuropa sich ändern und in den westlichen Staaten alles beim alten bleibt. Wenn Tausende von Arbeitsplätzen von Österreich in die Tschechische Republik verlegt werden, dann zeigt das an, wie schmerzlich alle europäischen Länder in die Turbulenzen des Übergangs, der „transition" hineingezogen werden. Und es geht nicht nur um Arbeitsplätze. 20 Jahre haben die westlichen Staaten in der KSZE um „Freer Movement", um größere Durchlässigkeit der Grenzen gekämpft. Heute haben sich die Fronten verkehrt. Die Mittel- und Osteuropäer verlangen, daß die Außengrenzen der Europäischen Union nicht zu unüberwindlichen Hindernissen werden.

II

Die Tiefe und Weite der sich abzeichnenden Veränderungen weist darauf hin, daß wir in einer Zeitenwende stehen – und nicht nur nach der Zahlenmystik unseres Kalenders. Aber am Ende dieses blutigen und mörderischen Jahrhunderts, nach Sarajewo 1914 und trotz Sarajewo 1992, können wir heute Hoffnungsgeschichte für Europa schreiben. Mit der Rückkehr von Freiheit nach Mittel- und Osteuropa und dem Auseinanderbrechen des Warschauer Paktes ist die Gefahr eines großen Krieges in und um Europa für absehbare Zeit gebannt. Auf allen Seiten sind nukleare und konventionelle Militärpotentiale abgebaut worden. Durch Abrüstungsverträge sind die Waffen mit dem größten Zerstörungspotential weitgehend unter Kontrolle.
Die regionalen Kriege, insbesondere auf dem Balkan und im Kaukasus, haben hohe Opfer gefordert; aber sie haben auch gezeigt, daß in einem sich immer intensiver vernetzenden Europa Kriege nicht mehr gewonnen werden können. Entscheidungskriege machen keinen Sinn mehr.
Auch mit Gleichgewichtspolitik läßt sich dauerhafte Stabilität in Europa nicht mehr erreichen. Die Zeit ist zu Ende, in der ein paar große mehr oder minder gewaltsam auf Kosten mittlerer und kleinerer Völker eine Balance, zu ihren Gunsten, austarieren konnten. Die Sorge

um Sicherheit in Europa ist heute eine umfassendere Herausforderung. Militärische Aspekte haben ihre erstrangige, alles andere beherrschende Bedeutung verloren. Die vielfach miteinander verbundenen Probleme wirtschaftlicher Regression, Arbeitslosigkeit, Nationalismus, Rassismus und Fundamentalismus, organisiertes Verbrechen, Drogen und Umweltbelastungen sind heute erstrangige Sicherheitsrisiken.
Zur Beherrschung dieser Risiken entwickelt sich ein Netz vielfach verbundener, flexibler Strukturen. Offenheit, Einschließen, Verbinden und Zusammenarbeiten sind die neuen Stichworte; nicht Abschottung, Ausschließen, Abgrenzen und Blockieren.
Im Raum zwischen Vancouver und Wladiwostok entsteht ein einzigartiges Netzwerk ineinandergreifender Organisationen und Institutionen. Europäische Union, NATO und Europarat haben je unterschiedliche, sich überschneidende Mitglieder, Aufgaben, Stärken und Schwächen. In diese Gruppe gehört auch die Gemeinschaft Unabhängiger Staaten, und zwar in dem Maße, in dem alle Mitglieder dieser Gemeinschaft dies so wollen. Die Organisation für Sicherheit und Zusammenarbeit in Europa umfaßt alle Staaten dieses Raumes. Ihre Prinzipien werden von allen Organisationen als Grundlagen einer Friedensordnung und als der Rahmen wechselseitig stärkender Zusammenarbeit akzeptiert.
In einer Periode des Übergangs können stabilisierende Strukturen nur dynamisch und nicht statisch sein. So befinden sich alle europäischen und transatlantischen Organisationen in schwierigen Entwicklungsprozessen; es geht um die Anpassung der Strukturen an die neuen nationalen und internationalen Herausforderungen.
Antworten auf die berechtigten Fragen im Hinblick auf EU- und NATO-Erweiterung lassen sich in einem dynamischen Rahmen von Aufgaben und Mitgliedern der europäischen und transatlantischen Organisationen finden. Dies gilt für das ungelöste Problem eines angemessenen Platzes der Russischen Föderation in einer europäischen Sicherheitsordnung. Es gilt auch für die ungelösten wirtschaftlichen und sozialen Probleme im OSZE-Raum; und zwar v. a. dann, wenn sie noch stärker als entscheidende Sicherheitsfragen wahrgenommen werden.
Der Zusammenhalt und das Zusammenwirken der verschiedenen europäischen und transatlantischen Organisationen und Institutionen ist die Schlüsselfrage bei der Erörterung eines „Sicherheitsmodells für das 21. Jahrhundert“. Diese Diskussion wurde, aufgrund einer Initiative der Russischen Föderation, vor zwei Jahren innerhalb der OSZE begonnen. Es kommt jetzt darauf an, daß dem nächsten Treffen der Staats- und Regierungschefs der OSZE-Staaten im Dezember d. J. in Lissabon ein

erstes Ergebnis vorgelegt wird. Dieses Ergebnis muß konkrete Maßnahmen enthalten, die das Vertrauen in die Haltbarkeit und Leistungsfähigkeit der sich entwickelnden europäischen Strukturen festigen.
Ein solches Vertrauen kann sich auf unsere bisherigen Erfahrungen stützen. Geschichte muß sich nicht wiederholen. Eine Vielzahl von Versöhnungsprozessen in Europa wurde begonnen; einige sind bereits in ihrer Endphase.
Zwischen Österreich und Slowenien besteht gute Nachbarschaft; Südtirol hat einen Platz gefunden, der freundschaftliche Beziehungen zwischen Österreich und Italien nicht mehr belastet.
Deutschland ist auf Wegen der Versöhnung mit seinen Nachbarn in West und Ost; im Verhältnis zu Frankreich ist der Prozeß weit fortgeschritten; im Verhältnis zu Polen hat die Regelung der Statusfragen, insbesondere die Anerkennung der Grenzen, die Intensivierung eines Versöhnungsprozesses ermöglicht, zu dessen Beginn die Kirchen in besonderer Weise beigetragen haben. Solche Impulse waren angesichts der starren Haltung der tschechoslowakischen Kommunisten im deutsch-tschechischen Verhältnis bis 1989 nicht möglich; auch deswegen tun beide Seiten sich heute so schwer, den nicht nur in Tschechien und Deutschland mit berechtigter Ungeduld erwarteten Durchbruch hin zur Konsolidierung des Versöhnungsprozesses zu erzielen.
Auch in Südosteuropa beginnen Annäherungsprozesse einer neuen Qualität. Das gilt für das Verhältnis zwischen Ungarn und Rumänien ebenso wie für die Beziehungen zwischen Ungarn und der Slowakei. Es gilt auch für die noch in jüngster Zeit schwer belastete Nachbarschaft zwischen Albanien und Griechenland. Es trägt zur Versöhnung bei, wenn wir darüber nicht als Selbstverständlichkeiten hinweggehen.
Regionale Zusammenarbeit im Ostseeraum, in Zentraleuropa und um das Schwarze Meer erleichtert Annäherung an gute Nachbarschaft. In Gruppen von Nachbarn lassen sich Probleme ansprechen und neue Beziehungen entwickeln, die in einem bilateralen Rahmen nur schwer lösbar sind.
Der Offenheit der Strukturen im europäisch-transatlantischen Raum nach innen entspricht auch eine Offenheit nach außen. Das ermöglicht Übergänge nach Afrika, zum Nahen Osten und nach Asien. Es erleichtert Europas Teilnahme an den sich schnell globalisierenden Beziehungen in der einen Welt.

III

Aus der Hoffnungsgeschichte unserer jüngsten Vergangenheit ergeben sich die Herausforderungen für die Zukunft. Deutlich zeichnen sich

die neuen Wege ab. Sie sind schwieriger, mühsamer und sehr viel langwieriger, als wir geglaubt hatten. Aber diese neuen Wege sind gangbar. Eine dauerhafte Friedensordnung in Europa ist keine Utopie.
Einer der neuen Wege heißt Konfliktverhütung, Krisenmanagement und abschließende Konfliktbeilegung (Post Conflict Settlement). Die Erfahrungen seit dem Ende des Ost-West-Konflikts zeigen, daß die Möglichkeiten zur Verhütung und friedlichen Beilegung von Konflikten noch längst nicht ausgeschöpft sind.
1992 haben die Staats- und Regierungschefs der KSZE in Helsinki ihre gemeinsamen, „unumstößlichen“ Ziele neu definiert: Die „Achtung der Menschenrechte und Grundfreiheiten, einschließlich der Rechte von Angehörigen nationaler Minderheiten, Demokratie, Rechtsstaatlichkeit, wirtschaftliche Freiheit, soziale Gerechtigkeit und Verantwortung gegenüber der Umwelt“.
Damit gibt es jetzt für Konfliktverhütung und Konfliktlösung einen Kompaß, mit dem die Standorte der Streitparteien bestimmt und Orientierung für die Ansätze einer Konfliktlösung gefunden werden können. Nahezu alle offenen oder noch verdeckten regionalen Konflikte in Europa gehen zurück auf Minderheitenprobleme. Das gilt für den Balkan ebenso wie für den Kaukasus, die Krisenzonen am Mittelmeer und am Rande der Ostsee. Orientierungspunkte für die Lösung der Probleme von Minderheiten sind Menschenrechte, Demokratie und Rechtsstaatlichkeit. Die Vereinten Nationen, die OSZE und der Europarat haben in je unterschiedlicher Weise, aber im Kernbereich übereinstimmende Kodices von Grundrechten formuliert. Angesichts der sich Anfang der 90er Jahre abzeichnenden Konflikte hat insbesondere die OSZE einen detaillierten und weitgehenden Katalog von Minderheitenrechten entwickelt.
Dieser europäische Konsens über Minderheitenrechte verbunden mit der Festschreibung der Grenzen sind Kernstücke einer Vielzahl von Nachbarschaftsverträgen, die nach 1990 geschlossen wurden. Damit wurden Voraussetzungen geschaffen, um jahrhundertealten Streit durch das Bemühen um gute Nachbarschaft abzulösen. Durch die Verbindung mit den OSZE-Verpflichtungen und die Einbindung in einen europaweiten Stabilitätspakt sind die Nachbarschaftsverträge politisch über das bilaterale Verhältnis hinaus heute ein wichtiges Element europäischer Stabilitätspolitik. Diese Verträge, von denen sich viele an dem deutsch-sowjetischen Vertrag „über gute Nachbarschaft, Partnerschaft und Zusammenarbeit“ vom November 1991 orientieren, sind Wegmarken in den Versöhnungsprozessen vielfach historisch belasteter Nachbarschaften.
Um die heute vorhandenen gemeinsamen Überzeugungen zur Konfliktverhütung und Konfliktlösung zu nutzen, müssen die operativen

Vorkehrungen weiter verbessert werden. In aller Regel gilt: Je früher ein Konflikt erkannt wird, um so größer sind die Chancen friedlicher Beilegung. Die Früherkennung von Konflikten ist dabei angesichts der zunehmenden Transparenz überall in Europa weniger problematisch. Unterentwickelt ist aber die Bereitschaft zu frühem, rechtzeitigem Eingreifen.
Dazu trägt bei, daß es in dem sich entwickelnden Netzwerk von Institutionen noch an Regeln oder praktischen Erfahrungen fehlt für die Frage: Wer macht was? In manchen Konflikten ist die Zahl der Akteure und Vermittler so groß, daß sie sich gegenseitig behindern; andere Konflikte sind so heiße Eisen, daß niemand sie anfassen will. Die VN-Charta bestimmt zwar, daß für friedliche Konfliktlösungen Regionalorganisationen, d. h. für Europa insbesondere die OSZE, Vorrang haben. Aber die OSZE handelt nur, wenn ihre Mitglieder handeln wollen. Und die OSZE, das wissen Sie, hat in der Öffentlichkeit kaum Unterstützung. Die Regierungen schauen auf ihre Parlamente, und die Parlamente schauen auf ihre Wähler, ob die bereit sind, sich auf die Lasten und oft ungewissen Aussichten eines Konfliktmanagements einzulassen.
Kirchen und Nichtregierungsorganisationen können hier eine wichtige Aufgabe erfüllen. Indem sie die Entwicklung von Konflikten verfolgen und analysieren, können sie Parlament und Regierung unterstützen, wenn es darum geht, sich auf risikoreichen Feldern der Konfliktverhütung und des Krisenmanagements zu engagieren.
Nur wenige Staaten verfügen schon über die Strukturen, um schnell das notwendige Personal für die sehr verschiedenen Aufgaben in den zivilen Bereichen einer Konfliktregelung zur Verfügung stellen zu können. Auch dies trägt dazu bei, daß die neuen Möglichkeiten friedlicher Konfliktregelung heute noch nicht voll ausgeschöpft werden.

IV

Versöhnung ist ein großes, unausschöpfliches Thema. Sie geschieht in Bereichen zwischenmenschlicher Beziehungen, die politischen Impulsen nur schwer zugänglich sind. Politik kann Bedingungen herstellen, die Versöhnung ermöglicht und erleichtert.
Aber Versöhnung ist auch immer in Gefahr, politisch banalisiert, in kleiner Münze entwertet zu werden. Wenn Versöhnung zum Passepartout für die vielen ungelösten Probleme würde, könnte sie ihre große, friedenstiftende Kraft verlieren.
Die Kirchen sind in besonderer Weise berufen, den Prozeß der Versöhnung untereinander fortzusetzen. Mit der Kraft und Glaubwürdig-

keit dieser Erfahrung können sie neue Wege zur Versöhnung weisen. Das gilt insbesondere für das immer wichtiger werdende Gespräch zwischen den Religionen. Der „clash of civilizations“ ist kein unabwendbares Schicksal.

Europa ist unversöhnt. Der Übergang zu einem neuen Zeitalter ist voller Brüche und Widersprüche. Deshalb kommt es gerade jetzt darauf an, daß Versöhnung jeden Tag geschehen kann durch unser Tun – oder Lassen.

„Dies Leben ist ... nit ein Wesen“, sagt Martin Luther, „sondern ein Werden, nit ein Ruhe, sondern ein Übunge. Wir seins noch nit, wir werdens aber. Es ist noch nit getan und geschehen, es ist aber im Gang und Schwange. Es ist nit das End, es ist aber der Weg.“

Wiener Zeitung, 7. 2. 1997

Am Beispiel Bosnien-Herzegowina

Dem Frieden eine Chance

Theo Sommer

Bosnien hat gewählt, aber der Zukunftshorizont des verwüsteten, gespaltenen und zerstrittenen Landes hat sich nicht aufgehellt. Die Frage ist: Müssen fremde Truppen – einschließlich rund zweitausend Bundeswehrsoldaten – noch jahrelang dortbleiben, damit die verfeindeten Volksgruppen nicht erneut übereinander herfallen?

Das Dayton-Abkommen hat im Dezember 1995 den Krieg in Bosnien beendet, dem Frieden jedoch kein sicheres Fundament geschaffen. Von Anfang an litt es an einem inneren Widerspruch: Einerseits machte es das Ergebnis der grausamen ethnischen Säuberung zur territorialen Grundlage der Friedensregelung; andererseits sah es vielerlei Maßnahmen zur Überwindung ebendieser ethnischen Spaltung vor. Die alten, in viereinhalb Jahren Krieg gehärteten Vorurteile sind jedoch bis heute stärker als die papierene Wirklichkeit von Dayton. Serben, Kroaten, Muslime halten an ihren Zielen fest. Alle betrachten sie die Politik letztlich nur als Fortsetzung des Krieges mit anderen Mitteln.

Die Wahlen haben diesen Trend nicht umgekehrt, sie haben ihn bestätigt. Deswegen ist der Streit auch müßig, ob sie nun „frei und fair“ abgelaufen sind oder nicht. Wohl gab es keine größeren Zwischenfälle, und Unregelmäßigkeiten entsprangen eher den chaotischen Umständen als ausdrücklicher politischer Absicht. Indessen hat der Wahltag, der doch Normalität signalisieren sollte, aller Welt augenfällig bewiesen, wie abnormal die Lage Bosniens noch immer ist.

Es gab Freizügigkeit zwischen den beiden Staatsteilen – aber nur für einen Tag, nur auf festgelegten Routen und nur unter militärischer Bedeckung. Es gab Besuchsmöglichkeiten für Flüchtlinge, die ihre Stimme in der alten Heimat abgeben wollten – doch die Furcht war bei den meisten der 600 000 Berechtigten größer als die Heimatliebe; anstatt der erwarteten 100 000 reisten nur 13 500 Kroaten und Bosnjaken in den „serbischen Teil", nur 1500 Serben in die muslimisch-kroatische Föderation. Überall vereinigten die Ethnonationalisten den Löwenanteil der Stimmen auf sich. Die Erklärung eines Wahlberechtigten leuchtet ein: „Wenn es brennt im Dorf, rennt jeder zu seinem eigenen Haus." Den Gemäßigten, die Bosnien zusammenhalten wollen, kann das Wahlergebnis nicht viel Hoffnung machen.

Wie soll, wie kann es nun weitergehen? Wenn man den schlimmsten Fall einmal ausschließt, ein Wiederaufflammen des Konfliktes im Jahre 1997, dann lassen sich drei Zukunftsmodelle ausmachen. Das erste ist die Wiederherstellung des alten Bosnien in seiner buntschillernden ethnischen und kulturellen Gemengelage, ein Miteinander der Volksgruppen in Sicherheit, Würde und gegenseitiger Toleranz. Das zweite ist die Ausführung der Dayton-Blaupause: das friedliche Nebeneinander der in zwei „Entitäten" organisierten drei Gemeinschaften unter einem gesamtstaatlichen Dach. Das dritte Modell läuft auf die Spaltung Bosniens erst in zwei, dann in drei Teile hinaus: die serbische Republik, das kroatische Herceg-Bosna und, auf dreißig Prozent des Territoriums zurückgeschrumpft, eine Art von „Muselmanistan".

Manche Beobachter halten die dritte Lösung für die wahrscheinlichste. Am Ende stünde dabei wohl der Anschluß des serbischen Teils an Serbien, des kroatischen an Kroatien. Stabilität ginge davon nicht aus. Erstens würden sich Kroaten und Muslime endgültig auseinandersortieren: neuerlich also ethnische Säuberung. Zweitens würde die fortdauernde Feindschaft der autoritären Regime in Zagreb und Belgrad den Hang der Muslime zur präsidialen Autokratie fatal verstärken. Drittens könnte ein islamistisches Rumpf-Bosnien zum Brückenkopf des muslimischen Fundamentalismus in Europa werden.

Es ist aller Mühen wert, eine solche Entwicklung abzuwenden. Da aber nicht zu erwarten steht, daß die einstige multiethnische Ordnung sich leicht oder schnell wiedererrichten ließe, bleibt der internationalen Gemeinschaft nur eines: dafür zu sorgen, daß das Dayton-Abkommen mit Leben erfüllt wird.

Die Wahlen allein werden wenig Fortschritt bringen, wenn nicht die Mächte Druck dahintersetzen. Mostar ist in dieser Hinsicht ein Menetekel eher denn ein Modell: Ende Juni wurde dort gewählt, aber eine gemeinsame bosnjakisch-kroatische Obrigkeit funktioniert bis heute

nicht. Die Zusammenarbeit der Volksgruppen ist ein frommer Wunsch geblieben.
In Sarajevo müssen jetzt für ganz Bosnien eine dreiköpfige Präsidentschaft eingerichtet werden, ein zentrales Parlament, ein Verfassungsgerichtshof und eine Zentralbank. Dayton weist der gemeinsamen Regierung schon von vornherein nur schmale Befugnisse zu: Außenpolitik, Handels- und Währungspolitik, Einwanderung, internationale Verbindungen und die Kontrolle des Luftraums; alles andere einschließlich der Verteidigungspolitik ist den „Entitäten" vorbehalten. Das ganze Bosnien ist also weniger als die Summe seiner Teile. Ohne funktionierende Zentralgewalt wenigstens nach dem in Dayton vorgesehenen Muster bliebe es ein reines Wahngebilde.
Ein lebensfähiger Staat kann Bosnien nur werden, wenn die internationale Gemeinschaft – und da zumal die Europäische Union und die Vereinigten Staaten – mit aller Macht darauf hinwirkt. Das erfordert eine fortdauernde ausländische Militärpräsenz und das baldige Anlaufen der internationalen Wiederaufbauhilfe.
Aber auch ohne massive Wirtschaftshilfe wären die Aussichten für Bosnien trübe. Rund fünf Milliarden Dollar hält die Weltbank in den nächsten drei Jahren für nötig. Bisher allerdings war die Staatengemeinschaft mit Zahlungsversprechen rascher bei der Hand als mit tatsächlichen Zahlungen. Jetzt ist es an der Zeit, die Sache energischer anzupacken. Der radikale Ethnonationalismus kann nur abklingen, wenn die Menschen ihr Land wieder erblühen sehen. Hunderttausende von demobilisierten Soldaten müssen beschäftigt werden, wenn sie nicht Marodeure oder Gangster werden sollen. Auch die Flüchtlinge können nicht zurückkehren, ehe es wirtschaftlich wieder vorangeht.
Wenn aber alles schiefginge in Bosnien? Dann stünde die Völkergemeinschaft vor einer schwierigen Entscheidung. Entweder müßte sie kläglich abziehen und die Region ihrem Schicksal überlassen, mit allen Risiken, die dies heraufbeschwüre. Oder sie müßte ein Besatzungsregime errichten, das demokratische Parteien fördert, undemokratische verbietet, die Hetze gegen andere Volksgruppen unterbindet, freie Medien schafft und den Aufbau des Landes organisiert – Dayton II gleichsam.
Die eine Alternative ist so problematisch, ja fatal wie die andere. Da wäre es schon besser, nach den bosnischen Wahlen entschlossen darauf zu dringen, daß Dayton I funktioniert. *Die Zeit, 20. 9. 1996*

Serben sprengen Dorf vor den Augen bosnischer Heimkehrer

SARAJEWO. Bosnische Flüchtlinge wollten gestern in ihr Dorf Dugi Dio im serbisch besetzten Teil Bosniens zurückkehren. Serbische Polizei hat sie gestoppt; dann mußten sie mitansehen, wie ihre Häuser in die Luft gesprengt wurden. UNO-Sprecher gaben die serbische Lüge weiter, wonach „Unbekannte" gesprengt hätten. Die IFOR-Truppen erklärten sich für den Schutz von Heimkehrern, für „Polizeiaufgaben", nicht zuständig. Gleichzeitig erteilte die IFOR ausdrücklich eine Einfluggenehmigung für den serbischen Kriegsverbrechergeneral Mladic, der in Belgrad am Begräbnis eines Generalskollegen teilgenommen und mit Präsident Milosevic konferiert hatte. Vergeblich weist die bosnische Regierung darauf hin, daß man laut Dayton-Vertrag keine freien Wahlen abhalten könne, solange Flüchtlinge nicht heimkehren können und bei den Serben Kriegsverbrecher regieren.

Ungeduld der Vertriebenen wächst

Carsten Hoffmann

Die Ungeduld der Vertriebenen in Bosnien entlädt sich zunehmend in gefährlichen Aktionen. Zum zweiten Mal innerhalb weniger Wochen haben in Ostbosnien moslemische Männer mit Gewehren und Handgranaten bewaffnet den eigenen Grund und Boden wieder in Besitz genommen. Bald ein Jahr nach dem Friedensschluß ist die Verbitterung über ein Leben in Behelfsunterkünften, Heimen und Lagern gewachsen, zumal der anstehende Winter die eigenen Häuser endgültig in Ruinen verwandeln könnte. Die Grenze zwischen Recht und Unrecht ist fließend.

Die serbisch kontrollierte Ortschaft Jusici im Osten Bosniens ist weitgehend zerstört, aber alte Heimat für mehrere hundert Moslems. „Hier bekommt man uns nur als Tote wieder heraus", sagt Admir Lathovic, der mit 150 Leuten zurückgekehrt ist. „Alle wollen uns weghaben. Wenn die Polizei kommt, nehmen wir unsere Waffen und kämpfen." Mehrere Waffen hat die Friedenstruppe IFOR schon eingesammelt, denn in der Trennzone zwischen Serben-Gebiet und moslemisch-kroatischer Föderation sind sie verboten.

Aus der Ferne hallen einige Schüsse. „Da, sie schießen auf uns", sagt ein alter Mann. Vielleicht sollen die Schüsse eine Warnung sein, eine konkrete Bedrohung sind sie nicht, zumal IFOR-Soldaten das Dorf abgeriegelt haben. Erstmals seit Monaten hat sich die serbische Poli-

zei zurückgehalten. Dafür haben die Flüchtlinge die Polizisten verhöhnt, wie die UNO-Polizei berichtet.
Die UNO-Polizei hat Zweifel, ob die überwiegend jungen Männer überhaupt in die Ortschaft gehören. „Viele haben frisch ausgestellte Ausweise, in denen als Herkunftsort Jusici steht“, sagt ein dänischer Beamter. Er macht sich keine Mühe, seine Skepsis zu verbergen. „Sobald hier Kameras auftauchen, bauen sie sich wirksam vor den Gräbern auf.“
Mit ihrer Aktion haben die Moslems jedenfalls die Unterzeichnung eines Abkommens zur Flüchtlingsrückkehr verhindert oder der serbischen Seite zumindest den Vorwand geliefert. Jetzt werden sie gedrängt, ein Verwaltungsverfahren für die Rückkehr abzuwarten.
Auch die Regierung in Sarajevo ist wegen des Vorfalls in Jusici unter Druck geraten. Weil sie Zusagen für einen Rückzug der Moslems nicht eingehalten hatte, beschuldigte ein IFOR-Sprecher die Regierung, einer friedlichen Wiederansiedlung von mehreren 10.000 Flüchtlingen im Wege zu stehen. Die Auffassung der internationalen Organisationen in Bosnien ist einhellig: Eine bewaffnete Rückkehr von Flüchtlingen ist nicht geordnet und friedlich, wie im Dayton-Abkommen vorgesehen. Sie könnte leicht zu einer neuen Eskalation nach dem Krieg führen. *Salzburger Nachrichten, 1. 10. 1996*

Warnung vor „sozialer Mauer in Europa“

Martina Salomon

„Wer von Armut spricht, darf von Reichtum nicht schweigen.“ So lautete das Hauptreferat am zweiten Tag der Armutskonferenz in Salzburg. Konsens herrschte darüber, daß die Armutsdiskussion grenzüberschreitend geführt werden müsse. Eine sozial explosive Situation in Osteuropa gefährde auch den Rest Europas.
Mit der sozialen Polarisierung in Europa beschäftigte sich der Bochumer Politikwissenschafter Ernst-Ulrich Huster. In Deutschland verfügten 5,1 Prozent der wohlhabenden Haushalte über 35,6 Prozent des gesamten Vermögens, während sich die untere Hälfte der Haushalte nur 9,5 Prozent des Vermögens teilten. In Osteuropa tendiere die soziale Ungleichverteilung überhaupt in Richtung „Lateinamerikanisierung der Gesellschaft“.
Das erzeuge eine „extrem explosive“ Situation und habe so Rückwirkungen auf das restliche Europa. Perspektiven- und Beschäftigungslosigkeit von Jugendlichen erzeuge aber auch in reichen Industrieländern zunehmende Kriminalität.

Huster beklagte die mangelnde Forschung über den Reichtum. Seine Arbeit darüber schilderte er mit den Worten: „Das ist wie mit dem Nachtsichtgerät scheues Wild aufzustöbern."
Dennoch sei Reichtum mittlerweile eine „Massenerscheinung" geworden. Der Kirche warf der Wissenschafter vor, nicht den Mut zu finden, über dieses Thema zu sprechen.
Reichtum solle allerdings nicht dämonisiert werden, weil erfolgreiche Unternehmer auch „innovatorische Funktion" hätten. Der Wissenschafter kritisierte in diesem Zusammenhang jedoch die Tendenz bei Großunternehmen, nur mehr in Kapitalanlagen und nicht mehr in Innovationen zu investieren.
„Es sind eher die ganz jungen Firmengründer, die Arbeitsplätze schaffen, während die großen Firmen nur mehr abzocken." Der Staat sei letzteren dabei auch noch behilflich, indem er Steuerhinterziehung nur allzu leicht ermögliche.
Die „konsequente Anwendung des Steuerrechts" ist für den Forscher der Schlüssel für mehr soziale Gerechtigkeit.
Über das Thema Umverteilung sprach „Der Standard" am Rande der Konferenz mit dem Caritas-Präsidenten Franz Küberl. Diejenigen, die etwas hergeben, sollten dafür auch etwas kriegen, ansonsten erzeuge das Thema nur Aggressionen, meinte Küberl. Die Wohlhabenden würden dafür mehr Sicherheit und mehr Lebensqualität erhalten. „Es ist besser, das Geld in den sozialen Ausgleich als in Schutzwälle zwischen Arm und Reich zu investieren."
Die mangelnde Sozialkompetenz der EU beurteilt Küberl hingegen weniger dramatisch als die restlichen Konferenzteilnehmer. „Sozialpolitik ist in der EU ein Tor, das sich erst auftut." Wenn die Konvergenzkriterien auf Dauer nicht auch sozial verstanden würden, erzeugten sie das Gegenteil des erwünschten Effekts. Was Österreich betrifft, plädiert Küberl für eine „schrittweise Annäherung an die Grundsicherung für alle". Die Caritas spüre derzeit deutlich, „daß mehr Leute auf unsere Hilfe zählen".
Das Armutsproblem habe sich verschärft, vor zehn bis 20 Jahren hatten die Betroffenen noch die Perspektive, sich in einem vorübergehenden Zustand zu befinden. Mittlerweile aber verfestige sich die Armut.

Der Standard, 22. 1. 1997

Städte als Konfliktfelder von übermorgen

Petra Pinzler

„Wenn die Katastrophen beginnen, dann in den Städten", sagt Wally N'Dow, der Generalsekretär der Habitat, und folgert: „Es hat keinen

Sinn, nur über Meere oder andere Ökosysteme zu reden. Die Umweltdebatte ist nicht vollständig, wenn sie sich nicht auch um die menschliche Umgebung kümmert.“

Schon heute wohnt nach Schätzungen der Vereinten Nationen die Hälfte der Menschheit in Städten, im Jahr 2025 werden es zwei Drittel sein. Gibt es heute 280 Großstädte mit über einer Million Einwohner, so wird sich diese Zahl bis 2015 verdoppelt haben. Die meisten entstehen in den armen Ländern der Erde, vor allem dort treiben Not und Hoffnung die Menschen in die Metropolen.

„Sie stimmen mit den Füßen ab“, sagt Michael Cohen, Umweltexperte der Weltbank, und er weiß, daß es wenig Sinn hat, sich der Migration entgegenzustellen. Zurück zu Mutter Natur, Vertreibung aus der Stadt – solche Strategien sind nicht nur undemokratisch, sondern waren bislang auch erfolglos. Mit gutem Grund: Schon bald werden achtzig Prozent des weltweiten Sozialproduktes in den Städten erwirtschaftet, und so bleibt den meisten Menschen gar nichts anderes übrig, als in die Stadt zu ziehen. Dort sind die Chancen auf Arbeit und Aufstieg größer als auf dem Land.

São Paulo beispielsweise wächst in jedem Jahr um 700 000 Menschen, die Einwohnerzahl von Dortmund. Jorge Wilheim, einstiger Raumplaner der brasilianischen Metropole, schätzt, daß São Paulo ein Dreißigfaches des aktuellen Budgets bräuchte, um nur die nötigste Infrastruktur bereitzustellen. So mangelt es an sauberem Wasser, an Abwasserleitungen, an Schulen und Krankenhäusern – eine Situation, unter der über 900 Millionen Stadtbewohner leiden.

Die Delegierten in Istanbul bei der UN-Konferenz „Habitat II“ im Juni 1996 müssen sich nur ein paar Kilometer vom Konferenzzentrum der Innenstadt wegwagen. Dort werden solch abstrakte Zahlen zu konkreten Lebensgeschichten – wenn zum Beispiel Husniwe erzählt. Die 36jährige Kurdin, die aus Angst ihren Familiennamen verschweigt, wohnt mit Ehemann, vier anderen Erwachsenen und acht Kindern in einem kaum zehn Quadratmeter großen Raum in Küçükçekmece, in der Nähe des Istanbuler Flughafens. „Unser Dorf ist von türkischen Soldaten ausgebombt worden“, sagt Husniwe und setzt hinzu: „Wohin sollten wir denn gehen?“

Etwa 400 000 Menschen ziehen jährlich nach Istanbul – die meisten kriechen in den *gecekondus* unter, den wild wuchernden Slums. Selten sind die provisorischen Häuser dort fertig, wie Skelette ragen überall Stahlträger in die Höhe, bald werden sie weitere Etagen stützen.

Längst sind Slums zu Stereotypen für die Dritte Welt geworden, für Länder, in denen Bürgerkrieg herrscht und Elend. Doch die Probleme, die dort brodeln, wirken zunehmend auch in der Ersten Welt. Sie sind in der Bronx von New York zu sehen oder in den afrikanischen Voror-

ten von Paris. Die globale Armut geht auf Reisen, heißt das im UN-Jargon. Und selbst wenn der Sozialhilfeempfänger aus Köln-Chorweiler bislang noch wenig mit dem fliegenden Händler aus dem Mathare Valley, dem größten Slum von Nairobi, zu tun hat, eine Parallele existiert: Weltweit wachsen die Viertel der Armen – sei es durch Zuwanderung, sei es durch sozialen Abstieg. Gleichzeitig sondern sich Mittelklasse und Oberschicht ab.
Die Stadtplanerin Saskia Sassen, die an der Columbus University in New York lehrt, hat erforscht, „daß die sozioökonomische und räumliche Ungleichheit in den Großstädten der Industrieländer drastisch zunimmt". Soziale Entmischung nennen Soziologen diesen Trend. Sassen schließt daraus: Die tiefer werdende Kluft zwischen den Extremen, wie sie in allen wichtigen Großstädten der entwickelten Länder zu beobachten ist, wirft die Frage auf, was unter „reichen" und „armen" Ländern zu verstehen ist.
Schließlich ist das eine der wenigen globalen Erkenntnisse der letzten Jahre: Ohne Mitbestimmung läßt sich in den Städten dauerhaft wenig für Umwelt und Menschen bewirken. „Die besten Ideen kamen von Menschen, die in schlechten Verhältnissen wohnen", so das Ergebnis einer großangelegten Untersuchung des Mega Cities Project. Das in New York ansässige Selbsthilfeprojekt hat Initiativen gesucht, die die Großstädte umweltverträglicher, sicherer und lebenswerter machen. Mit Erfolg. Inzwischen vernetzten die New Yorker die Initiativen: Das System beispielsweise, mit dem die Armen in Kairo den Müll sammeln und aufarbeiten, kopieren nun auch Initiativen aus Manila und Bombay. Das Fazit von Mega Cities: „Wenn Politik in den riesigen Siedlungen überhaupt noch wirken will, dann muß sie die Lösungen der Basis nutzen."
Tatsächlich scheinen die Vereinten Nationen die Botschaft „Global denken, lokal handeln" begriffen zu haben. Zwar werden auch diesmal die Delegierten der Regierungen tagelang über das Abschlußdokument diskutieren – ob es ein „Recht auf Wohnen" geben soll, ist beispielsweise noch höchst umstritten. Doch Generalsekretär Wally N'Dow sagt vor Beginn: „Die praktischen Beispiele werden wohl das sichtbarste Ergebnis von Istanbul sein." Er hat daher zu dieser UN-Konferenz mehr Menschen eingeladen als je zuvor: Bürgermeister, Selbsthilfegruppen, Unternehmer, Parlamentsabgeordnete und Regierungschefs. Pranay Gupte, der als Herausgeber der New Yorker Umweltzeitschrift *earth times* alle UN-Gipfeltreffen der vergangenen Jahre beobachtet hat, stimmt das optimistisch: „Die UN-Konferenz wird endlich zur globalen Stadthalle."   *Die Zeit, 31. 5. 1996*

„Vergangenheitsbewältigung“

Günther Nenning

Die sowjetischen Archive stehen jetzt offen, russische Staatsanwälte prüfen. Heraus kommt nun auch von dieser Seite, was man schon wußte: ein Meer von unschuldigem Blut, jahrzehntelangen Leiden in diversen Lagern. In ganzer Breite: Verschleppte aus der „Russenzeit“, Angehörige des sozialdemokratischen Schutzbundes, geflüchtet vor dem Faschismus in die Sowjetunion; bis zur noch unbekannten Zahl von Hunderttausenden Soldaten der Wehrmacht.

Der Tod ist der große Gleichmacher, da zählt keine politische Zuordnung.

Wechselseitiges Aufrechnen der Leichenberge ist immer falsch. Die Millionen hingemordeter Juden werden nicht „kompensiert“ durch sonstige Millionen in Uniform und Zivil.

„Was ist Wahrheit?“ fragte Pilatus. Er wußte selber, daß an Jesus keine Schuld zu finden war, aber es kümmerte ihn nicht besonders.

Ich weiß, der Ruf der Journalisten ist nicht gut. Ich behaupte gerade deswegen: Sie dürfen nicht lockerlassen beim Herausbringen der Wahrheit, im kleinen Alltag wie im historischen großen Ganzen.

Es gibt Pilatus-Journalisten, und es gibt auch andere; das ist die Erfahrung meines Lebens, und drum stehe ich zu meinem Beruf.

Nicht zu jeder Zeit steht in jeder Zeitung die Wahrheit; beileibe nicht, geradezu im Gegenteil. Aber in der Summe aller Medien und über einen peinlich langen Zeitraum hinweg kommt die Wahrheit heraus.

Der Prozeß „Was ist Wahrheit?“ ist international verteilt über Zeiten und Länder. Gerade jetzt, mehr als ein halbes Jahrhundert nach Kriegsende, kommt er heftig in Gang.

Die Wahrheit kommt stückweise. Das Nürnberger Kriegsverbrecher-Tribunal brachte wichtige, schreckliche Stücke Wahrheit. Vom internationalen Tribunal über die Bosnien-Greuel, vom internationalen Tribunal über die Ruanda-Greuel darf man desgleichen erwarten.

Die Nürnberger Wahrheit über die Nazi-Verbrechen kam leichter ans Licht. Es war ein Gerichtshof der absoluten Sieger. Mit den schrecklichen Gegenstücken zu den schrecklichen Nazi-Verbrechen ging es mühseliger.

Die nun offizielle tschechisch-deutsche Versöhnungs-Erklärung enthält Stücke Wahrheit, sei’s in diplomatischen Drehungen und Windungen, über die Nazi-Verbrechen an Tschechen im Krieg und über die Verbrechen der Tschechen an Deutschen, Massaker und Massenvertreibung nach dem Krieg.

Bis zu Versöhnungs-Erklärungen zwischen Bosniern, Serben, Kroaten wird's lange dauern. Desgleichen zwischen Hutus und Tutsis. Geschichte heißt immer auch: Allmählich, sehr allmählich kommt die Wahrheit an den Tag. Noch wichtiger ist nur: die nachfolgende Versöhnung. Dann erst ist die Vergangenheit „bewältigt".

Neue Kronenzeitung, 15. 1. 1997

Versöhnung (mit den Frauen) setzt Befreiung voraus

Renate Mercsanits

Reclams Bibel-Lexikon[1] schreibt unter dem Stichwort Versöhnung: „Wiederherstellung von Frieden und Gemeinschaft zwischen zwei Partnern durch objektiven Ausgleich und Beseitigung des Trennenden." Und daß Frieden im biblischen Denken mehr ist als die Abwesenheit von Krieg, wird an anderer Stelle deutlich, wenn es heißt, zum Frieden gehöre Sicherheit, soziale Ordnung, Schutz der Schwachen, Wohlergehen des Einzelnen und umfassendes Wohlergehen mit der Natur. Wenn wir diese Aussagen auf die Situation der Frauen von heute übertragen, so muß klar und deutlich gefolgert werden, daß mit Frauen keine Versöhnung zu erwarten ist. Denn die Mehrheit der Marginalisierten sind Frauen und Kinder, umfassendes Wohlergehen und Schutz wird ihnen in den Gemeinschaften, in denen sie leben, nicht gewährt. Die bei der Weltfrauenkonferenz in Nairobi 1985 vorgenommene Beschreibung der wirtschaftlichen Situation der Frauen ist immer noch gültig: Frauen verrichten zwei Drittel aller weltweit geleisteten Arbeit, erhalten 1/10 des Welteinkommens und verfügen über 1/100 des Welteigentums. Die Zahlen sprechen für sich.

Auch für Österreich gilt, daß jahrzehntelange engagierte Frauenpolitik, Gleichbehandlungsgesetze auf nationaler und internationaler Ebene, parteiinterne Frauenquote (SPÖ/GRÜNE) und single-issue-fokussierte Frauenschienen im Parlament (1989 Gewaltdebatte; Gleichbehandlungspaket), die Kluft zwischen Rechtsbestand und sozialer Wirklichkeit kaum aufheben konnte. Die Einkommensschere – Frauen verdienen durchschnittlich ein Drittel weniger als Männer – die Armutsfalle, der gläserne Plafond in der Berufswelt zeigen die tiefe Kluft im ökonomischen Bereich, die zwischen den Geschlechtern besteht.

Daß die Chancen für einen qualifizierten Ausbildungsplatz und die Verhandlungsmacht von Frauen auf dem Arbeitsmarkt von vornherein durch die Tatsache des Geschlechts und die diesem gesellschaftlich zugeschriebenen Aufgaben beeinträchtigt sind, wird zwar nicht mehr geleugnet. Aber die Zuständigkeit der gesamten Gesellschaft für Betreuungsarbeit, Erziehung und Haushalt wird geleugnet und auf Frauen abgeschoben.[2] Die bestehende Arbeitsteilung, die auf Kosten und zu Lasten von Frauen geht, hindert oft daran, trotz guter Qualifikation, aus zeitlichen Gründen, in Entscheidungsbereiche zu gelangen. Derzeit werden im Zuge wirtschaftlicher Globalisierung mit einschneidenden Veränderungen auf dem Arbeitsmarkt die alten Rollenmodelle „Zurück an den Herd“ neu hervorgekehrt und mittels Hochglanzdruck von unterschiedlichen Machtgruppen massenhaft an die „neue(n) Frau(en)“ gebracht, die seit eh und je als marktpolitische Manövriermasse, als Arbeitsmarktreserve zur „Neuen Weiblichkeit“ und als schlecht bezahlte, mehrfach-belastete Super-Powerfrau zu Flexibilität und zum Hinnehmen von prekären Arbeitsverhältnissen gedrängt werden sollen.

Ungerechte Rollendefinitionen

„Die Rollen (und das in ihnen definierte Zusammenspiel der Geschlechter) werden durch vielfältige Legitimationssysteme (wie Sprache, Religion) stabilisiert. Wer daher eine Neubestimmung der Geschlechterrollen anstrebt, muß Delegitimierungsarbeit leisten. Je nachdem, wie stark die Interessen an der Bewahrung der überkommenen Rollenmuster und wie erfolgreich die Legitimationen verschleiern, daß die Rollen ‚gesellschaftliche Konstrukte‘ sind, werden auch mehr oder weniger heftige Konflikte die Delegitimierungsarbeit begleiten.“[3]
Die Kirchen als traditionelle Legitimationssysteme leisten gerade in dieser Frage den Offenbarungseid. Die ungerechte Verteilung der Lebensschancen in der Geschlechterfrage ist mit ungerechten Rollendefinitionen verknüpft.
Solche systematische Unterdrückung von Menschen wegen ihrer Geschlechtszugehörigkeit wird seit den Anfängen der zweiten Frauenbewegung in den 60er Jahren als Sexismus bezeichnet.
Instrumente für sexistische Unterdrückung der Frauen in der Antike wie auch heute sind:
1) die Durchsetzung von Geschlechterstereotypen (was weiblich und was männlich sei) und in enger Verbindung damit
2) die patriarchale Verfügung über den Körper der gebärfähigen Frauen.[4]
3) Strukturelle und physische Gewalt
Massenmedien, Film und Fernsehen, ja selbst Lehrbücher sind an der Herstellung von Weiblichkeitsstereotypen beteiligt. Ebenso werden Männlichkeitsstereotype durch massenmediale Tiefenarbeit bestärkt.

Die Entwicklung einer unverletzten Identität ist eng mit dem Wissen um das eigene Gewordensein und um die eigene Kultur verbunden. Um die eigene Kultur, die eigene Sprache zu entfalten, muß ein Mensch nachahmen und sich spiegeln können. Dies gilt für die Entfaltung einer unverletzten Identität. Die positive Identifikation und Spiegelung läßt das eigene Selbstwertempfinden in diesem Dialog wachsen. Für Frauen ist dieser Prozeß einschränkender als für Männer. Sowohl das Verschweigen realer Frauenwirklichkeit als auch die Abwertungen und Polemiken gegenüber selbstbewußten und unabhängigen Frauen in den Medien leisten hier ganze Arbeit.
„Schlag dem Miststück die Fresse ein! ... Mach sie kalt!" rufen Kinozuseher bei der Filmvorführung von „Eine verhängnisvolle Affäre" 1987 in den dunklen Raum" – wird von den USA bei Filmvorführungen mehrfach berichtet. Der Film „Eine verhängnisvolle Affäre", der in den 80er Jahren Furore gemacht hat, hat eindringlich vermittelt, wie durch die negativ überzeichnete Darstellung der selbstbewußten Single-Karrierefrau, Frauenrollen verunglimpft werden. Ein altes „Eva-Klischee", die gefährliche Verführerin, die das traute Familienglück eines einmal schwachgewordenen Mannes zerstören will, ventiliert in der Tat eine verhängnisvolle Botschaft: die ökonomisch autonome, erotisch initiativ agierende Frau ist destruktiv gegen andere und kann nur in der Zerstörung enden. Paramount meint zu wissen: Die unweiblichsten Frauen sind jene, die emanzipiert sind oder um Gleichberechtigung kämpfen. Die amerikanische Filmindustrie, die da in jedem europäischen Kino Einzug hält, hatte in den 80er und 90er Jahren generell eine negative Einstellung zu Filmen, die emanzipierte Frauen als gesunde, lebhafte Menschen zeigten, ohne sie für ihr Vergnügen zu bestrafen.[5] Veränderungen im Rollenverständnis spiegeln das Aufbrechen jahrhundertealter hierarchisierter Geschlechterordnungen. „Drohender Verlust von ‚Größe' und Privilegien"[6] wiegt schwerer als möglicher Gewinn und Chancen der Persönlichkeitsentfaltung – verweist Eva Kreisky auf die derzeitigen Reaktionsmuster von Männern. Vielmehr signalisieren die massenmedialen Gegenströmungen, daß die angepeilte „Enthierarchisierung der geschlechtlichen Machtkonstellationen"[7] als nackter Macht- und Verteilungskampf wahrgenommen wird.
Auch die Machtverhältnisse zwischen Frauen und Männern innerhalb der Kirchen spiegeln die gesellschaftlichen Verhältnisse wider. Luise Schottroff formuliert sehr deutlich, „daß die Kirchen, die heute Realität sind, von Männereliten beherrscht werden, in denen nur gelegentlich auch einzelne Frauen beteiligt werden. Frauen machen mehrheitlich die ehrenamtliche Arbeit, sie tragen die Kirchen, die mehrheitlich

von Männern regiert werden.“[8] Die Bibel ist in diesem Zusammenhang besonders wertvoll, weil sie die Befreiungskämpfe der An-den-Rand-Gedrängten zeigt und das Fortdauern der Unterdrückung nicht verschweigt. Die Bibel kennt, thematisiert und partizipiert an den Herrschaftsmechanismen, die bis in unsere Zeit in unserer Kultur wirksam sind: 1. die Unsichtbarmachung von Frauenerfahrungen durch Verschweigen. 2. physische und strukturelle Gewalt. 3. Monopolisierung der Definitionsmacht.
Das Gleichnis vom Sauerteig (Mt 13,33 u. Lk 13,20) zum Beispiel macht Frauenarbeit zum Thema und damit sichtbar. Erwähnt wird die häusliche Arbeit dabei, ein traditionelles Bild. Die außerhäusliche Arbeit, vor allem auch Feldarbeit, die nötig ist, um z. B. Mehl zu gewinnen, wird systematisch ausgeblendet. Luise Schottroff weist deutlich nach, daß z. B. die Feldarbeit, die Arbeit von FischerInnen, ZöllnerInnen, Handwerksarbeit außer Haus grundsätzlich als Männerleistung dargestellt wird, während die Frau im Hause arbeitet. „Damit wird die Illusion transportiert, daß die wirtschaftliche Grundlage des Lebens der Frauen der Verdienst der Männer war.“[9] Tatsächlich war in der Antike Frauenarbeit nicht nur auf das Haus beschränkte Versorgungsarbeit. Frauen waren in der Textilproduktion, Taglöhnerinnen und Fischerinnen oder Händlerinnen. Über Jahrtausende haben Frauen bis heute die Hauptlast der landwirtschaftlichen Produktion getragen. Ebenso war der Druck auf Frauen, Geld zu verdienen, eine alltägliche Lebenserfahrung, wie dies etwa im Gleichnis von der verlorenen Drachme (Lk 15,8–10) sichtbar wird. „Der Überlebenskampf von Frauen, die für eine Drachme doppelt so lange arbeiten müssen wie ein Mann, wird durchsichtig für den Überlebenskampf Gottes“[10].

„und nacha muaß i sagn, der Herr im Haus bin allewei no i“

Die Bibel thematisiert Gewalterfahrungen als individuelle und gesellschaftliche Erfahrung sehr eindringlich. Jede Form von Gewalt ist auch Gewalt gegen Frauen. Dort wo die Bibel Gewalt gegen Frauen speziell zur Sprache bringt, geht es um sexuelle Gewalt:
Vergewaltigung 2 Sam 13, sexuelle Nötigung Gen 12,10–20, Verschleppung und Massenvergewaltigung Ri 21,10–25, sexuelle Belästigung am Arbeitsplatz 1 Sam 2,22, Aufschlitzen von Schwangeren Am 1,13–15, strukturelle Gewalt Num 5 durch Rechtsvorschriften.
Die Bibel ist zweifelsohne ein illusionsloses Buch, sie kennt die Gewaltneigung der Menschen, den gesellschaftlichen Gewaltkontext, sie bringt die Leiden der Deklassierten und An-den-Rand-Gedrängten an die Öffentlichkeit. Gewalt als Bestandteil der Beziehungen zwischen

den Geschlechtern ist Ausdruck ungleicher Machtverhältnisse und soll die bestehenden Dominanzstrukturen aufrechterhalten: „und nacha muaß i sagn, der Herr im Haus bin allewei no i und wenn sie mir folgen tat, so wia i's haben will, nocha tat ma guat auskemma, aber wenn sie's Gegenteil tuat, und extra sich wehrt dagegen, nocha isch bei mir aus, ... weil andersch geht's nit, wie wenn ma den Weibern den kloanen Finger gibt, nocha wolln sie die ganze Hand, nocha is der Mann verloren."[11] Die Äußerungen männlicher Gewalt richten sich gegen weibliche Autonomie, wie die angegebene Interviewpassage deutlich macht. „Zwar sind es individuelle Männer, die Gewalt ausüben, aber die Gewalt richtet sich auf ein kollektives, kulturell sanktioniertes Ziel: die Behauptung der männlichen Dominanz im Mächtespiel."[12] Nach einer Befragung von Ch. Benard und E. Schlaffer hat jede fünfte Frau irgendwann im Verlauf ihres Lebens in einer Beziehung körperliche Gewalt erlebt[13]. Die Analysen und Schätzungen auf diesem Gebiet sind besonders schwierig. Eine Untersuchung aus dem Jahre 1986 geht für Österreich von einer Dunkelziffer von jährlich zwischen 137.000 und 315.000 Gewaltdelikten an Frauen durch männliche Angehörige aus.[14] „Im Zusammenleben der Männer und Frauen, in den Liebesbeziehungen zumal, werden die Strukturen der Männerherrschaft wirksam als Erwartungshaltungen an das geschlechtsrollenkonforme Verhalten von Männern und Frauen."[15] Es sind überwiegend ganz gewöhnliche Männer und Frauen, die eine ganz „gewöhnliche Vorstellung" vom Umgang der Geschlechter miteinander und von der Geschlechterliebe leben.[16] Frauen und Männer sind unterschiedlich in diesen Gewaltkontext verstrickt als Dulderinnen und/oder Mißhandler.

Wenn Gewalt Ausdruck ungleicher Machtverhältnisse ist und ebenso deren Aufrechterhaltung zum Ziel hat, so kann die Lösung dieses Konfliktes nur in der Aufhebung der ungleichen Machtverhältnisse bestehen. Dies bedeutet sowohl für Frauen als auch für Männer den Ausstieg aus traditionellen Rollen. „Wenn es in letzter Instanz die gesellschaftlichen Verhältnisse sind, auf denen männliche Gewaltausübung basiert, wenn grundlegende Mentalitäten die Orientierungen, die Phantasien und die daraus wachsenden Beziehungs-Verstrickungen prägen, dann müßten ‚in letzter Instanz' diese Mentalitäten verändert werden."[17] Die Verantwortung der Kirchen kann hier gar nicht hoch genug veranschlagt werden. Ganz im Sinne der biblischen Botschaft muß dann Gewalt und Mißhandlung zu einem öffentlichen Thema werden und in die pastorale Arbeit, in die Berufsbegleitung und die Ausbildung von SeelsorgerInnen, Pfarrern und Pfarrerinnen, JugendleiterInnen und PädagogInnen einfließen. Unabdingbar muß die Kenntnis der Zusammenhänge von Gewaltneigung und Machtgefälle im Verhältnis von Frauen und Männern zu einer Verkündigung führen, die die befreiende Botschaft vom Ende der beschränkenden und beschädigenden Rollenstereotype zum hermeneutischen Prinzip macht. Die hartnäckige Witwe, die Jesus im Gleichnis vorstellt und die Rollenerwartung durchbricht, die blutflüssige Frau, die die Konventionen verläßt, machen deutlich, daß Widerstand gegen die herkömmlichen Rollen ein Teil ihrer Befreiung ist.

Mittlerweile setzt sich auch in den Kirchen die Erkenntnis durch, daß die Gewaltförmigkeit der Geschlechterbeziehungen viele subtile Facetten hat. Deshalb ist die Rechtsgleichheit von Frauen und Männern im zivilen Bereich ebenso wie in den (evangelischen und anglikanischen) Kirchen von nicht geringer Bedeutung.

Frauen, die institutionell verankert sind, erwarten, das kann zumindest für Westeuropa behauptet werden, Partizipation, Offenheit, Transparenz, Glaubwürdigkeit und Diskursfähigkeit. Diese Erwartungen wurden von Gewerkschaftsfrauen ihren Interessensverbänden gegenüber formuliert.[18] Die wesentlichen Elemente eines derartigen Organisationsverständnisses sind Erfahrbarkeit, Gegenseitigkeit, Plausibilität, Nähe und gelebte Solidarität. Wird ein derartiges Verständnis auch für die Kirchen reklamiert (als Ausdruck der Geschwisterlichkeit), dann setzt dies voraus, daß Frauen grundsätzlich Subjektstatus in den Kirchen einnehmen: rechtlich, strukturell, ökonomisch und selbstverständlich im theologischen Diskurs selbst.

Das Thema, das Anliegen von Graz, Ort und Synonym der Zweiten Europäischen Ökumenischen Versammlung 1997, heißt „Versöhnung – Gabe Gottes und Quelle neuen Lebens“.

Das Thema hat mich ziemlich mißmutig gestimmt. Nicht weil Versöhnung in einem Europa der neuen Festungen, mit einem nicht zu unterschätzenden Gewaltpotential in ökonomischen und strukturellen Aspekten hoch aktuell wäre. Ganz im Gegenteil. Die weibliche Sozialisationserfahrung läßt mich wachsam bleiben. Noch sind Frauen nicht ausreichend in die Konfrontation gegangen. Noch hat die Konfliktaustragung, die nötig ist, um Befreiung in Aussicht zu stellen, nicht ausreichend stattgefunden. Die Machtverhältnisse lassen Versöhnung derzeit nicht zu.

Versöhnung kann es nur zwischen Ebenbürtigen und Gleichgestellten geben. Und es sind die Marginalisierten selbst, die bestimmen, ob und wann Versöhnung möglich wird.

Wer Versöhnung ernsthaft will, muß das grundsätzliche Funktionieren, die Wirkmechanismen im Auge haben, die Menschen an den Rand drängen und sie bis in die Triebstrukturen hinein entfremden, sie verfügbar und ausbeutbar machen. Und nur wenn gründlich genug analysiert worden ist, wird die prophetische Wiederentdeckung der Verbundenheit der Politik mit der Mystik Folgen haben.

Da das Persönliche immer noch politisch ist, wird Öffentlichkeit zum Angelpunkt der Veränderung und die Privatheit des Elends in seinen Entstehungsbedingungen zum öffentlichen Anliegen. Die Art und Weise, wie wir leben, wirtschaften, entscheiden, genießen, arbeiten und altern, ist aufgebaut auf ein wirtschaftliches und kulturelles System, das wenige Gewinner und viele VerliererInnen hervorbringt. Der Überfluß der Einen setzt die Verelendung der Anderen voraus.

„Die Geschichte der Unterdrückten ist unterdrückte Geschichte, so sehr, daß die Geschichte der Frauen oft gegen die Quellen zurückgewonnen werden muß." (Schottroff). Die Bibel ist zwar ein illusionsloses Buch, aber nicht ohne Hoffnung. Lahme gehen, Blinde sehen, Gekrümmte richten sich auf. Geschichten voller Aufruhr. Frauen tanzen aus der Reihe und weisen den Weg: hartnäckig und mutig.

Die Strategie der Mächtigung/empowerment wurde bei der Weltfrauenkonferenz in Peking 1995 als mittelfristige Strategie für Frauen, die von struktureller und personaler Gewalt betroffen sind, als Bereitstellung von Ressourcen verstanden: Analyse, Bildung, Rechtsbeistand, Erwerbstätigkeit etc. „Das Ziel der Mächtigung ist die Herstellung der vollen Handlungsfähigkeit, der vollen Entwicklung der Persönlichkeit."[19] Die Erste Europäische Frauensynode in Gmunden 1996 hatte die Mächtigung der Frauen zu einem ihrer wesentlichen Ziele erklärt. Wenn Graz Versöhnung sucht, wird den Frauen und Mädchen, Mächtigung/Stärkung zuteil werden müssen.

„Wenn man schließlich die These aufstellt, daß nur die volle Teilnahme der Frauen am Bereich des Öffentlichen die Minderung und Beseitigung jener Machtungleichgewichte im privaten Raum ermöglicht, als deren integraler Bestandteil wir die Gewalthandlungen der Männer in den Intimbeziehungen erkennen, dann erscheint die politische Mächtigung von Frauen als wichtigste Voraussetzung ihrer individuellen und privaten."[20] Dies braucht den Widerstand und die Konfliktfreude von hartnäckigen Frauen.

Anmerkungen

1 Koch (Hg.), Stuttgart 1978.
2 Limbach.
3 Heller/Nowak, in: Zulehner, S. 300.
4 Schottroff, S. 68.
5 Faludi, S. 170f.
6 Kreisky, S. 4.
7 Ebd.
8 Schottroff, S. 68.
9 Ebd., S. 129.

10 Ebd., S. 151.
11 Fröschl/Löw, in: Frauenbericht 1995, S. 537.
12 König, in: Frauenbericht 1995, S. 542.
13 Ebd., S. 536.
14 Bohrn, in: Frauenbericht 1995, S. 536.
15 Pelikan, in: Frauenbericht 1995.
16 Ebd.
17 Ebd., S. 541.
18 Morgenroth, S. 35.
19 Pelikan, in: Frauenbericht 1995, S. 541.
20 Pelikan, in: Frauenbericht 1995, S. 541.

Literatur

BM für Frauenangelegenheiten/Bundeskanzleramt (Hg.): Frauenbericht 1995. Bericht über die Situation der Frauen in Österreich.

Faludi, Susanna: Die Männer schlagen zurück. (Backlash). New York 1993.

Kreisky, Eva: Vom Ausschluß zum Einschluß. Indizien zum Zustand von Feminismus und Frauenpolitik im Osten und Westen Europas. Referat vom 29. 7. 1996 während der Ersten Europäische n Frauensynode in Gmunden.

Limbach, Jutta: Die zurückgebliebenste aller Provinzen ist die Universität, in: Frankfurter Rundschau 8. 11. 1994, Nr. 260, S. 11.

Morgenroth, Christine: Die engagierte Frau. Frauen und Interessensorganisationen. Münster 1996.

Schottroff, Luise: Lydias ungeduldige Schwestern. Feministische Sozialgeschichte des frühen Christentums. Gütersloh 1994.

Zulehner, Paul M.: Pastoraltheologie Band 4, Futurologie. Kirche auf dem Weg ins gesellschaftliche Morgen. Düsseldorf 1990.

Konfliktfeld Ökologie

Was ist ökologisch?

Eckhard Fuhr

Die Umweltpolitiker aller Parteien klagen darüber, daß sie mit ihrem Thema zur Zeit wenig Aufmerksamkeit finden. Arbeitsplätze und Renten, Wirtschafts- und Sozialpolitik rangieren auf der politischen Tagesordnung wie auch in der Realitätswahrnehmung und -beurteilung der Bürger weit vor dem „ökologischen Umbau der Industriegesellschaft“ und der Suche nach Mitteln gegen die Klimakatastrophe, das globale Artensterben und den Verkehrsinfarkt.

Die Kernkraft hat zwar ein insgesamt schlechtes Image, provoziert aber nur diejenigen zu aktivem Protest, die ohnehin immer auf der

Straße sind. Der Verbändestreit um die Novelle des Naturschutzgesetzes wird fast unter Ausschluß der Öffentlichkeit geführt. Und die Grünen, die als Umweltpartei ihren politischen Weg begonnen hatten, haben ihr Urthema auch so weit an den Rand geschoben, daß sich inzwischen sogar innerparteilicher Widerstand regt. Aber ob beispielsweise das Nein zum Braunkohletagebau in Nordrhein-Westfalen zur Identitäts- und also Koalitionsfrage wird, das ist wegen der machtstrategischen Bedeutung der Düsseldorfer Koalition noch durchaus offen.
Die politische Umwelt-Müdigkeit erklärt sich aber nicht allein aus der von den wirtschaftlichen Realitäten erzwungenen Themenverschiebung. Auch die Umweltbewegung selbst hat politisches Kapital verspielt. Das jahrelange Öko-Katastrophen-Getrommel hat beim Publikum zu Abstumpfung und Überdruß geführt. Kampagnen bewirken immer mühsamer immer kurzatmigere hysterische Aufwallungen. Die Öko-Propagandisten haben an Glaubwürdigkeit verloren.
Im medialen Supergau der Brent-Spar-Kampagne von Greenpeace erstarb die moralische Aura „alternativer" oder „oppositioneller" Fachkompetenz, weil die sich als schlichter Dilettantismus entpuppte. Plötzlich finden auch in den Massenmedien wieder Stimmen Gehör, welche daran erinnern, daß die gültigen Schlagworte des sogenannten ökologischen Problembewußtseins schreckliche Vereinfachung sind. Jeder Spaziergänger sieht, daß der Wald nicht stirbt, sondern sich verändert. Jetzt dringt die unter Forstwissenschaftlern längst verbreitete Erkenntnis aus den Zirkeln der Fachwelt in die breite Öffentlichkeit, daß die Furcht vor dem „Waldsterben" Folge einer selektiven Wahrnehmung und der politisch fragwürdigen Popularisierung wissenschaftlicher Hypothesen war. Und mit der Katastrophenmeldung, daß täglich zwanzig oder zweihundert, jedenfalls sehr viele Arten unwiederbringlich verlorengingen, wird doch heute immerhin in der Regel auch die Information verbreitet, daß es Wissenschaftler gebe, welche die Modellrechnungen, die zu diesen Zahlen führen, für untauglich halten.
Die Naivität, mit welcher der Status quo der Evolution „Schöpfung" genannt und menschliche Eingriffe als „Frevel" gebrandmarkt wurden, geht verloren. Die Paradigmen verändern sich. Die Evolution erscheint – wieder – als ein gleichermaßen schöpferischer und zerstörerischer Prozeß. Noch gilt in der Umwelt- und Naturschutzpolitik der Leitbegriff vom „natürlichen Gleichgewicht", doch ist er jetzt durchsäuert von dem Bewußtsein, daß es in der Natur immer nur ein Gleichgewicht zwischen den Katastrophen gibt und die Zeitmaße der Natur- und der Menschengeschichte nicht so weltenfern voneinander sind, daß sie sich nie berührten.

„Nein – diesmal machen wir es ohne Menschen!“

Inzwischen darf gefragt werden, ob es überhaupt sinnvoll sei, die „Klimakatastrophe“ verhindern zu wollen, und ob die politischen Anstrengungen nicht besser darauf zu richten wären, mit – auch dramatischen – Klimaveränderungen leben zu lernen, was die Menschheit in ihrer bisherigen Geschichte ja auch konnte. Der globale Blick auf die Erde als „Lebensraum“ eröffnet eben nicht nur die Perspektive eines politischen Universalismus, sondern auch den eines Naturalismus, der jede natürliche Spezies nur als Episode der Evolution begreift und auch den Menschen nicht außerhalb ihrer Gesetze sieht. Daß Arten die Kapazitäten ihres Lebensraums bis zur Neige ausschöpfen und Populationen dann katastrophisch zusammenbrechen, ist in dieser Sicht der Alltag der Naturgeschichte und nicht eine menschliche Perversion. Nicht Fatalismus, aber eine gewisse Skepsis gegenüber den Versprechungen großer Politik und weltumspannender Konventionen ist die Folge dieser erkennbaren Lockerung des Naturalismus-Tabus.

Umweltpolitiker, welche lange Zeit Zielkonflikte scheinbar nicht kannten, weil sie ja an der „Rettung der Menschheit“ arbeiteten, Umweltorganisationen, welche die Diskrepanz zwischen dem moralischen Diktat dieses Ziels und der Kläglichkeit praktischer Politik direkt in politisches Kapital verwandelten, erfahren heute, daß auch sie sich auf schwankendem Legitimationsgrund bewegen. Es geht ihnen nicht anders als den Sozialpolitikern, die, wäre der Sozialstaat an seinen eigenen Erfolgen erstickt, ganz von neuem buchstabieren müssen, was „soziale Gerechtigkeit“ sei.

Der Streit um die Windkraft ist ein dramatisches Beispiel dafür, daß es auch in der Umweltpolitik einen Grundkonsens nicht gibt. Der Konflikt geht nicht nur darum, ob es energiepolitisch und ökonomisch sinnvoll ist, die wetterabhängige und wenig ergiebige Windkraft zu fördern. Gestritten wird auch über Grundsätzliches: Darf erfahrbare Umwelt zerstört werden, um die Biosphäre zu retten? Müssen bestimmte Menschen in bestimmten Regionen zu Fremden im eigenen Land werden, weil „die Erde“ der „Menschheit“ als Wohnstätte erhalten werden soll? Welchen Wert haben Landschaften als innere und äußere Lebenswelten? Es sollte niemand behaupten, er wisse, was „ökologische“ Politik sei.

Frankfurter Allgemeine Zeitung, 1996

Die dualistische Sicht der Natur in Japan – Eine buddhistisch-feministische Perspektive

Aiko Ogoshi

Obwohl viele Japanerinnen und Japaner glauben, sie lebten in Übereinstimmung mit der Natur und seien an ihrer Zerstörung unschuldig, ist das hochindustrialisierte Japan heute für Naturausbeutung und -zerstörung überall in der Welt verantwortlich. Wie läßt sich die Kluft zwischen diesem Unschuldsglauben und der Wirklichkeit erklären? Meiner Meinung nach durch ein Mißverständnis in der japanischen Sicht der Natur. Meiner Ansicht nach ist die Sichtweise der Natur, die sich dem japanischen Buddhismus verdankt, nicht weniger schuld an der Naturzerstörung als eine wesentliche Betrachtungsweise – allerdings stellt sie eine insofern irreführende Denkweise dar, als sie die Menschen davon abhält, ihrer Fehler gewahr zu werden.
Der heutige japanische Kapitalismus macht geschickt von dieser Sicht der Natur Gebrauch, um von der Anklage wegen der Naturzerstörung, die er verursacht, verschont zu bleiben. Ich sehe meine Pflicht darin, dieses Doppelspiel aufzudecken und die Japanerinnen und Japaner auf die Problematik ihrer Naturwahrnehmung aufmerksam zu machen. Warum gilt das japanische Naturkonzept als harmonischer denn das westliche? Warum überfällt der japanische Kapitalismus die Entwicklungsländer, praktiziert Naturzerstörung und -ausbeutung ohne jedes Schuldgefühl? Eine Antwort auf diese Frage zu suchen ist für mich persönlich der beste Weg, zur Lösung der globalen ökologischen Probleme beizutragen.

Hans Kessler (Hg.), Ökologisches Weltethos im Dialog der Kulturen und Religionen, Wissenschaftl. Buchgesellschaft Darmstadt 1996

Entwurf einer Erklärung der Rechte künftiger Generationen

1. Künftige Generationen haben ein Recht auf Leben.
2. Künftige Generationen haben ein Recht auf nicht-manipuliertes, d. h. nicht durch Menschen künstlich verändertes menschliches Erbgut.
3. Künftige Generationen haben ein Recht auf eine vielfältige Pflanzen- und Tierwelt, damit auf Leben in einer reichen Natur und auf Wahrung vielfältiger genetischer Ressourcen.
4. Künftige Generationen haben ein Recht auf gesunde Luft, auf eine intakte Ozonschicht und auf hinreichenden Wärmeaustausch zwischen Erde und Weltraum.
5. Künftige Generationen haben ein Recht auf gesunde und hinrei-

chende Gewässer, besonders auf gesundes und hinreichendes Trinkwasser.

6. Künftige Generationen haben ein Recht auf einen gesunden und fruchtbaren Boden und auf einen gesunden Wald.
7. Künftige Generationen haben ein Recht auf erhebliche Vorräte an nicht (oder nur sehr langsam) erneuerbaren Rohstoffen und Energieträgern.
8. Künftige Generationen haben das Recht, keine Erzeugnisse und Abfälle früherer Generationen vorfinden zu müssen, welche ihre Gesundheit bedrohen oder einen übermäßigen Bewachungs- und Bewirtschaftungsaufwand erfordern.
9. Künftige Generationen haben ein Recht auf ‚kulturelle Erbschaft', d. h. auf Begegnung mit der von früheren Generationen geschaffenen Kultur.
10. Künftige Generationen haben allgemein ein Recht auf physische Lebensbedingungen, die ihnen eine menschenwürdige Existenz erlauben.

Insbesondere haben sie ein Recht, keine von ihren Vorfahren bewußt herbeigeführten physischen Gegebenheiten hinnehmen zu müssen, die ihre individuelle und gesellschaftliche Selbstbestimmung in kultureller, wirtschaftlicher, politischer oder sozialer Hinsicht übermäßig einschränken.

Seminar der Universität Bern, 1990

Geschäft ist Geschäft – Zuversichtliche Gedanken eines Stimmbürgers beim Ausfüllen des Abstimmungsformulars zum Volksentscheid über Atomkraftwerke vom 18. Februar 1979

René Gilsi

Gleich, ob Uran, ob Kohlenmonoxyd
Schön ist das Leben, wenn die Wirtschaft blüht.
Egal, ob Blei im Brot, Arsen im Wein
Der Fortschritt, Bürger, soll dir heilig sein.
Und heilig, heilig, heilig sei dem Staate
Und, Bürger, dir die Umsatzzuwachsrate.
Sie gibt, gesunde Luft her oder hin,
Dem Leben Würze und dem Dasein Sinn.
Und gäb's auch später Unannehmlichkeiten
Wir leben heut, in Umsatzzuwachszeiten.
Was die Uranentsorgung anbetrifft:
Im Boden bleibt vielleicht ein wenig Gift

Doch spätere Geschlechter mögen eben
Mit ihren eigenen Problemen leben
Und Geschäft ist Geschäft – da wird nicht diskutiert
Das Geschäft ist sauber, wenn das Geschäft rentiert
Wenn sich der Umsatz sternenaufwärts hebt
Dann, Bürger, hast du nicht umsonst gelebt.

Nebelspalter, 7/1979

Die acht Todsünden der zivilisierten Menschheit

1. Die Überbevölkerung der Erde, die jeden von uns durch das Überangebot an sozialen Kontakten dazu zwingt, sich dagegen in einer grundsätzlich „un-menschlichen" Weise abzuschirmen, und die außerdem durch die Zusammenpferchung vieler Individuen auf engem Raum unmittelbar aggressionsauslösend wirkt.
2. Die Verwüstung des natürlichen Lebensraumes, die nicht nur die äußere Umwelt zerstört, in der wir leben, sondern auch im Menschen selbst alle Ehrfurcht vor der Schönheit und Größe einer über ihm stehenden Schöpfung.
3. Der Wettlauf der Menschheit mit sich selbst, der die Entwicklung der Technologie zu unserem Verderben immer rascher vorantreibt, die Menschen blind für alle wahren Werte macht und ihnen die Zeit nimmt, der wahrhaft menschlichen Tätigkeit der Reflexion zu obliegen.
4. Der Schwund aller starken Gefühle und Affekte durch Verweichlichung. Fortschreiten von Technologie und Pharmakologie fördern eine zunehmende Intoleranz gegen alles im geringsten Unlust Erregende. Damit schwindet die Fähigkeit der Menschen, jene Freude zu erleben, die nur durch herbe Anstrengung beim Überwinden von Hindernissen gewonnen werden kann. Der naturgewollte Wogengang der Kontraste von Leid und Freude verebbt in unmerklichen Oszillationen namenloser Langeweile.
5. Der genetische Verfall. Innerhalb der modernen Zivilisation gibt es keine Faktoren, die einen Selektionsdruck auf die Entwicklung und Aufrechterhaltung sozialer Verhaltensnormen ausüben, wiewohl diese mit dem Anwachsen der Sozietät immer nötiger werden. Es ist nicht auszuschließen, daß viele Infantilismen, die große Anteile der heutigen „rebellierenden" Jugend zu sozialen Parasiten machen, möglicherweise genetisch bedingt sind.
6. Das Abreißen der Tradition. Es wird dadurch bewirkt, daß ein kritischer Punkt erreicht ist, an dem es der jüngeren Generation nicht mehr gelingt, sich mit der älteren kulturell zu verständigen,

geschweige denn zu identifizieren. Sie behandelt diese daher wie eine fremde ethnische Gruppe und begegnet ihr mit nationalem Haß. Die Gründe für diese Identifikations-Störung liegen vor allem in mangelndem Kontakt zwischen Eltern und Kindern, was schon im Säuglingsalter pathologische Folgen zeitigt.

7. Die Zunahme der Indoktrinierbarkeit der Menschheit. Die Vermehrung der Zahl der in einer einzigen Kulturgruppe vereinigten Menschen führt im Verein mit der Vervollkommnung technischer Mittel zur Beeinflussung der öffentlichen Meinung zu einer Uniformierung der Anschauungen, wie sie zu keinem Zeitpunkt der Menschheitsgeschichte bestanden hat. Dazu kommt, daß die suggestive Wirkung einer fest geglaubten Doktrin mit der Zahl ihrer Anhänger wächst, vielleicht sogar in geometrischer Proportion. Schon heute wird mancherorts ein Individuum, das sich der Wirkung der Massenmedien, z. B. des Fernsehens, bewußt entzieht, als pathologisch betrachtet. Die ent-individualisierenden Effekte sind allen jenen willkommen, die große Menschenmassen manipulieren wollen. Meinungsforschung, Werbetechnik und geschickt gesteuerte Mode helfen den Großproduzenten diesseits und den Funktionären jenseits des Eisernen Vorhanges zu gleichartiger Macht über die Massen.
8. Die Aufrüstung der Menschheit mit Kernwaffen.

Konrad Lorenz, Die acht Todsünden der zivilisierten Menschheit, Verlag R. Piper München 1973

Vorrangige Option für die Armen

„Wir bekräftigen, daß Gott auf der Seite der Armen steht. Die Armen werden ausgebeutet und unterdrückt. Ihre Armut ist kein Zufall. Sie ist sehr oft das Ergebnis einer bewußt darauf gerichteten Politik, Reichtum und Macht zu vergrößern. Armut ist ein Skandal und ein Verbrechen. Es ist Gotteslästerung, zu sagen, sie entspreche dem Willen Gottes. Jesus ist gekommen, damit wir ‚das Leben in seiner ganzen Fülle' (Johannes 10,10) haben. Durch seinen Tod und seine Auferstehung hat Christus die Mächte entlarvt und daher besiegt, die den Armen ihr Recht auf Leben in seiner Fülle verweigern (Lukas 4,16-21). Gott steht auf der Seite der Armen. Die Herrlichkeit Gottes widerspiegelt sich in den Armen, der ein Leben in seiner Fülle hat (Erzbischof Romero). In den Schreien der Armen hören wir die uns herausfordernde Stimme Gottes.
Jene, die die Gesellschaft als die ‚Geringsten' behandelt, nennt Jesus seine Geschwister (Matthäus 25,31–46). Wir sehen zwar die Not-

wendigkeit diakonischer Dienste und dringender Maßnahmen in Notsituationen ein, doch müssen wir heute erkennen, daß die Bedürfnisse der ‚Geringsten' nur befriedigt werden können, wenn die Strukturen der Weltwirtschaft grundlegend verändert werden. Wohltätigkeit und Hilfsprojekte allein können weder die Bedürfnisse der ärmsten Milliarde Menschen befriedigen, deren Mehrheit Frauen und Kinder sind, noch ihre Menschenwürde schützen. Die Lösung für die Schuldenkrise ist eine gerechte Weltwirtschaftsordnung. Umschuldungen reichen nicht aus.
Wir bekräftigen, daß Gott auf der Seite der Armen steht. Wir erklären, daß wir als Christen die Pflicht haben, Gottes Handeln im Kampf der Armen für die Befreiung von uns allen zu unterstützen.
Wir werden allen Kräften, politischen Maßnahmen und Institutionen widerstehen, die Armut verursachen und verlängern oder sie als unvermeidlich und unveränderlich hinnehmen.
Wir verpflichten uns, solche Organisationen oder Bemühungen zu unterstützen, die für die Abschaffung von Ausbeutung und Unterdrückung arbeiten."

Ökumenische Weltversammlung in Seoul 1990,
Arbeitsbuch Teil II

Der gute Mensch von Österreich

Konrad Paul Liessmann

Nach dem Bankrott des Sozialismus als Realität wartete man gespannt auf die Auswirkungen dieses historischen Zusammenbruchs auf den Sozialismus als Idee. Es stand zu vermuten, daß in der europäischen Linken, nach der Überwindung des ersten Schocks, eine differenzierte Diskussion über das Verhältnis von marxistischer Theorie und sozialistischer Praxis, über den Stalinismus und die eigene Mitverantwortung an diesem, über falsche Utopien und reale politische Chancen entstehen würde. Wenn auch stockend, und über alle Maßen zögerlich, scheint dieser Prozeß in einigen Ländern nun auch tatsächlich in Gang zu kommen. Nur nicht in Österreich. Dieses Land, genial darin, sich von allen Verantwortungen zu befreien, legt auch hier ein Meisterstück vor. Wie weiland Mackie Messer hat die österreichische Linke von all dem nichts gewußt, stiehlt sich weg und verwandelt sich lautlos in eine andere Gattung: den guten Menschen.
Der gute Mensch kann charakterisiert werden als das fortschrittliche Bewußtsein nach dem Verlust seiner Utopie. Es hat kein Ziel mehr, das es zu erreichen lohnt – um den Kapitalismus einigermaßen auf einer ökosozialen Linie zu halten, bedarf es weder einer Arbeiterbe-

wegung noch einer linken Intelligenz. Diese leidet dann auch unter einer fundamentalen Legitimationskrise. Da hilft nur eines: das Gespenst des Faschismus. Denn der aufrechte Antifaschismus ist alles, was der Linken geblieben ist – und niemand kann ihr dies je streitig machen. Der gute Mensch ist also in erster Linie Antifaschist – und je mehr Neofaschisten es gibt, desto besser geht es dem guten Menschen. Damit erwirbt er seine Daseinsberechtigung. Deshalb hätschelt er die Neofaschisten, wo er kann, baut obskure Provinzpolitiker zu solchen auf und widmet ihnen Titelblatt um Titelblatt. Nebenbei erspart sich der gute Mensch damit die Beschäftigung mit jenen Problemen, die den wirklichen oder vermeintlichen Neonazismus erst ermöglichen.
Der gute Mensch ist gut, weil andere böse sind. Er weiß nicht mehr, wofür er sein soll, aber er weiß, wogegen er ist. Der gute Mensch zeigt sich zwar indigniert, wenn ihm zu Ohren kommt, daß der Begriff des Politischen bei Carl Schmitt in der Differenz von Freund und Feind seine Bestimmung findet – aber das Weltbild des guten Menschen ist schlechthin geprägt von dem Gegensatz freundlich/feindlich. Mit Lust und Liebe teilt er seine Mitmenschen danach ein. Natürlich geht es ihm nicht darum, ob diese ihm gegenüber freundlich oder feindlich sind – dazu ist er viel zu gut und selbstlos – nein, er sucht sich die Prüfsteine für die Freundlichkeit der Welt woanders: Ausländer und Frauen zum Beispiel. Das sind seine Themen. Der gute Mensch ist notorisch xenophil. Im Kampf gegen Fremdenhaß und Ausländerfeindlichkeit findet er zu sich. Und sein Herz schlägt höher, wenn er wieder einmal einen Satz, eine These, eine Behauptung, eine Geste oder die Wiener Philharmoniker als frauenfeindlich klassifizieren konnte. Der gute Mensch denkt nicht mehr, er analysiert nicht mehr, er urteilt oder kritisiert auch nicht mehr, sondern er wittert: -freundlich oder -feindlich. Und am liebsten würde er all das, was er so aufgespürt hat, auch markieren – mit einer Plakette: ausländerfeindlicher Betrieb; frauenfreundliches Institut. Auf diese Art und Weise hofft er, ein wenig Ordnung in die neue Unübersichtlichkeit zu bringen.
Der gute Mensch ist ein fühlendes Wesen. Gefühl ist ihm alles. Und die liebsten Gefühle sind ihm: Betroffenheit, Angst und Empörung. Das große Elend in der Welt und die Kinder vom Karlsplatz; Soldaten an der Grenze und Soldaten in der Wüste; Neofaschisten in Wels und Neofaschisten in Marseille; im Grunde ist er immer betroffen, wenn er sich der Welt zuwendet – oder seinem Inneren. Dort aber lauert die Angst. Vor der Klimakatastrophe und vor dem Verlust der Neutralität; vor dem drohenden 4. Reich und vor dem Sozialabbau. Und in erster Linie vor der Neuen Kronen Zeitung. Auf alles, was sein empfindli-

ches Gemüt verletzt, reagiert der gute Mensch aber mit Empörung. Wenn er nicht betroffen ist, ist er empört. Die Empörung ist ihm wie die Betroffenheit zu einem Habitus geworden. Und am besten geht es ihm, wenn er seine Empörung mit Gleichgesinnten in jener Zeitschrift, die dem guten Menschen sein Profil gibt, inserieren kann. Und dort schämt er sich dann genüßlich für ganz Österreich, fordert jemanden zum Rücktritt auf oder trauert um die AZ – immer im Kreis jener prominenten Mitinserenten, die sein Auge, auf der Suche nach seinem eigenen Namen, sogleich solidarisch wahrnimmt.
Der gute Mensch hat vor allem eines: Gesinnung. Was immer es ansonsten gab – Überzeugungen, Auffassungen, Positionen, kritisches Bewußtsein – ihm wird alles zur aufrechten Gesinnung. Und droht diese einmal schlaff zu werden, errichtet der gute Mensch eine Mahnwache, um den Verlockungen der Gesinnungslosigkeit nur ja nicht nachzugeben. Denn er weiß: Gegen eine schwache Gesinnung hilft nur eines – Besinnung. Der gute Mensch ist überhaupt ein Verehrer der Vorsilbe „be“: statt zu denken, bedenkt er, statt etwas zu tun, wird er betulich. Und am liebsten bewältigt er: hauptsächlich die Vergangenheiten der anderen. Und gerne setzt er seiner aufrechten Gesinnung ein Zeichen. Deshalb muß zum Beispiel überall das I hinein – damit alle Welt sieht: die Diskriminierung des anderen Geschlechts ist überwunden – zumindest in der Sprache; daß dafür diese vergewaltigt wird, was verschlägt's.
Getreu einem Satz eines geistigen Ziehvaters ist der gute Mensch natürlich Agnostiker. Trotzdem oder gerade deshalb betrifft ihn nichts so sehr wie das Innenleben der katholischen Kirche. Ob es dort wohl demokratisch zugeht, wie es darin um die Frauen steht, ob Glaubenswahrheiten dogmatisch einfach verkündet und nicht doch erst diskutiert werden müßten – mit anschließender Abstimmung, versteht sich –, ob die christliche Agape nicht endlich in jene freie Liebe umgewandelt werden müßte, die er selbst längst nicht mehr praktizieren kann, ob die Pille in der Kirche erlaubt und Südamerika von der Theologie befreit wird – all das läßt den guten Menschen vor ecclesiastischer Betroffenheit erschauern. Das Schicksal von Jungpriestern, die sich unter dem Stachel des Zölibats winden, liegt ihm zumindest ebenso am Herzen wie der Hunger in der 3. Welt. Der gute Mensch leidet an einer unheilbaren Krankheit: der chronischen Krennophobie. Und während der gute Mensch nach außen lautstark den Abbau von Feindbildern propagiert, ist er stolz darauf, das (Feind-)Bild schlechthin – Bischof Krenn in vollem Ornat – am Klo hängen zu haben.
Der gute Mensch sieht auch gerne fern. Am liebsten natürlich den Club 2. Diese Sendung ist von ihm für ihn erfunden worden. Hier findet er schlicht statt. Schon der Gastgeber ist meistens ein guter

Mensch, der mit sanfter Stimme die aufrechte Gesinnung, nein: Gesinnung schlechthin verkörpert. Hier sitzt auch immer eine Personifikation des Prinzips Betroffenheit; und hier werden dem guten Menschen dann auch jene dunklen Figuren vorgeführt, von denen er sich in seiner ganzen Güte wollüstig abgrenzen muß. Er grenzt sich überhaupt gerne ab und fordert ständig jemanden auf, sich doch endlich auch abzugrenzen. Wehe aber, es zieht jemand neue Grenzen – da ist der gute Mensch gleich besorgt um den zentralistischen Internationalismus, dem er sich verpflichtet fühlt. Und so muß er sich schleunigst von den Verfechtern neuer Grenzen abgrenzen. Denn er will schließlich niemanden ausgrenzen.

Wenn er nicht gerade dabei ist, sich abzugrenzen ohne auszugrenzen, dann integriert der gute Mensch. Natürlich, de facto intrigiert er, aber verbal, vom Schreibtisch aus, integriert er. Wenn es darauf ankommt, integriert er alles – am liebsten aber kleine Türken, Behinderte, Minderheiten und Randgruppen. Ihnen gegenüber kann sein soziales Herz permanent höher schlagen. Der gute Mensch ist der prädestinierte, aber stets verhinderte Sozialarbeiter. Die man im Dunkeln nicht sieht, zerrt er gerne ins Licht – und ärgert sich, wenn die Kronen Zeitung auch schon da war. Und weil er soviel integriert, ist er auch gegen fast jede Separation. Vor allem die Kroaten, Slowenen und Slowaken betrachtet der gute Mensch mit Mißtrauen – er wittert nämlich Nationalismus und Neofaschismus. Und demgegenüber ist ihm wie immer ein poststalinistischer Zentralismus, wenn es sein muß auch nach Brüsseler Art, lieber. Wenn schon Separation – dann in Afrika. Die dortigen nationalen Befreiungsbewegungen haben den guten Menschen immer enthusiasmiert.

Der gute Mensch ist ein Kultur-Mensch. In Maßen und in Grenzen. Er gehört zwar dezidiert nicht zur deutschen Kulturgemeinschaft, wohl aber in Ermangelung eines österreichischen zum deutschen Feuilleton, und die Freiheit der Kunst geht ihm über alles – wenn sie die rechte Gesinnung vertritt. Am liebsten liest er die Gedichte von Erich Fried: daran kann ihn nichts irritieren. Der gute Mensch empört sich über jeden Vergewaltigungsversuch, aber ein schreibender Frauenmörder rührt sein Herz; der gute Mensch ist betroffen von der Gewalt in der Familie, aber ein malender Kinder-Schänder verdient seine Sympathie. Über alles aber liebt der gute Mensch die blasphemische Kunst und den Tabubruch. Denn sobald sich die rechte Kriemhilde darüber aufregt, weiß der gute Mensch, wo er zu stehen hat. Kunstkenntnis ist dabei Gottseidank nicht vonnöten. Es genügt auch hier die Gesinnung.

Seine ganze Hoffnung setzt der gute Mensch in die Zukunft – das heißt in die Jugend. Kinder liebt er über alles. Sie sind der Garant für eine Welt, die er selbst nicht schaffen kann. Kinder sind kreativ und spontan, ehrlich und unmittelbar und würde man sie nur richtig erziehen, dann wären wir morgen schon im Paradies: Dank der Friedenserziehung des guten Menschen wären wir alle friedlich, dank seiner ökologischen Erziehung lebten wir in einer sauberen Umwelt, dank seiner Medienkunde läse niemand mehr die Kronen Zeitung, dank seiner Sexualkunde dürften wir uns so lange streicheln, bis ein anderer guter Mensch käme und „sexuelle Belästigung“ schrie. Womit wir wieder bei der Realität sind, die der gute Mensch tatsächlich produziert.

Mit einem Wort: Der gute Mensch ersetzt das Denken durch die Moral. Über nichts entrüstet er sich so gerne wie über moralisches Fehlverhalten, über nichts redet er gerne wie über politischen Anstand, und wo immer der gute Mensch publizistisch zuschlägt, ist bald von schuldhaftem Verhalten die Rede, von Buße und von Reue, von den Uneinsichtigen und den Unverbesserlichen. Er trieft förmlich vor Moral – die Stimme bebt, die Hände ringen. Wie eine Python-Schlange ringelt sich so der gute Mensch um die österreichische Seele. Es soll gar nicht bezweifelt werden, daß er in vielem recht hat. Aber indem er alles zu einer Frage der Gesinnung macht, erzeugt er eine Atmosphäre der Schnüffelei mit inquisitorischem Ambiente. Ständig fordert er auf, sich zu bekennen oder sich zu distanzieren. Nicht was gesagt oder getan wird, interessiert den guten Menschen, nicht eine distanzierte Betrachtung der Probleme, nicht eine Analyse der Lage, sondern in welchem Dunstkreis sich jemand bewegt. Das erzeugt ein Klima, in dem nicht mehr gedacht werden kann. Ohne es zu wissen, arbeitet mit dieser Haltung der gute Mensch permanent seinem Feind in die Hände – um sich dann über dessen Erfolge zu empören. Drohte dieser Zirkus nicht irgendwann tatsächlich in Ernst umzuschlagen, könnte man sich behaglich zurücklehnen und ihn genießen – den Salto mortale des kritischen Bewußtseins.

Der gute Mensch von Österreich. Essays 1989–1995,
Sonderzahl-Verlag Wien 1995

Angst vor der Endzeit

Umwelthysterie und Aktionismus – die Deutschen im Öko-Fieber

Als ein paar Jahre später die ersten Symptome des Waldsterbens sichtbar wurden, traf es die Nation ins Herz: Der deutsche Wald, die romantische Heimstatt der Volksseele, vom sauren Regen zerfressen und in ein Totengerippe verwandelt – solcher Frevel schlug den Nachfahren Joseph von Eichendorffs schwer aufs Gewissen.

Staunend nahmen die Nachbarn den fast religiösen Eifer wahr, der die deutsche Ökologiebewegung von Beginn an beseelte. „Le waldsterben“ ging, wie „le blitzkrieg“ und „l'ersatz“, als Fremdwort ins Französische ein. Schrille Töne, Ausdruck apokalyptischer Ängste, mischten sich immer wieder in den Chor der Besorgten, die in den Wäldern kranke Bäume mit weißen Farbkreuzen markierten.

Die selbstquälerische Beschäftigung mit der Apokalypse, verbunden mit inniger Naturverklärung und einem Hang zum Kulturpessimismus – das alles, glaubt der Literaturwissenschaftler Klaus Vondung, stecke den Deutschen seit dem Dreißigjährigen Krieg im Blut, ein Erbe, das wieder deutlich spürbar werde, seit „die zerstörerischen Folgen der modernen Zivilisation für die Umwelt unübersehbar geworden sind“.

Dabei zählen die Deutschen, sonderbar genug, zu den Hauptverursachern der Umweltübel, die sich seit Mitte des Jahrhunderts so ruinös verbreiten. Deutsche Chemiker, Ingenieure und Atomwissenschaftler haben sich mit besonderem Fleiß hervorgetan, als die naturwissenschaftlich-technische Pandorabüchse geöffnet wurde.

Zwei Seelen, scheint es, wohnen in der deutschen Brust: eine, die nach heiler Natur verlangt und sich in durchgrünten Öko-Häusern am wohlsten fühlt, und eine andere, die den technischen Fortschritt liebt und seine garstigen Nebenwirkungen in Kauf nimmt. Entsprechend zwiespältig ist das Verhältnis der Deutschen zur Ökologiebewegung.

Stets fordert bei Umfragen eine Mehrheit entschiedene Maßnahmen gegen den Klimaschock, das Waldsterben oder die sommerliche Ozonbelastung. Doch ein Tempolimit auf den Autobahnen empfinden die Bundesbürger – damit einzigartig in der Welt – als unzumutbare Freiheitsberaubung. Um die 10.000 Kilometer legt jeder von ihnen pro Jahr im Automobil zurück, die Hälfte davon zum Freizeitvergnügen.

Dazu kommen, eine Wachstumsbranche, Fernreisen im schadstoffspuckenden Flugzeug. Wieder daheim, sortieren die Weltenbummler brav ihren Müll – und wehren sich energisch, wenn in ihrem Umfeld eine neue Autostraße oder ein Flugplatz gebaut werden soll.

Rational sind die Widersprüche nicht begründet, die das im Volk rumorende Umweltbewußtsein prägen – ohnehin gleicht es eher einer zyklisch anschwellenden Stimmung, die sich an ständig wechselnden Problemfällen festmacht.

Mal ist es die Ölbohrplattform „Brent Spar“, mal ein Castor-Transport, der die Wogen der Empörung hochschlagen läßt und vorübergehend Zehntausende zu engagierten Umweltschützern macht. Doch kaum ist das Shell-Monstrum außer Sichtweite, der Castor-Container im Zwischenlager verstaut, tritt wieder Ruhe ein – bis zum nächsten Ereignis, an dem sich symbolhaft der Protest entzünden kann.

Die deutsche Öko-Bewegung krankt an einem weithin kleinbürgerlichen Weltbild, in dem sich moralisierende Rechthaberei mit der Sehnsucht nach einfachen Lösungen verbindet. Greenpeace gegen Shell, David gegen Goliath, Gut gegen Böse – diese übersichtliche Schlachtordnung lockt auch unpolitische Gemüter aus der Reserve, denen der Streit um Nutzen und Nachteile einer Öko-Steuer viel zu kompliziert ist. Die Parteinahme gegen die Mächtigen, die Konzerne und ihre Lenker, entlastet das Umweltgewissen der Ratlosen; Greenpeace gibt ihnen das Gefühl, auf der richtigen Seite zu stehen.
Den Politikern ist es recht. Längst sind alle Parteien ein bißchen grün. Sie kennen ihre Pappenheimer und haben, nolens, volens, gelernt, die diffusen Umweltängste ihrer Wählerschaft ernst zu nehmen.

Der Spiegel, 39/1995

Kirchenkonflikte

Das Ende der christlichen Kultur

Christof Gaspari

Ist Europa christlich? Begnügt man sich mit einem Blick auf die Religionslandkarte im Atlas, so lautet die Antwort: Ja.
Eigentlich ist Europa nur deswegen ein eigener Kontinent und nicht ein Teil Asiens, weil es jener Raum ist, in dem seit mindestens 1000 Jahren die Botschaft Christi (zusammen mit der griechischen Philosophie und dem römischen Recht) die Kultur, die Wissenschaft, das Rechtswesen der Völker prägt.
Ist Europa aber heute noch christlich? Geht man von der Zugehörigkeit der Bevölkerung zu Religionsgemeinschaften aus, so wäre die Antwort wieder: Ja. Zweifel sind aber sofort anzumelden, sobald man nach den Wertvorstellungen der Europäer fragt. Umfragen in Deutschland und in Großbritannien nach der Bedeutung verschiedener Lebensbereiche für den Durchschnittsbürger zeigen dies deutlich. Da rangieren Glaube und Kirche weit hinter Hobbies, Aussehen, Freizeit und Wohngegend. Ein ähnliches Bild zeigen Umfragen in Frankreich, Österreich und Italien.
Europaweite Befragungen nach Werthaltungen ergänzen dieses Bild. Den Europäern ist vor allem ihr Eigentum wichtig (sie treten für schwere Bestrafung von Diebstahl, Hehlerei, Fahrerflucht ein), sind aber großzügig bei Euthanasie, Abtreibung oder Scheidung. Der Materialismus scheint das Bild zu prägen. Spätestens seit dem Ende des Kommunismus schreitet die Ökonomisierung aller Lebensbereiche

voran. Wirtschaftsprognosen werden als Heils- oder Unheilsprophezeiungen gehandelt. „Auf Aufschwung“, las man als Bildzeile unter einem Bild vom Mai-Aufmarsch in Wien.
Das prägende geistige Band der pluralistischen Gesellschaft Europas ist der Ökonomismus. Die Kosten-Nutzen-Analyse lenkt die Entscheidungen. Religion ist zur Privatsache degeneriert, ein Hobby, das sich gegen den Vorwurf des Fundamentalismus verteidigen muß, sobald es öffentlich für unveräußerliche Rechte und Pflichten eintritt.
Im pluralistischen Europa glaubt man eher an die Wiedergeburt nach hinduistischem Vorbild als an die Auferstehung der Toten. In den Medien wird wohlwollend über ausgefallenste Heilsrezepte aus dem vielfältigen Angebot des New Age berichtet, während sich Wortmeldungen des Papstes hämischer Kritik „erfreuen“. Zeitlos gültige Wahrheit ist suspekt. Der Pragmatismus dominiert in allen Lebensbereichen.
Diese nüchterne Bestandsaufnahme sei nicht als weinerliche Nostalgie mißverstanden. Die Abkehr von der Prägung durch das Christentum zeichnet sich ja seit Jahrhunderten ab. Sie hat auch ihr Gutes, trägt sie doch eine Degeneration der Botschaft Christi, die christliche Ideologie, die hinter starren Strukturen und Verhaltensvorschriften den lebendigen Gott vergißt, zu Grabe.
Die neuheidnische Konstellation in Europa stellt eine Herausforderung für die Christen dar. Von ihnen wird heute nicht die Wiederherstellung des Kulturraumes christliches Europa nach alten Spielregeln verlangt. Vielmehr geht es um die Neuverkündigung der Botschaft, die schon das heidnische Römische Reich aus den Angeln gehoben hat: daß in Jesus Christus Gott Mensch geworden ist.

Die Furche, 1996

Religiöse Bekenntnisse

Mehrheitlich röm.-kath.:
Andorra, Belgien, Frankreich, Irland, Italien, Kroatien, Liechtenstein, Litauen, Luxemburg, Malta, Monaco, Österreich, Polen, Portugal, San Marino, Schweiz, Slowakei, Slowenien, Spanien, Ungarn, Vatikan

Mehrheitlich evangelisch:
Dänemark, Deutschland, Finnland, Island, Norwegen, Schweden

Mehrheitlich anglikanisch:
Großbritannien und Nordirland

Mehrheitlich konfessionslos:
Estland, Lettland, Niederlande, Tschechien

Mehrheitlich orthodox:
Bulgarien, Georgien, Griechenland, Jugoslawien, Mazedonien, Moldawien, Rumänien, Russische Föderation, Ukraine, Weißrußland

Die Furche, 1996

Bröckelnde Felsen

Kurt Lüthi

Das Jahr 1986 war nicht nur für die Politik, sondern auch für die Kirchen ein Wendepunkt.
Kirchen machen mir aus drei Gründen Eindruck: wenn es ihnen gelingt, dem kleinen Mann (der Frau) zu sagen, daß das Leben einen Sinn hat und wie ein sinnvoll-gestaltetes Leben aussehen könnte. Und dann: wenn es ihnen gelingt, Angebote einer Spiritualität zu machen, die auch meine Sinne anspricht und die das Fest einschließt; diese Spiritualität sollte mir auch in einer Gruppe ein Heimatgefühl geben. Und schließlich: Mir ist ein Christentum wichtig, das sich der Welt öffnet – das sich damit für Diskriminierte, Ausgegrenzte und durch Vorurteile Verletzte einsetzt. Testfragen an die Kirche: Gibt es Gemeinschaften, die die „Andersheit des Anderen" ertragen und akzeptieren? Ein solches Kirchenverständnis bejaht die Kirche, wenn sie sich auf die „Zeichen der Zeit" einläßt – wenn sie eine Zeitgenossenschaft wahrnimmt, die gegenüber heutiger Kultur (und den Kulturschaffenden) positiv reagiert. Im folgenden Artikel möchte ich die römisch-katholische Kirche und die evangelischen Kirchen als Beispiele für die Entwicklung seit 1986 besprechen.

Römisch-katholische Kirche

Diese Kirche ist heute auch in Österreich von starken Spannungen und Polarisierungen bestimmt. Traditionen stehen gegen Aufbrüche und Revisionen. Regionale Tendenzen und Basisgemeinden stehen oft gegen den Vatikan und den Papst. Und umgekehrt: Vatikan und Papst versuchen Öffnungen zu bremsen, Kritik zu unterbinden – unter kritischen Katholiken gibt es eine starke Resignation. Karl Heinz Frankl hat für die katholische Kirche in Österreich das Stichwort gegeben: „Geschichte einer Erschöpfung".

Nach wie vor sind auch Österreichs Katholiken vom großen Ereignis der Jahrhundertmitte bestimmt: vom Zweiten Vatikanischen Konzil. Das Erbe des Konzils wurde unter anderem von Kardinal König und von einer Gruppierung intellektueller Katholiken an Österreich vermittelt. Es bedeutet Öffnung zur heutigen Welt *(aggiornamento),* Einsätze für kollegiale Leitungsgremien in der Kirche, Demokratisierung, pastorale Zuwendung zu Armen und Entrechteten, Bereitschaft zum Dialog und zu einer Dialogkultur (Ökumene der verschiedenen christlichen Kirchen, christlich-marxistischer Dialog, Dialoge mit Juden und nichtchristlichen Religionen). Heute gibt es auch im Vatikan Bremskräfte gegen diese großartige Tradition, und diese machen sich auch in Österreich bemerkbar.

Die Spannungen in der katholischen Kirche in Österreich sind wesentlich auch mit den Namen Groër und Krenn verbunden. Ein früher Unbekannter trat 1986 an die Stelle von Kardinal König: der Wallfahrtsdirektor von Maria Roggendorf, Hans Hermann Groër. Und: Bischof von St. Pölten wurde Kurt Krenn. Diese Ernennungen sind Resultate der vatikanischen Personalpolitik. Und damit kam es zu einer Art „Wende" in Österreich: Die Epoche einer offenen, katholischen Kirche, die auch für Intellektuelle anziehend war, kam jäh zu ihrem Ende. Allerdings: Die österreichische Bevölkerung ging hier nicht mehr mit. Unter denen, die sich noch für kirchliche Fragen interessierten, entstand eine extreme Polarisation. Und zugleich nahm die Zahl derer, die Kirchen gleichgültig gegenüberstehen, zu. Eine Konsequenz: Noch 1986 begann der Fels der Kirche zu bröckeln, 1990 gab es 32.000 katholische Kirchenaustritte. Ein Buchtitel stellte die Frage: „Aufbruch in den Untergang?"

Die Schocks der „Wende" sind mit Ereignissen verbunden, die durch die Medien weit verbreitet wurden. Krenn setzt auf autoritäre Entscheidungen auch gegen Priester, die seinen Kurs nicht mitmachen. Er ist mit dem restaurativen „Engelwerk" verbunden, das von einem extremen Dämonenglauben bestimmt ist. Groër ist von einer sexuellen Affäre belastet, weil ein Seminarist seine Erlebnisse mit Groër in die Öffentlichkeit trug. Eine Klärung der Angelegenheit war nicht möglich – Groër schwieg. Die Bischöfe solidarisierten sich zwar mit ihm, aber hinter den Kulissen wird heute auch die Bischofskonferenz von Gegensätzen bestimmt. Auch der Vatikan reagierte: Groër wurde ungewöhnlich schnell abgelöst, sein Nachfolger ist Christoph Schönborn.

Trotz allem, was zu schildern war, fällt dem Kommentator auf, daß aus dem Raum der katholischen Kirche immer wieder wertvolle Initiativen kommen. Ich nenne den Sozialhirtenbrief der Bischöfe, das von 500.000 Katholiken unterschriebene Volksbegehren und schließlich den Herdenbrief. Zum Sozialhirtenbrief (1990): Dieser steht in der Tradition der bedeutsamen, katholischen Sozialenzykliken; diese Tradition wird in Österreich hauptsächlich durch die Katholische Sozialakademie vertreten. Stichworte solcher Enzykliken sind: der Mensch als Subjekt der Arbeit – Vorrang der Arbeit vor dem Kapital usw. Der Sozialhirtenbrief berücksichtigte nicht weniger als 2500 Stellungnahmen von 15.000 Interessenten; er soll auch in neuen Ausformungen „weitergeschrieben" werden. Inhaltlich nimmt er Themen wie Arbeitslosigkeit, Diskriminierung der Frauen, Asylanten usw. auf. Dann das Volksbegehren (1995). Programmatisch gilt es, „Gegebenheiten in der gegenwärtigen katholischen Kirche" zu beachten, die „vielen Menschen den Zugang zur eigentlichen Botschaft Jesu Christi erschweren". Postulate: Geschwisterliche Kirche, Gleichberechtigung der Frauen, freie Wahl zwischen Zölibat und nicht-zölibatären Lebensformen, positive Bewertung der Sexualität, Frohbotschaft statt Drohbotschaft. Schließlich der Herdenbrief der Plattform „Wir sind Kirche" mit der Anrede „Liebe Brüder im Bischofsamt". Aus dem Herdenbrief (1996) einige Sätze zum Thema Eros – Sexualität – Autorität: „Eros und Sexualität erfüllen einen Sinn im Leben der Liebenden, wenn diese sich selbst mit der Erfahrung der Lust als vital und lebensfroh empfinden. (...) In den verschiedenen Lebensformen – ob allein, ob in Beziehung, ob in einer Familie lebend – können erotische und sexuelle Erfahrungen ihren Platz haben. (...) Das jüdisch-christliche Menschenbild der Bibel geht mit Eros und Sexualität unbefangen um. Die kirchliche Gewohnheit, den Bereich von Liebe, Eros und Sexualität in erster Linie (...) unter dem Aspekt der Sünde zu sehen, hat eine unbefangene Einstellung jahrhundertelang behindert. (...) Gleichgeschlechtliche Beziehungen sind wie andersgeschlechtliche insoweit gut, als sie verantwortlicher Ausdruck von Liebe sind. Das Verbot der Frauenordination wird in äußerst fragwürdiger Weise mit der Männlichkeit Jesu und der Apostel begründet. Damit wird man weder dem Umgang Jesu mit Frauen noch der Lebenswirklichkeit von Frauen heute gerecht (...)."

Die drei geschilderten Initiativen können als bemerkenswerte Versuche qualifiziert werden, die katholische Kirche Österreichs auf die „Zeichen der Zeit" zu beziehen.

Weiter sei noch auf eine Institution aufmerksam gemacht, die aus dem Leben der Kirche in Österreich nicht mehr weggedacht werden kann: die Caritas. Mit einem Leistungsvolumen von 2,36 Milliarden Schilling (gilt für 1994) entwickelt sie, zum Teil in Zusammenarbeit mit öffentlichen Stellen und mit den anderen Kirchen, eine soziale Praxis

(„Option für die Armen") für Behinderte, Alte und Pensionisten, Hilfe und Beratung für Asylanten usw.
Als Abschluß dieses Abschnittes ein Hinweis darauf, daß sich heute auch die römisch-katholische Kirche der Ökumene verpflichtet weiß und den Kontakt mit anderen Kirchen sucht. Dazu Hinweise auf die Situation in Österreich: Anläßlich des Papstbesuches in Österreich von 1988 fand ein ökumenischer Gottesdienst unter der Leitung von Papst Johannes Paul II. und dem lutherischen Bischof in Österreich, Dieter Knall, statt. 1994 stellte die Bischofskonferenz den Antrag, dem ökumenischen Rat der Kirchen in Österreich beizutreten; es ist das das nationale Organ des Weltrates der Kirchen in Genf, dem die römisch-katholische Kirche bislang nicht angehörte. Die 13 Mitgliedskirchen des Rates haben diesen Antrag einstimmig angenommen, und seit Januar 1995 ist die römisch-katholische Kirche in Österreich Vollmitglied. Und ein letztes: In den ökumenischen Morgenfeiern des ORF besteht das Team aus Katholiken, Orthodoxen, Evangelischen, Altkatholiken und Methodisten, diese Feiern haben immer wieder ein großes Medienecho.

Die evangelischen Kirchen

Evangelisch zu sein heißt in Österreich die Identifizierung mit einer Minderheitenkirche. Das bedeutete vor allem in der Gegenreformation Diskriminierung und Verfolgung, Rückzug in den Untergrund (Geheimprotestantismus). Und in der leidvollen Phase des 20. Jahrhunderts zur Zeit des Nationalsozialismus bedeutete es Sehnsucht nach dem großen Bruder Deutschland und Sympathien mit deutschnationalem Gedankengut; der Vorwurf lautete, die Evangelischen seien eine „Nazikirche". Heute werden Evangelische im Rahmen einer toleranten Gesellschaft und im Rahmen der Ökumene voll akzeptiert, und die evangelische Kirche stößt auf hohe Erwartungshaltungen in der Bevölkerung. Diskriminierende Verletzungen, die noch heute Juden, Asylanten und Homosexuelle treffen, bleiben den Evangelischen erspart. Kirchenrechtlich ist das Evangelischsein davon bestimmt, daß zwei Traditionen (die lutherische und die reformierte, Kirche A.B. und Kirche H.B.) zusammentreten; nach außen handeln sie gemeinsam.
Die günstige Lage erlaubt auch eine Selbstbesinnung. Dafür war in den sechziger und siebziger Jahren die Theologie von Professor Wilhelm Dantine wichtig. Er hat gegen Abkapselungstendenzen der Evangelischen das Schlagwort ausgegeben: „Protestantisches Abenteuer in einer nichtprotestantischen Welt". Für ihn war das Stichwort der „personalen

Freiheit“ wichtig, das man auch gegen rigide Haltungen der katholischen Moraltheologie stellen kann. Er hat die österreichische Weichenstellung zur „Leuenberger Konkordie“ wesentlich beeinflußt; das ist jenes Dokument, das die lutherische und die reformierte Tradition weltweit zusammenführt (an dieses Dokument halten sich heute z. B. auch die Methodisten). Mit Wilhelm Dantines Einfluß gibt es heute eine jüngere Pfarrersgeneration, die die sozialethischen und demokratischen Konsequenzen des Christentums betont. Es geht um diese Konsequenzen, wenn 1988 die leidvolle Nazivergangenheit mit dem Bekenntnis einer Schuld aufgearbeitet wurde; der entscheidende Satz lautete: „Die Evangelische Kirche Österreichs verstummte, wo zu reden gewesen wäre, und redete, wo zu schweigen gewesen wäre.“

Schuldbekenntnis der Evangelischen Kirche A. und H.B. in Österreich

In dieser Stunde bekennen wir vor Gott:
Unsere Evangelische Kirche hat vor 50 Jahren nicht stark genug geglaubt und nicht mutig genug bekannt. Sie hat geschwiegen, wo sie hätte reden sollen, sie hat oft geredet, wo sie besser geschwiegen hätte. Durch ihre Schuld und ihren Ungehorsam ist Gottes Wort nicht klar und deutlich genug verkündigt worden.
Aus Furcht vor Menschen sind viele von seiner Wahrheit abgewichen und haben dem Irrtum und der Verführung nicht eindeutig widersprochen. Mit dieser Schuld, unter der wir immer noch leiden, treten wir heute vor Gott und bitten ihn um Gnade und Vergebung. Wir hoffen, daß unsere Kirche heute seinem Auftrag besser gerecht wird, und bitten Gott, daß er uns die Kraft gibt, dem Geist der Gewalt und Vergeltung, der heute von neuem mächtig werden will, zu widerstehen. Wir bitten um den Mut zur Wahrheit und Gerechtigkeit, um den Geist des Friedens und der Liebe, denn in diesem Geist allein können wir Heil finden. Darum bitten wir dich: Herr, erbarme dich unser!

LSI Pfr. Mag. Peter Karner (H.B.)
OKR Dr. Johannes Dantine (A.B.)
Supt. Mag. Werner Horn (A.B.)

Mit den sozialethischen und demokratischen Konsequenzen des Christentums ist es heute auch möglich, zu „heißen Eisen“ der Öffentlichkeit Stellung zu nehmen. Hier einige Beispiele: Es gibt in allen evangelischen Kirchen eine Aufwertung der Frau. Frauen übernehmen gleichwertig mit Männern die Aufgaben des Pfarrers und die Leitungsämter. In der Öffentlichkeit Österreichs wurde besonders die Wahl von Gertraud Knoll zur Superintendentin des Burgenlandes beachtet, für

manche steht das Amt in Entsprechung zum katholischen Bischofsamt. Weiter: Es gehört zur evangelischen Tradition, daß alle Leitungsämter (bis hinauf zum lutherischen Bischof) in Synoden aus einer Vielzahl von Vorgeschlagenen mit Abstimmungen gewählt werden, wobei oft viele Abstimmungsgänge nötig sind. Weiter: Die kleine evangelische Kirche hat beachtliche Einrichtungen für Asylanten geschaffen. Unter Leitung der staatlich anerkannten Flüchtlingsberaterin, Frau Dr. G. Hennefeld, werden im Jahr ca. 2000 Beratungen durchgeführt. Und zusammen mit Stellen der katholischen Kirche wird von den staatlichen Stellen eine Humanisierung der Flüchtlingspraxis verlangt. Weiter: Es gibt einen Einsatz für Homosexuelle; diese sollen nicht mehr tabuisiert und diskriminiert werden. Im Zeichen dieser Solidarisierung fand im August dieses Jahres eine Partnerschaftssegnung von zwei Lesben statt; sie wurde publizistisch als Sensation dargestellt, obschon es solche Segnungen auch in zahlreichen anderen Ländern gibt; innerkirchlich hat sie einen nichtgelösten Konflikt zur Folge.
Wo liegen die Schwierigkeiten der Evangelischen Kirchen in Österreich? Da gibt es die harte Sprache der Statistik, die alle Kirchen Österreichs trifft. Heute ist zunächst folgendes zu beachten: Die nächstgrößere Gruppe nach den Katholiken sind nicht mehr die Evangelischen, sondern die Bekenntnislosen. Im Aufwärtstrend befinden sich auch fundamentalistische, neureligiöse Gruppen und die Sekten. Die Mitgliederzahlen der Katholiken und der Evangelischen sinken. Ein Szenarium nimmt an, daß im Jahre 2015 nur noch die Hälfte der Bevölkerung Österreichs katholisch ist und im Jahre 2030 wären es noch 39 Prozent. Österreich ist dann kein katholisches Land mehr. Für die evangelischen Kirchen errechnet der Bevölkerungsstatistiker Wolfgang Lutz eine Abnahme von 40 Prozent bis zum Jahre 2030. Also begann der Fels auch hier zu bröckeln. Welches sind die Gründe für die Abnahme? Bei den Katholiken wird es wahrscheinlich zahlreiche Austrittswehen geben. Die Evangelischen dagegen werden von der Überalterung betroffen; diese trifft kleine Kirchen härter als große. Und dann möchte ich für die Evangelischen noch eine Schwierigkeit zur Sprache bringen. Für die Vermittlung neuer theologischer und kirchlicher Einsichten gibt es ein Gefälle zwischen Stadt und Land und ein Gefälle zwischen den Bildungsschichten. Darum gibt es z. B. in bezug auf die Homosexuellen Gegensätze und Konflikte. Und wahrscheinlich ist hier noch die folgende Beobachtung einzuordnen: In evangelischen Gemeinden Kärntens erzielt die FPÖ überdurchschnittliche Wahlergebnisse. Frage: Macht sich hier die deutschnationale Vergangenheit der Evangelischen bemerkbar? Stellungnahmen im evangelischen Bereich sind vielleicht elitär, und ob sie die Basis erreichen, ist fraglich.

Schließlich noch eine Frage im Hinblick auf ein unerledigtes Problem: Alle Kirchen – auch die evangelische – haben die Wende zwischen Ost und West von 1989 kaum aufgearbeitet. Heute gibt es eine Vielzahl von Positionen in den ehemaligen Oststaaten, die eine Rückkehr zu vorkommunistischen Zuständen verraten; man sehnt sich nach der „heilen Welt" von damals! Katholisch wird man von „vorkonziliären Gesichtspunkten" sprechen müssen; evangelisch wird man wahrscheinlich die eigene Position zunächst als „westlerisch" verstehen müssen. Welches aber wären die verbindenden Positionen?

Müssen Kirchen so sein?

Ich habe einleitend meine Kirchenideale dargestellt. Jetzt möchte ich noch Fragen zu den Diskrepanzen zwischen Ideal und Wirklichkeit stellen: Müssen Kirchen so sein, wie sie oft sind?
Kirchenkritik ist meines Erachtens dort am Platz, wo sich kirchenobrigkeitliches Denken als Prestigedenken erweist – wo man sich den „Mächten der Zeit" aus Gründen der Angst nur noch anpaßt. Kirchenkritik ist dort am Platz, wo Leitungsgremien vom Zwang zu Kontrollen und Disziplinierung beherrscht werden. Und Kirchenkritik ist dort am Platz, wo Leitungsgremien nicht mehr zum Lernen bereit sind, weil sie ohnehin alles besser wissen. Ich frage dann nach dem Vorbild Jesu, der eine solche Kirche jedenfalls nicht wollte. Und weiter: Es ist schwer zu ertragen, wenn kirchliche Institutionen über den Menschen und seine Bedürfnisse hinweggehen; oft genug wirken sie dann weltfremd und lebensfern. Um dem Menschen die ihm gebührenden Rechte in kirchlichen Institutionen zu verschaffen, zitiere ich gern anspruchsvolle Sätze wie „Kirchenrecht ist Menschenrecht" und „Menschenrecht auch für die Kirchen". Auch denke ich wieder an das Wort von Wilhelm Dantine von der „personalen Freiheit". Ich habe es schon oben auf eine rigide Sexualmoral bezogen, und es wäre zu beachten, daß sich der denkende Mensch von heute wehrt, wenn ihm Moralsätze auferlegt werden; er kennt eine Vielzahl von Erfahrungen im Bereich der Sexualität, an denen Kirchen vorbeigehen.
Schließlich stellt sich heute die Frage, wie sich Kirchen in einer zunehmend pluralistischen Welt entscheiden sollen; wie gehen sie mit der Vielzahl der konkurrenzierenden Weltanschauungen um? Aber auch: Wie gehen sie mit der Vielzahl der Religionen um? Hier greife ich auf ein altes Bibelwort zurück, das sagt: „An ihren Früchten sollt ihr sie erkennen." Das bedeutet, daß sich die Zukunft der Kirchen im Praxisbezug zu bewähren hat. Auf diesen Praxisbezug macht auch die heute aktuelle „Theologie der Befreiung" aufmerksam; sie hat das

Schlagwort „Option für die Armen“ geprägt. Mit diesem Schlagwort stelle ich für die Kirchen in Europa die Frage: Könnte es in Europa eine „Theologie der Befreiung“ geben? Und: Wer ist der „Arme“ bei uns – in Europa – in Österreich?

Anmerkungen

1 Geschichte einer Erschöpfung (in: F. Csoklich, M. Opis, E. Petrik, H. Schnuderl (Hrsg.), Re-Visionen. Katholische Kirche in der Zweiten Republik, Graz/Wien /Köln 1996.

2 Nadine Hauer, Paul M. Zulehner, Aufbruch in den Untergang, Wien 1991.

Falter, Dezember 1996

Österreichs einziges Ökumene-Bild von dem Ringstraßenmaler Hans Canon (1829–1885, evang. H.B.) als „Altarbild“ gemalt: „Moses, Mutter der Kirche“ – der kleine Jesus steht auf dem Schoß des Mose, die Vertreter der Konfessionen entledigen sich der Symbole ihres Alleinanspruchs.

Konfliktfeld „Kritische Theologie – Lehramt“

Weg von der dogmatischen Erstarrung
Gerhard Ruis interviewt Hans Küng

DIE PRESSE: Herr Küng, Sie beschäftigen sich seit längerem mit „einer Theologie auf der Schwelle zum dritten Jahrtausend“. Welche Themenschwerpunkte hat diese Theologie?

HANS KÜNG: Diese Theologie umfaßt meine großen Lebensthemen, von denen ich meine, daß sie in der Theologie der Nach-Moderne von entscheidender Bedeutung sind: Grundvertrauen und Begründung menschlicher Existenz, Religionskritik und Gottes-Glaube, Christus-Glaube und Christus-Nachfolge, katholische Kirche, Konzil und Reform, Ökumenismus und die Zukunft von Orthodoxie und Protestantismus und schließlich die Diskussion vor allem von Judentum und Islam, die Problematik von Weltreligionen, Weltfrieden und Weltethos.

Ihre kritische Einstellung zu primär rückwärts orientierten Institutionen hat Ihnen das Image eines chronisch streitbaren Theologen eingebracht. Sind Sie bei aller Streitlust auch auf Integration bedacht?

Auf Integration war ich von Anfang an bedacht. Ich bin jedenfalls nicht streitsüchtig, ich bin eigentlich nicht einmal streitlustig. Ich war sehr zufrieden, als ich zur Zeit des Konzils den Papst Johannes XXIII. hinter mir hatte. Mit dem Wind segeln ist schön, aber man kann auch gegen den Wind aufkreuzen, wenn man gezwungen ist. In den letzten Zeiten ist es meist ein Aufkreuzen gegen den Wind der Offizialität gewesen.

Schon als junger Theologe haben Sie ein Karriere-Angebot des damaligen Papstes Paul VI. ausgeschlagen. Warum?

Es war deutlich, daß dieses Angebot mit einschloß, daß ich mich im wesentlichen auf die vatikanische Linie hätte begeben müssen. Mir war aber schon während der Konzilszeit klargeworden, daß der eigentliche Widerstand gegen das Konzil zwar nicht bei Papst Paul VI. lag, wohl aber bei der römischen Kurie.

Wann und warum begaben Sie sich in kritische Distanz zu Rom?

Ich bin mit sehr viel Idealismus nach Rom gekommen und habe am Anfang alles mitvollzogen, was uns sowohl im Collegium Germanicum wie an der Universitas Gregoriana präsentiert wurde. Ich habe mit der Zeit Schwierigkeiten bekommen. Erstens mit der Theologie, die vorgetragen wurde, zweitens mit der Tridentinischen Hausordnung des Germanicum, das ja bekanntlich geistig die Mutter aller tridentinischen Priesterseminare mit seiner strikten Zucht ist; ich habe weitere

Schwierigkeiten bekommen mit der autoritären Kirchenleitung Pius' XII., vor allem gegenüber den französischen Arbeiterpriestern und dem französischen Episkopat, und schließlich hatte ich Schwierigkeiten als Kaplan der italienischen Angestellten des Vatikan, die ich nicht entsprechend der kirchlichen Soziallehren behandelt sah.

Das hatte zur Folge, daß ich 1955 als ein anderer wegging als der, der 1948 gekommen war. Ich muß aber hinzufügen, daß mir jegliches antirömische Ressentiment, das mir viele nachsagen, völlig fern liegt. Ich wäre gar nicht der, der ich bin, wenn ich nicht die sieben römischen Jahre gehabt hätte, zu denen ich voll stehe.

Eberhard Jüngel, evangelischer Theologe weltweit erster Güte, hat Sie in einer öffentlichen Würdigung anläßlich Ihrer Emeritierung als durch und durch katholisch genannt. Freut Sie das?

Das freut mich außerordentlich, ich finde die Interpretation meines evangelischen Kollegen und Freundes sehr angemessen. Er hat sowohl aus meinen Büchern wie sicher auch aus unserem freundschaftlichen Verkehr erfahren können, daß mich alle Schwierigkeiten mit meiner Kirche nicht davon abgehalten haben, diese Katholizität zu bewahren, die ich allerdings, wie Eberhard Jüngel, auch mit evangelischer Konzentration verbinden möchte.

Ein Stück des Weges sind Sie mit Karl Rahner gegangen, aber letzten Endes dann doch von ihm abgebogen.

Ich bin nicht Rahner-Schüler gewesen, habe ihn aber immer sehr hochgeschätzt und verehrt. Er hat damals mit den Franzosen zusammen neue Türen in der Neuscholastik geöffnet, die für uns Studenten entscheidend waren. Ich habe viel von ihm gelernt, merkte aber mit der Zeit, daß er eigentlich nicht radikal auf die Bibel zurückging, er hat die Exegese vernachlässigt und hat statt dessen eine oft sehr formale Begriffsdialektik bevorzugt, die die Probleme nur überspielt hat. Das hat sich vor allem gezeigt in der großen Kontroverse um die Unfehlbarkeit. Ich habe mich nie von Rahner distanziert, aber er hat sich damals durch einen großen Artikel, der um die Welt ging, gegen mich ausgesprochen; das hat damals die fatale Folge gehabt, daß die Reformfront der katholischen Theologie aufgebrochen wurde.

Die ganze Debatte um die Unfehlbarkeit wäre anders gelaufen, wenn Karl Rahner meinem Wunsch nachgekommen wäre, eine kritische Rezension meines Buches „Unfehlbar" zu schreiben; im übrigen dann aber klar zu sagen, das ist ein katholisches Buch, die Frage muß diskutiert werden. Dann hätten Rahner-Schüler wie Karl Lehmann und andere ebenfalls anders reagiert.

Haben Sie nie gemerkt, daß Sie Ihre Radikalität auf die Spur des einsamen Wolfes treibt und in die Isolierung?

Ich habe mich nie als „lonely wolfe" verstanden. Auch nicht als Au-

ßenseiter. Wohl aber war ich in der Avantgarde, die immer schauen mußte, daß der Kontakt mit dem Hauptfeld gewahrt bleibt. Für mich war das Hauptfeld vor allem die Kirchengemeinschaft, die heutigen Menschen. Das waren weniger die Kollegen, die reichlich unbekümmert um die heutige Zeit ihre traditionellen Probleme pflegen und die mich ja kaum in meinen Bestrebungen unterstützt haben.
Glücklicherweise waren wir in Tübingen immer ein sehr starkes Team und haben immer starke Beziehungen gehabt zu Gelehrten in aller Welt, allerdings nicht einfach die üblichen Schultheologen, sondern die wissenschaftlichen Kapazitäten.
Haben Sie einmal ernstlich daran gedacht, die katholische Kirche zu verlassen?
Während der großen Auseinandersetzung mit Rom, nach der Überrumpelungsaktion des „Missio-Entzugs", da waren auch vorübergehend meine Kräfte zu Ende, und ich war so erschöpft, daß ich kaum noch schreiben konnte. Ich bekenne mich zu den Worten „Was mich nicht überwindet, das macht mich stärker."
Sie sind sehr erfolgreich. – Sie haben viele Neider. Kennen Sie auch Scheitern, Mißerfolg?
Aufs ganze gesehen, würde ich sagen, das, was ich erreichen konnte, übersteigt unendlich das, was ich nicht erreichen konnte. Mehr kann man, glaube ich, in einem Menschenleben nicht erreichen. Ich war mir aber immer dessen bewußt geblieben, daß mir alles geschenkt war und daß ich in Bescheidenheit mit meinen Gaben umzugehen habe. Als Kriterium war mir in den wichtigen Entscheidungen immer das ganz und gar selbstverständlich, was man schlicht so ausdrücken würde: Was würde Er, auf den wir uns als Christen berufen, sagen, wenn Er mich in dieser Situation sähe.
Ich hätte auch die Unfehlbarkeitsfrage nie so weit vorangetrieben, wenn ich nicht fest davon überzeugt gewesen wäre, daß Jesus keine solche Unfehlbarkeit einem Menschen zugestanden hat.
Unser Lebensmilieu scheint in einer Krise zu sein. Die Krise der Krise ist die Gotteskrise, sagt Ihr Kollege Johannes Baptist Metz. Ist eine Revision unseres Gottesbildes fällig?
Ich bin der Meinung, daß es nicht ausreicht, Kompromisse zu machen und nur zu überkleistern oder es auch modernistisch aufzuladen mit neueren Ideen. Mir war immer daran gelegen, auch in Fragen der Dreifaltigkeit und Menschwerdung auf die Grundlagen des Neuen Testaments zurückzugehen. Es kann einfach nicht sein, daß wir etwas vertreten können, wo man sagen müßte, wie es Karl Rahner einmal von der Unfehlbarkeitsdefinition des Vaticanum I gesagt hat, Jesus hätte davon nichts verstanden.
Was bedeutet Paradigmenwechsel im Christentum?

Wir leben in einer völlig anderen Konstellation als der der griechischen Patristik. Ich habe herausgearbeitet, daß wir vom Judenchristentum her, der ersten Konstellation, über die hellenistische, die zweite, die lateinisch-mittelalterliche, die dritte, die Reformatorische, die vierte, in die aufgeklärte Moderne gelangt sind.
Das heißt ja nicht, daß wir nicht an denselben Gott, denselben Jesus Christus, denselben Geist glauben. Die Sterne bleiben die gleichen, aber die Konstellation hat sich total verändert, und wir müssen aus dem radikale Konsequenzen ziehen. Dem Großteil der Theologen ist der Vorwurf zu machen, daß sie diese Probleme nicht mit der nötigen Schärfe erfassen und zum Teil auch nicht erfassen wollen, weil gerade katholische Theologen heute wieder neu Angst haben, sich über bestimmte Fragen zu äußern, weil sie fürchten, es würde ihnen dasselbe angetan werden, was mir angetan wurde.
Erwarten Sie aus der intensiven Begegnung des Christentums mit dem Judentum ein neues Verständnis des Christentums?
Es ist völlig klar, daß nur gerade das Gespräch mit dem Judentum helfen wird, aus der dogmatischen Erstarrung des Christentums heraus zu kommen. Wir müssen es endlich ernst nehmen, daß Jesus weder ein Grieche war noch ein Römer, sondern eben ein Jude und daß nichts gesagt werden darf, auch dogmatisch nicht, was nicht von Ihm her gedeckt ist.
Ich bin der festen Überzeugung und habe das auch dargelegt, daß die Konzilsdefinition sowohl von Nikaia als auch von Chalkedon ganz anders definiert worden wäre, wenn damals noch Judenchristen dabeigewesen wären und nicht nur diese zum Teil auf ihre Intellektualität allzu eingebildeten Heidenchristen, die meinten, mit den griechischen Kategorien das Christusgeheimnis einfangen zu können.
Gegenwärtig liegt Ihr Hauptinteresse beim Zustandebringen eines Welt-Ethos. Bewegen Sie sich zentrifugal von der Mitte des Christentums weg langsam an den Rand?
Niemand, der meine Publikationen kennt, wird das behaupten können. Ich habe zur selben Zeit, als ich das Buch „Projekt Welt-Ethos" geschrieben habe und auch das Buch Credo, eine Erklärung des apostolischen Glaubensbekenntnisses geschrieben und immer wieder betont, daß ein fester Standpunkt im Glauben die beste Voraussetzung ist, um sich auf die anderen Weltreligionen einzulassen.
Angesichts der bedrohlichen Weltlage, bei der die Religionen oft eine so ungute Rolle spielen, ist es von größter Bedeutung, daß man das Potential von jahrtausendealter Weisheit der Religionen nützt, um die Menschen darauf aufmerksam zu machen, daß sie da ein Ethos des Friedens, der Verständigung, der Versöhnung, aber auch klarer sittlicher Maßstäbe haben.

Die Presse, 15. 3. 1996

Die Angst der Kirche(n) vor den Frauen

Eva Rossmann

Es ist nicht gewollt, daß Männer und Frauen dasselbe tun dürfen, sagen die mächtigen Männer in der katholischen Kirche. Während in anderen Bereichen der Gesellschaft Frauen pro forma Gleichberechtigung zugestanden wird, reagiert die Amtskirche mit der offenen Verweigerung des Zugangs zu allen hierarchischen Funktionen. Ist sie damit ärger oder nur einfach ehrlicher? Denn die Realität sieht auch für Frauen in der „zivilen Gesellschaft“ nicht rosig aus. Noch immer verdienen sie um ein Drittel weniger, noch immer wird Frauen der Großteil der Hausarbeit aufgeladen, noch immer sind Frauen die ersten, die vom Arbeitsmarkt zu verschwinden haben, wenn Arbeitsplätze knapp werden. Zum erstenmal ist der Reformdruck der Frauen in der katholischen Kirche aber größer als das allgemeine Streben nach Gleichbehandlung. Es gibt auch besonders viel aufzuholen. Die feministische Theologin Renate Mercsanits brachte es in einem Gespräch für mein Buch auf den Punkt: „Es gibt zwei Gruppen von Menschen, die vom Priesteramt und damit von der Machthierarchie ausgeschlossen sind: erstens Frauen und zweitens Männer, die mit Frauen zu tun haben.“ Die meisten Frauen, die Reformen einfordern, sind fest verwurzelte Katholikinnen, viele von ihnen arbeiten hauptberuflich in der Kirche, der Glaube ist einer der Zentralpunkte in ihrem Leben. Aber sie wollen nicht mehr länger akzeptieren, daß ausschließlich Männer befugt sind, diesen Glauben auszulegen, daß sie nur dann „katholisch“ sind, wenn sie das Männerpriestermonopol und ihre Hierarchie als gottgewollt hinnehmen.
Als Herrscher ihre absolute Macht noch von Gott ableiteten, war es praktisch unmöglich, dagegen zu argumentieren. Denn was wollte man dagegen einwenden, wenn sich Macht nicht auf Recht, sondern letztlich auf Glauben stützt? Ähnlich scheint es jetzt mit der männlichen Kirchenhierarchie zu stehen: Argumentieren Frauen dagegen, gelten sie als ungläubig. Veränderungen werden daher von der Basis kommen müssen, vielleicht gestützt vom Mittelbau, zu dem ich doch auch einen Teil der Bischöfe zähle. Das Kirchenvolks-Begehren könnte der Anfang einer solchen – sanften – Reform von unten gewesen sein. Warum aber bemerkt der Vatikanum nicht selbst, daß die Kirche in ihrem Bestand bedroht ist, wenn sie die Hälfte der Bevölkerung von ihren heiligsten Funktionen ausschließt? Er hat – und auch da unterscheiden sich die Männer des Vatikans nicht wesentlich von Männern früherer Kaiserhöfe – Angst vor Veränderungen, weil sie mit Machtverzicht verbunden wären. Gäbe es Priesterinnen, würde die männliche Kirchenhierarchie unterminiert. Hierarchie, das heißt: hei-

lige HERRschaft, und dabei soll es bleiben. – Und die wohl größte Angst der jetzigen HERRschaft – Frauen könnten sich dann eben auch an der Auslegung des Glaubens beteiligen.
Wie sehr Frauen von der Amtskirche versteckt wurden, zeigen folgende Beispiele: Im Lukasevangelium wird berichtet: „Jesus sandte 72 aus." Luther übersetzte das mit: „Jesus sandte 72 Jünger aus." Und in heutigen Bibelausgaben steht: „Jesus sandte 72 Männer aus." So schnell kann der Eindruck entstehen, es hätte keine Apostelinnen gegeben. Ähnlich ist es mit dem Argument, daß Jesus eben nur Priester eingesetzt habe. Jesus setzte weder Priester noch Priesterinnen ein, dieses Amt entwickelte sich erst im Laufe der nächsten Jahrhunderte. Und zumindest unter den ersten Gemeindeleitern befanden sich auch Frauen, Phoebe ist in den Paulusbriefen erwähnt. Im Laufe der Jahrhunderte wurde sie in den Bibelübersetzungen aber von der Diakonin zur „Dienerin" degradiert.
Natürlich gibt es auch Frauen in der Kirche, die diese Männerbotschaften annehmen. Ihre Position ist mir im Zuge der Recherchen verständlicher geworden. Auch Verzicht, Unterordnung, Gehorsam sind – wenn sie ehrlich gemeint sind und nicht bloß Duckmäusertum – ein ehrenvoller Weg im Bemühen um ein christliches Leben. Wenig Verständnis habe ich dagegen für jene Kirchenmänner, die Frauen den Platz der demütigen Dienerin zuweisen, um ihre eigene HERRschaft zu schützen. In seinem Schreiben „Über die Würde der Frau" faßte der Papst 1988 sein Frauenbild in einem Absatz zusammen. Er erklärte, für welche Frauen die Kirche „Verehrung und Dankbarkeit" hege. „Es handelt sich um heilige Märtyrerinnen, Jungfrauen, Mütter, die mutig ihren Glauben bezeugt und dadurch, daß sie ihre Kinder im Geiste des Evangeliums erzogen, den Glauben und die Überlieferung der Kirche weitergegeben haben." Entweder hat sich eine Frau also ganz Gott oder ganz einem Mann hinzugeben. Frauen als selbstbestimmte Wesen kennt der Papst – und somit auch die Amtskirche – nicht.
Das wirkt sich auf den Umgangston gewisser Kirchenmänner aus: Herabwürdigende Bemerkungen und Rollenzuweisungen sind Formen des Sexismus, die von vielen Männern gar nicht als solche erkannt werden. In der Kirche gibt es sie in besonderem Ausmaß. Die Ordensfrau M. Karin Kuttner erzählte mir von einem Ordensmann während ihres gemeinsamen Theologiestudiums: „Einmal hat er gesagt: ‚Wenn wir fertig sind mit dem Studium, dann gehen wir in die Mission. Ich gründe eine Missionsstation, und du wirst meine Pfarrhaushälterin.' Ich habe geantwortet: ‚Ich gründe eine Schule, und du wirst mein Schulwart.' Seither hat er nicht mehr mit mir gesprochen."
Die Unterwerfung der Frauen in der Kirche hat neben dem Machterhalt noch einen zweiten, damit eng verbundenen Grund: die Angst der

Amtskirche vor Sexualität. Über Jahrhunderte hinweg wurde Priestern befohlen, sich von Frauen fernzuhalten. Die Frau wurde zu der, die in Versuchung führt. Eva reichte den Apfel, und schwupps verloren die Männer das Paradies. Viele meiner Gesprächspartnerinnen kamen zu einem ähnlichen Ergebnis: Wäre der Pflichtzölibat nicht mehr die einzig mögliche Lebensform von Weltpriestern, würde sich auch der Umgang der Kirchenmänner mit Frauen ändern. Solange der Pflichtzölibat bleibt, bleiben überdies Lügen in der Amtskirche. Können Priester dieses Gebot nicht halten, sind die Leidtragenden auch ihre heimlichen Frauen und Kinder.

Der Umgang mit diesem Problem ist absurd: Öffentlich betont die Amtskirche immer wieder, daß es sich dabei lediglich um wenige Einzelfälle handelt. Doch der überwiegende Teil meiner Gesprächspartnerinnen nannte sofort Fälle aus dem Freundes- oder Bekanntenkreis. Die Präsidentin der Katholischen Aktion, Eva Petrik, merkte an: „Es gibt in den Diözesen Solidarkassen für Priesterkinder, aber offiziell gibt es die Priesterkinder nicht."

Wie wichtig es wäre, daß sich der Zugang der Amtskirche zur Sexualität entkrampft, zeigt auch der verquere Umgang mit wieder verheirateten Geschiedenen. Eine festverwurzelte Katholikin, die sich nach vielen Qualen von ihrem keineswegs liebenden Mann scheiden ließ und wieder heiratete, erzählte von der Erstkommunion ihres Sohnes: Die Zeremonie, bei der die Mütter neben ihren Kindern stehend die Kommunion empfangen, wurde geprobt. Der Pfarrer tat, als würde er Hostien reichen. Vor einer geschiedenen Frau aber blieb er stehen und sagte laut: „Sie wissen ohnehin, daß Sie keine bekommen."

Draußen, so erzählte die Frau, habe ihr Sohn gefragt, was sie denn angestellt habe. Daß dieser brutale Umgang weniger mit der „Unauflöslichkeit der heiligen Ehe" zu tun hat als mit abstrusem Macht- und Sexualitätsverständnis, läßt sich nachweisen: Kleriker anderer Kirchen können übertreten und zu katholischen Priestern geweiht werden, auch wenn sie verheiratet sind. Zwei der Bedingungen des Vatikans lauten: „die totale Trennung von der Ehefrau, was die Wohnung betrifft" sowie „die freie und bewußte Annahme des zölibatären Lebens". Geht es also um katholischen Priesternachwuchs, zählt die Ehe wenig. Geht es um Disziplinierung der Sexualität (und der Frauen), zählt sie alles.

Und das – wie auch das katholische Rollenbild der Frau – hat nach wie vor Einfluß auf Gesellschaft und Politik. Gerade in den letzten Jahren bildeten sich wieder verstärkt unheilige Koalitionen zwischen Wirtschaft, Kirche und konservativen Politikern. Der Arbeitsmarkt ist übervoll, also versuchen sie, Frauen wieder auf Kinder, Küche und Kirche zu beschränken.

Dennoch: Immer weniger Frauen wollen sich mit ihrer Rolle als Magd der Herren zufriedengeben. Die Angst der Amtskirche vor den Frauen ist groß. Aber das Engagement vieler Frauen für gleiche Rechte – auch – in der Kirche wird nicht zu stoppen sein.

Sind die Frauen diskriminiert?

Dorothea Schwarzbauer-Haupt, Theologin:
„Ich kümmere mich nicht mehr um verboten oder erlaubt. Daher habe ich trotz dieser rigiden Strömungen meine persönliche Freiheit gefunden und mache, was ich für richtig halte: Ich fühle mich als Priesterin."

Helmut Schüller, Generalvikar:
„Ich persönlich kann mir Frauen in allen Weiheämtern vorstellen, aber ich bin mir nicht sicher, in welcher Form sich die Kirche dafür entscheiden sollte."

Monika Leisch-Kiesl, Theologieprofessorin:
„Der offensichtlichste Sexismus besteht in der Verweigerung der Weihen."

Thomas Plankensteiner, Mitinitiator des Kirchenvolks-Begehrens:
„Für mich ist es ein Schlag ins Gesicht dieses Jesus, daß man ausgerechnet unter Berufung auf Jesus Frauen in der Kirche konkret diskriminiert."

Auszüge aus dem Buch Die Angst der Kirche vor den Frauen
Von Eva Rossmann. FOLIO-Verlag, Wien-Bozen, 276 Seiten
ISBN 3-85256-052-7

Die Furche, 1996

Kampf den Sekten „mit allen Mitteln"
600 Gruppierungen in Österreich?

Verbale Breitseiten gegen die Sekten im Parlament – konkrete gesetzliche Schritte wurden nicht angekündigt.
WIEN (d. n.). Die meisten Redner konnten sich gestern, Mittwoch, im Nationalrat nicht tief genug empört über die Aktivitäten von Sekten zeigen. Konkrete Angaben über geplante gesetzliche Vorhaben blieben aber in der Aktuellen Stunde aus.
Familienminister Martin Bartenstein (VP) bei seiner Wortmeldung kämpferisch: „Die Bundesregierung und das Hohe Haus sind nicht

gewillt, dem tatenlos zuzusehen, und werden notfalls alle Mittel des Rechtsstaats zum Schutz der Bürger und der Jugend einsetzen.“ Für 27. Jänner kündigte er eine Enquete über Sekten an.
Während Bartenstein „nur“ 23 Sekten in seine Aufklärungsbroschüre aufgenommen hat, sprach VP-Abgeordneter Josef Höchtl sogar von österreichweit 600 Sekten. SP-Vizeklubchefin Ilse Mertel blickte tief in die Geschichte zurück. Sekten seien „beinahe so alt wie religiöse Sehnsüchte der Menschen“. Heute gebe es aber eine „nie dagewesene Virulenz“. Die Menschen müßten besser über die meist wirtschaftlichen Ziele der Sekten aufgeklärt werden. Eine bessere innerösterreichische Koordination sei erforderlich.
FP-Abgeordnete Ute Apfelbeck leitete ihren Beitrag mit dem Standardvorwurf ein, die Regierung sei untätig. Sekten seien gefährlich für den Staat, energische Schritte müßten gesetzt werden – ohne freilich auszuführen, welche sie meint. Die katholischen Vereinigungen Opus Dei und Engelwerk wären nach den Vorstellungen des grünen Abgeordneten Karl Öllinger ebenfalls in die Reihe der Sekten zu stellen. Der Staat dürfe zwar nicht „Religionspolizei“ spielen, müsse aber die Bürger schützen.
Nur eine zeigte sich ratlos: „Ich weiß nicht recht, wovon gesprochen wird.“ Die liberale Bundeschefin Heide Schmidt glaubt, daß manche Merkmale für Sekten, wie sie in der Broschüre angeführt werden, auch auf Parteien oder anerkannte Religionsgemeinschaften zutreffen. Man solle Menschen zum Denken anregen.

Wiener Zeitung, Jänner 1997

IV. Versöhnung konkret
Appelle – Modelle – Experimente

Appelle an die Europäische Ökumenische Versammlung Graz (Presseecho)

Christen müssen „Gesandte der Versöhnung" sein
Evangelische Pfarrerin predigte im Innsbrucker Dom

Innsbruck, 31. 1. 97 (KAP) Christen müßten „Gesandte der Versöhnung" sein. Das unterstrich die evangelische Pastorin Fridrun Weinmann bei einem ökumenischen Gebetsgottesdienst im Innsbrucker Dom. An dem Gottesdienst nahmen auch der katholische Diözesanbischof von Innsbruck, Dr. Reinhold Stecher, sowie die evangelische Superintendentin für Salzburg und Tirol, Luise Müller, teil. In ihrer Predigt bedauerte die Pastorin die „Grenzen", die zwischen den christlichen Konfessionen gezogen würden. Um so mehr gelte es für die Christen heute, „Einheit in versöhnter Verschiedenheit" zu ermöglichen und zu leben. Als Zeichen der Bemühungen um die christliche Einheit wurde bei dem Gottesdienst gemeinsam das große Glaubensbekenntnis des Konzils von Konstantinopel gebetet. Die Kollekte des Gottesdienstes war dem ökumenischen Verein zur Beratung und Betreuung von Obdachlosen in Tirol gewidmet.

Kathpress, 1. 2. 1997

Ökumene: „Auch das tun, was noch nicht erlaubt ist"
Grazer Liturgiewissenschaftler Harnoncourt kritisiert auf ökumenischer Tagung in Graz Stand der Beziehungen zwischen den Konfessionen

Graz, 28. 1. 97 (KAP) Für das Überschreiten allzu eng gesteckter konfessioneller Grenzen hat sich der Grazer Liturgiewissenschaftler Univ.-Prof. Dr. Philipp Harnoncourt auf einer ökumenischen Tagung in Graz-Mariatrost ausgesprochen. Manchmal ermuntere er seine Studenten dazu, „aus Verantwortungsbewußtsein etwas zu tun, das

noch nicht erlaubt ist“, so Harnoncourt zur Frage ökumenischer Gemeinsamkeit. Er berief sich dabei auf den bedeutenden österreichischen Liturgiereformer Pius Parsch und dessen „vorauseilenden Gehorsam“: Parsch habe schon lange vor dem Zweiten Vatikanum „gewußt, daß die Liturgie in der Muttersprache kommen wird“; deshalb habe er deren offizieller Einführung vorausgegriffen und dafür auch Maßregelungen auf sich genommen.
Kritik übte der Grazer Theologe am gegenwärtigen Stand der ökumenischen Beziehungen zwischen den Kirchen. Derzeit gebe es einen „Konfessionalismus als Tugend, sich voneinander abzugrenzen“. Vor 20 Jahren habe Harnoncourt mehr Bereitschaft wahrgenommen, aufeinander zu hören. Im Blick auf die Zweite Europäische Ökumenische Versammlung in Graz setzt er Hoffnungen auf neue ökumenische Impulse. Dort müßten gemäß dem Motto des Treffens „Versöhnung und Vergebung erfahrbar“ werden. Ziel könne es jedoch nicht sein, mit „Wundpflästerchen“ alle Konflikte zuzudecken. Konflikte und der ehrliche Umgang damit seien „lebensnotwendig“, betonte Harnoncourt.

Kathpress, 25. 1. 1997

Neue Begegnungsstätte für Christen, Juden und Moslems in Wien: Im „Garten Gottes“ sollen die Religionen zueinanderfinden

Georg Markus

Die Patronanz haben Kardinal König für die Christen, der britische Verleger Lord George Weidenfeld für die Juden und Jordaniens Kronprinz Hassan für die Moslems übernommen.
Die Initiative zu dem „Garten Gottes“, der auf der Donauinsel nächst der Kaisermühlenbrücke entstehen wird, stammt von Generalkonsul Reinhard Grünberger, der sich nach der Zusage durch Kardinal König an die anderen Herren „als Vertreter der großen monotheistischen Religionen“ wandte. Auch sie stimmten prompt zu, das Projekt zu unterstützen.
„Bürgermeister Michael Häupl wird im Frühjahr den Grundstein legen“, sagt Dr. Walter Schuppich als Vertreter des prominenten Patronanzkomitees, und im kommenden Herbst soll der „Garten Gottes“ fertig sein. Laut der bereits vorliegenden Pläne wird die durch Spenden und Sponsoren finanzierte Begegnungsstätte aus drei Wegen bestehen, die zu einem gemeinsamen Mittelpunkt führen: als Symbol der Verbundenheit statt des Trennenden. Neben der offenen Begegnungsstätte soll im Zentrum der Stadt auch ein Haus entstehen.

Neue Kronenzeitung, 25. 9. 1996

„Sie wollen Christ werden? Ja um Gottes Willen, ist denn am Islam so wenig dran?"

Gewissenserforschung über Antisemitismus und Inquisition

Zwei internationale Symposien im Vatikan werden sich im Herbst und 1998 damit befassen – Anschließendes Schuldbekenntnis der Kirche zum Heiligen Jahr 2000 möglich

Vatikanstadt, 8. 1. 97 (KAP) Die katholische Kirche wird mit Hilfe von zwei internationalen Symposien im Vatikan eine Gewissenserforschung über die Wurzeln des Antisemitismus unter den Christen sowie über die Gründe für die Inquisition vornehmen. Das bestätigte auf Anfrage Msgr. Rino Fisichella, Vizepräsident der historisch-theologischen Kommission des Heiligjahr-Komitees, das 1994 im Vatikan zur Vorbereitung auf das Jahr 2000 eingerichtet wurde.

Während eines internationalen Symposions im Vatikan von 29. Oktober bis 2. November dieses Jahres werden hochrangige Wissenschaftler verschiedener Religionen und Konfessionen die Ursprünge des Antisemitismus in der gesamten Kirchengeschichte untersuchen, ohne einer bestimmten Epoche wie der Zeit des Holocaust besonderen Vorrang einzuräumen, so Fisichella. Das Symposion über die Inquisition sei für 1998 geplant, ein genauer Termin stehe noch nicht fest. Thema sei die Inquisition als gesamtes, Einzelfälle wie Savonarola, Hus, Las Casas oder Giordano Bruno sollen ausgeklammert und auf Diözesanebene behandelt werden, erklärte er.

Ein Schuldbekenntnis der katholischen Kirche aufgrund eingehender Studien über Antisemitismus und über die Inquisition bezeichnete Fisichella als möglich. „Wenn es eine Schuld gegeben hat, wäre es richtig, um Verzeihung zu bitten“, erklärte er. Die Formen eines eventuellen „Mea Culpa!“ der katholischen Kirche müßten jedoch sorgfältig überlegt werden, da es viele theologische Probleme gebe.

Schlußfolgerungen wie eine Bitte um Verzeihung, die der Papst im Jahr 2000 an die Menschen anderer Religionen richten könnte, dürfen nach Aussage des Professors an der Päpstlichen Gregoriana-Universität jedoch nicht vorweggenommen werden. Johannes Paul II. hatte selbst vor dem Kardinalskollegium ein Schuldbekenntnis der Kirche für ihre Verfehlungen in der Kirchengeschichte angeregt.

Kathpress, 9. 1. 1997

Rumänien: Versöhnung in Wahrheit und Gerechtigkeit

„Pro Oriente" startete unter Federführung Kardinal Königs „Friedensgespräche" zwischen orthodoxen und griechisch-katholischen Repräsentanten – Schönborn: Ein Herzensanliegen

Wien, 30. 5. 96 (KAP) Versöhnung sei nur möglich in „Wahrheit, Wahrhaftigkeit und Bemühen um Gerechtigkeit", betonte der Wiener Erzbischof Dr. Christoph Schönborn am Mittwochabend in Wien bei der Eröffnung eines „Pro Oriente"-Symposions über die „Beziehungen der christlichen Kirchen in Rumänien". Das Symposion bildete den Auftakt für eine Initiative von „Pro Oriente" zur Herbeiführung einer Verständigung zwischen orthodoxer und griechisch-katholischer unierter Kirche in Rumänien. Zwei je dreiköpfige Delegationen unter Leitung des rumänisch-orthodoxen Metropoliten Antonie Plamadeala und des griechisch-katholischen Metropoliten Lucian Muresan verhandeln am Donnerstag und Freitag in nichtoffizieller Form hinter verschlossenen Türen über die Probleme zwischen den beiden Kirchen. Moderator der Gespräche ist Kardinal Dr. Franz König als Gründer von „Pro Oriente". Erzbischof Schönborn dankte am Mittwochabend dem Kardinal in besonderer Weise für dessen „nimmermüde Bereitschaft", für „Versöhnung unter Christen" einzutreten. *Kathpress, 31. 5. 1996*

„Zu rasche Kirchenreform birgt Gefahr der Spaltung"

Franz Feller interviewt Paul M. Zulehner

„Entschleunigung" lautet das Motto des bekannten Pastoraltheologen Paul M. Zulehner. Den Volksbegehrern wirft er „fatale Fristsetzungen" vor. Zum jetzigen Papst: „Bestimmte Themen sind unverhandelbar."

Viele Katholiken haben bei der Wallfahrt der Vielfalt in Mariazell an Diskussionen über Stolpersteine in der Kirche teilgenommen. Und dann enttäuscht zur Kenntnis nehmen müssen, daß sich zwar das Klima verbessert hat, daß es aber zu keinen konkreten Ergebnissen gekommen ist.

Zulehner: Die derzeitige Pattstellung in der römisch-katholischen Kirche ist unübersehbar. Auf der einen Seite die Kirchenvolks-Begehrer mit dem Vorwurf: Die Bischöfe tun nichts. Auf der anderen Seite die Bischöfe mit der Überzeugung, daß die Kirche nicht in einem schlechten Sinn liberal modernisiert werden darf. Dies im Wissen, daß ähnliche Modernisierungsversuche, etwa in der evangelischen Kirche, noch tiefer in die Krise hineingeführt haben. Die Bi-

schöfe hegen den Verdacht, daß der geforderte Reformweg nicht nach vorne führt, sondern ein auslaufendes Denkmodell ist.
Diese Schlußfolgerung verblüfft, wenn Sie damit alle Forderungen des Kirchenvolks-Begehrens meinen.
Alle spüren, daß es eine tiefe Berechtigung für Veränderung gibt. Etwa dort, wo die Kirche nicht Mann u n d Frau im Heilszeichen hat und sich dadurch selbst halbiert und damit schwächt. Oder wenn durch den Priestermangel die sakramentale Vitalität der Gemeinden auf der Strecke bleibt ...
... genau auf diese Probleme zielen doch die Volksbegehrer.
Der Theologenkommission in Gösing ist es darum gegangen, den Bischöfen die Angst zu nehmen, daß die Reformthemen von Haus aus liberalistisch sind. Gleichzeitig wollte sie den Volksbegehrern signalisieren, daß es nicht zur gewünschten Kirchenreform kommen kann, wenn die liberalistische Seite dominiert. Anstatt einer schnellen, verbilligenden Reform braucht es jetzt eine radikale, in die Tiefe gehende. Wobei die Themen durchaus auch vom Kirchenvolks-Begehren vorgegeben sein können.
Viele Katholiken empfinden diese Argumentation als Vertröstung.
Genau das ist sie nicht. Wir haben zwar in Österreich eine religiöse Bevölkerung; doch mit dem Herzstück des Christentums, einem Gott, der sensibel macht für das Leid der anderen, können viele nur wenig anfangen. Wenn wir dies nicht gleichzeitig im Blick haben, ist alles vergebens. Gemeinsame Erneuerung muß zu einer Radikalisierung der Kirche führen und damit auch zu einer Veränderung ihrer Strukturen – nicht umgekehrt.
Am Beispiel des Zölibats: Wie soll es aus Ihrer Sicht weitergehen?
Diese Frage ist wichtig, aber mit ihr steht und fällt nicht die Aufgabe der Kirche. Primär geht es nicht um den Zölibat, sondern um die Priesterbedürftigkeit gläubiger Gemeinden. Die Lösung wird künftig heißen: Wie können Gruppen von Personen verantwortlich in ein Presbyterium berufen werden? Das werden in Zukunft Ehelose und Nichtehelose sein. Und wenn wir weiter denken, gilt es zu prüfen, inwieweit Frauen in den amtlichen Bereich hereingebeten werden können.
Enttäuscht hat auch das Nein zur geforderten, raschen Einberufung einer Kirchenversammlung.
Wie setzt sie sich zusammen? Wie arbeitet sie? Welche Beschlüsse kann sie hervorbringen? Ich bin gegen eine Leichtfüßigkeit, die sagt: Alle Reformen scheitern, wenn es nicht zu diesem synodalen Vorgang kommt. Das wäre kurzsichtig. Inzwischen gibt es auch von Thomas Plankensteiner vernünftige Töne in diese Richtung. Außer Streit steht der Bedarf an Reform. Bei der Fachtagung in Gösing gab es niemanden, der nicht dieser Meinung war.

Kein Bischof?
Auch die Bischöfe Georg Eder, Kurt Krenn und Klaus Küng haben erkennen lassen, daß der Grundansatz eines theologisch tiefsitzenden Reformbedarfs für sie akzeptabel ist. Zu sagen: Alles soll so bleiben, wie es ist; nein, so naiv-dumm war keiner.
Erzbischof Christoph Schönborn befürchtet eine Destabilisierung, wenn die Strukturreform „zu rasch" erfolgen sollte. Von „zu schnell" kann wohl keine Rede sein.
Von allen Theoretikern der profanen Organisationsveränderung wird „Entschleunigung" als der beste Weg angepriesen. Eine Großkirche wie die römisch-katholische ist wegen ihrer Größe auf Langsamkeit angewiesen. Erfolgt der Reformprozeß nicht langsam, ist er spalterisch, weil er den langsameren Flügel der Kirche abhängt. Es wäre inhuman, wenn das Tempo nur von den Flotten diktiert würde.
Der heutige, moderne Synkretismus hat mit der vormodernen Situation große Ähnlichkeit.
Wir werden künftig auf einem riesigen weltanschaulichen Markt um jede einzelne Familie, jeden Jugendlichen ringen müssen. Das ist für die Kirche gesund, aber es braucht eine völlig neue, offensive missionarische Einstellung. Freunde des Kirchenvolks-Begehrens haben völlig recht, wenn sie sagen, daß für diese Herausforderung unnötiger Ballast abgeworfen werden muß.
Sie warnen vor der Gefahr einer „Domestizierung der unverfügbaren Wahrheit Gottes". Wo droht sie?
Wenn die Gotteskrise in die Kirche eindringt, kann es sein, daß sich die Kirche als Ganzes über Gott erhebt, ihn gebraucht zur Stabilisierung ihrer Macht.
Konkret wo orten Sie in Österreich diese Gefahr?
Etwa bei den Wiederverheirateten Geschiedenen, wo wir vermeintlich genau zu wissen glauben, wie Gott urteilt. In unserer Kirche gibt es manchmal eine Art häretisches Über-Ich, das sich über Gott stellt.
Viele Katholiken haben Sorge, daß es bei dem angekündigten Hirtenbrief bleibt. Daß der Diagnose keine Therapie folgt. Die Bischofskonferenz im November wird ein Gradmesser sein.
Die Kirche muß sich mit voller Power neu transformieren, auf nichts und niemanden verzichten, keine Tabus scheuen und – unter Einbeziehung der gereinigten Themen des Kirchenvolks-Begehrens – die Reform von den Wurzeln her anstreben. Nicht morgen, sofort.
Die Bischöfe spielen bei fast allen heiklen Fragen den Ball nach Rom.
Der derzeitige Papst läßt unentwegt erkennen, daß unter seinem Pontifikat bestimmte Themen unverhandelbar sind; da wird auch der Druck von rechts oder links nichts daran ändern. Jetzt hätten wir noch Zeit und Ruhe, Details weiter zu denken, Strategien zu entwickeln.

In Ihrem neuen Buch „Solidarität" verweisen Sie auf Defizite in der Politik.
Politiker müßten einmal den Mut haben, mit dem Wunsch nach Solidarität Politik zu machen. Ich sehe derzeit die Gefahr, daß zu Lasten der Solidarität eine zu neoliberale, abgekoppelte Wirtschaftspolitik gemacht wird. Dabei bleiben Menschen auf der Strecke.
Was empfehlen Sie der Kirche, den Bischöfen, den Volksbegehrern?
Wahrscheinlich ist das, was wir in Mariazell gelernt haben, der einzige Weg. Bei allem sollten wir jedoch nicht vergessen, daß die Regie über die Kirche Gott selbst führt. Es ist sein Volk und nicht das unsere.
Dann waren die Ereignisse im vergangenen Jahr sein *Desaster?*
Ja, darum müssen wir auch lernen zu sagen: Gott, kümmere dich um dein Volk, schau dazu, daß es mutiger wird. Daß es nicht auf der Stelle tritt, sondern sich in die Reform führen läßt, die du abverlangst, und nicht nur das Volksbegehren.
Dem wünschen Sie mehr Geduld?
Ich wünsche ihm Zähigkeit und Ausdauer. Die größte Gefahr ist, daß sich die Begehrer in selbstgemachtem Streß selbst liquidieren, indem sie sich fatale Fristen und Ziele setzen, die uneinlösbar sind. Die Kirche kann nur gewinnen, wenn sich beide Seiten einen toleranten Dialog verordnen. *Kleine Zeitung, 18. 9. 1996*

Gaillot: „Man kann nichts Neues schaffen im Haß"

Statt Anklage: Versöhnung. Amtsenthobener Bischof sprach in Graz

Franz Feller

Was waren die Gründe, die zur Amtsenthebung von Bischof Jacques Gaillot geführt haben? Die massive Kritik an den französischen Nuklearwaffen; sein Eintreten für den Gebrauch von Kondomen als Schutz gegen Aids; die Forderung nach Zulassung von Frauen und verheirateten Männern zum Priesteramt; oder die Feststellung in einem Männermagazin: „Kirchengemeinden brauchen die Mitarbeit von Schwulen"?
Großes Unrecht. Wahrscheinlich war es die Summe einer Reihe von Aussagen und Aktionen, mit denen sich Gaillot immer wieder gegen die Mehrheit in der französischen Bischofskonferenz gestellt hatte. „Sie sind ab heute nicht mehr Bischof von Evreux", wurde ihm vor einem Jahr im Vatikan lapidar mitgeteilt. Mehr weiß der abgesetzte Chef der westlich von Paris gelegenen, 500.000 Katholiken zählenden Diözese nach eigener Aussage bis heute nicht.
Über Einladung des Kulturzentrums bei den Minoriten nahm Jacques

Gaillot an diesem Wochenende am Symposion „Kirche und Demokratie“ teil. Der Minoritensaal war voll, doch wer sich kämpferische Töne eines Frustrierten, mit der Kirche Hadernden erwartet hatte, wurde mit dem Gegenteil konfrontiert. Der Bischof vermied jede Kritik an Amtskollegen und beeindruckte vor dem Hintergrund des „großen Unrechts, das mir angetan wurde“ (Gaillot zur KLEINEN ZEITUNG), durch einen sehr pastoral und versöhnlich gehaltenen Vortrag.

Homosexuelle. Seit der Französischen Revolution habe sich die katholische Kirche mit Demokratie, Toleranz und Pluralismus besonders schwer getan, heute müsse sie sich stellen, sagte Gaillot. In einer Zeit, in der viele Menschen bei der Suche nach Transzendenz auf einen Vermittler verzichten, gebe es auch keinen institutionalisierten Anspruch auf *die* Wahrheit mehr.

Vor jede Doktrin stellt Gaillot die Mitmenschlichkeit. Die Kirche sei oft dort am unnachgiebigsten, wo sie glaube, souverän zu sein: im Bereich der Moral. Ohne Nähe zum „Menschen neben mir“ sei eine Kirche der Hoffnung und der Zukunft nicht denkbar.

Wie er das meint, machte Gaillot klar, indem er sich direkt an das Publikum im Saal wandte: „Ihr tragt das alles mit. Nur die Qualität der Christen kann das, was die Kirche will, glaubwürdig vorantreiben.“

„Wie sieht Ihre Zukunft aus?“ habe ihn der Papst bei einer halbstündigen Privataudienz mitfühlend gefragt. Gaillot darauf: „Ich fordere nichts und lebe gut als Bischof von Partenia.“ Johannes Paul II.: „Aber diese Diözese gibt’s ja gar nicht“. Gaillot: „Gerade deshalb kann jeder teilnehmen.“

Tatsächlich ist Partenia ein vor Jahrhunderten im Wüstensand Algeriens versunkenes Bistum. Gaillot hauchte ihm neues Leben ein, indem er sich mit dieser Titulardiözese in das Internet einklinkte. Seither gibt es internationales Gedränge, wurde sogar eine Pfingstbotschaft über Internet unter den virtuellen Diözesanen verbreitet.

Der aus Evreux entfernte Bischof bleibt seinem pastoralen Ziel treu, sorgt sich mehr denn je um Menschen am Rande, lebt in Paris in Gemeinschaft mit Ausländern, mit Illegalen. Warum das starke Engagement für Homosexuelle? Gaillot zur KLEINEN ZEITUNG: „Kirche muß eine Kirche für Ausgegrenzte, nicht eine der Ausgrenzung sein.“ Jede Gruppe müsse in ihr Platz finden.

Würde der Bischof heute taktisch klüger agieren? „Nein“, sagt Gaillot, er nehme nichts zurück. Daß vor zwei Monaten die französische Bischofskonferenz Kondome als Mittel gegen Aids anerkannte, bestärkt ihn, daß „mein Handeln richtig war“.

Holocaust. Daß sein Freund, der in Frankreich wie ein Heiliger verehrte Abbé Pierre, die Zweifel des Philosophen Roger Garaudy am

Holocaust geteilt hat, findet Gaillot schmerzlich: „Hier irrte Abbé Pierre gewaltig, ich bedauere das sehr.“
Empfindet Bischof Jacques Gaillot Wut oder Zorn gegenüber jenen, die seine Amtsenthebung betrieben haben? „Ich bin militant für Gewaltfreiheit und greife niemals die Waffen auf, mit denen man mich angegriffen hat.“ Ressentiments gegenüber anderen seien seinem Herzen unbekannt: „Man kann nichts Neues schaffen im Haß.“

Kleine Zeitung, 2. 6. 1996

Modelle der Versöhnung

Bischof Irenäus und praktiziertes Christentum

Diakonie der Versöhnung

Michael Chalupka

Im Stundentakt speien die Chartermaschinen aus Wien bleiche Leiber aus ihren Bäuchen auf die von kahlen, verbrannten Bergen umgebenen Flugfelder von Chania, der Hauptstadt Westkretas. Zwei Wochen später sammeln sich braungebrannte Körper zum Rückflug. Sie alle haben Bischof Irenäus besucht, die meisten, ohne es zu wissen – Pilgerreisende! Denn Bischof Irenäus, Metropolit von Kissamos und Selinon, der westlichsten Provinz von Kreta, ist überall.
Fährt der Tourist mit dem Schiff zum quarzroten Strand von Elafonisi, Bischof Irenäus fährt mit. Sitzt er am Abend beim Raki vor dem Kafenion einer kleinen Stadt in den Bergen und beobachtet die Runde der angeregt plaudernden Frauen gegenüber, so trifft ihn, den Bischof, die Schuld, daß Frauen des Abends so ungeniert ausgehen. Fährt man mit dem luftigen Mietauto über Land, zeugen die endlosen Reihen kleiner, nur mannshoher Olivenbäume vom Wirken des Bischofs.
Die Olivenernte war einst ein mühsames Geschäft und natürlich Frauenarbeit. Täglich auf Knien sammelten die Frauen während des Winters die von den mächtigen Ölbäumen fallenden Früchte. Die Frauen sollen aufrecht gehen, wie die kretischen Helden, wünschte sich Irenäus. Die landwirtschaftlichen Institute mögen sich etwas einfallen lassen. Aus Setzlingen wurde jene Form des Olivenbaums entwickelt, die heute die Insel dominiert, leicht zu ernten, trägt sie außerdem früher Frucht.
Metropolit Irenäus gründete Schulen für Mädchen, initiierte Frauenvereine und Kooperativen, um den Frauen zu eigenem Geld zu verhelfen, ermöglichte ihnen, ihre Produkte bis nach Nordeuropa zu exportieren. Deshalb sitzen sie stolz des Abends vor ihren Vereinslokalen, wie nirgends sonst im patriarchal geprägten Griechenland.

Die Menschen lieben Bischof Irenäus, verehren ihn schon zu Lebzeiten fast wie einen Heiligen. Doch sein Bild, das in jedem Fährschiff hängt, hat mit Heiligenverehrung nichts zu tun. Er ist schlicht und einfach der Aufsichtsratsvorsitzende der Volksaktiengesellschaft, der die Schiffe gehören. Nach dem großen Fährunglück 1966, bei dem mehr als 200 Menschen starben, als die völlig verrostete und überalterte Fähre zwischen Chania und Piräus sank, war für Irenäus klar, daß die für Kreta lebensnotwendige Schiffahrt nicht länger in den Händen einiger weniger korrupter Reeder bleiben durfte, und er rief die Kreter dazu auf, sich an einer eigenen Reederei zu beteiligen. Diese Reederei kontrolliert heute beinahe den gesamten Schiffsverkehr.
Die Menschen lieben Bischof Irenäus. Sie haben um ihn gekämpft. Anfang der siebziger Jahre wurde er vom Patriarchen von Konstantinopel, dem die griechisch-orthodoxe Kirche Kretas interessanterweise untersteht, zum Bischof von Deutschland ernannt. Nach Jahren der Geduld forderten die Kreter seine Wiedereinsetzung zum Metropoliten von Kissamos und Selinon. Die Türen von Klöstern und Kirchen wurden vernagelt und verbarrikadiert. Transparente über den Portalen, Slogans, gemalt auf weißgekalkte Wände, forderten nur das eine: „Irenäus soll wieder Bischof werden!" Ein Kirchenvolksbegehren auf kretisch. Es hatte Erfolg.
Ende August entstiegen den Chartermaschinen – bleich unter bleichen Touristen – auch Pilger besonderer Art. Frauen und Männer aus 18 verschiedenen Ländern Europas und den unterschiedlichsten kirchlichen Traditionen versammelten sich in der Orthodoxen Akademie Kretas, auch einer Gründung von Bischof Irenäus, um über die „Diakonie der Versöhnung" nachzudenken. Eingeladen hatte das Diakoniewissenschaftliche Institut Heidelberg. Was gedacht war als Station auf dem Weg zur Europäischen Ökumenischen Versammlung von Graz 1997, wurde auch für uns unverhofft zum Besuch bei Bischof Irenäus. An seinem Beispiel wurde deutlich, daß über Versöhnung heute nur mehr konkret geredet werden kann, daß Versöhnung etwas Praktisches ist oder nichts.
Eine solche Begegnung bleibt nicht ohne Folgen. In einem offenen Brief an die Konferenz Europäischer Kirchen und an den Rat der Europäischen Bischofskonferenzen, die Organisatoren von Graz '97, forderten die Teilnehmerinnen und Teilnehmer eine verstärkte Berücksichtigung von Diakonie und Caritas bei der Versammlung in Graz. Es sollen keine Reden gehalten werden, die nicht mit praktisch-diakonischen Beispielen untermauert werden können. Gelebten Versöhnungsinitiativen soll breiter Raum gewidmet werden.
Wir, die Teilnehmer, haben von Irenäus gelernt. Doch er selbst stand nie im Mittelpunkt. Wir haben oft gefeiert, an Vespern und Gottes-

diensten teilgenommen und auch eine Wallfahrt zur Kapelle des heiligen Johannes in den Bergen gemacht. Wir haben von Irenäus gelernt, was es heißt, wenn die Orthodoxie sagt: „Diakonie ist die Liturgie nach der Liturgie.“ *Die Furche, 1996*

Versöhnung als Friedensstiften

Reinhard Frieling

Die ökumenische Bewegung lebt von dem Bewußtsein, daß es eine „vorgegebene Einheit in Christus“ gibt. Als ökumenische Aufgabe wurde es weithin angesehen, diese geistlich-unsichtbare Einigkeit in Beziehung zu setzen zur Uneinigkeit der Christenheit in Gestalt konkurrierender Konfessionskirchen. Das Thema „Einheit der Kirche“ ist so das entscheidende Thema der Ökumene. Es läßt sich nun zeigen, daß die unterschiedlichen Vorstellungen von der Einheit der Kirche vielleicht das größte Hindernis für die Einheit der Kirche sind.
Es hat stets viele Christen gegeben – und es gibt sie auch heute –, denen die vorgegebene Einheit in Christus völlig genügt, die darüber hinaus vielleicht an einer Aktionseinheit interessiert sind, um die Welt besser zu gestalten, denen aber an einer „sichtbaren Einheit der Institution Kirche“ kaum gelegen ist. Diese Haltung begegnet vor allem im Protestantismus, wo der evangelische Christ Kirche primär als seine Ortsgemeinde erlebt, die mit anderen Gemeinden in größeren Verbundsystemen steht; die Verfassungsfragen haben sekundären Stellenwert.
Bei katholischen Christen ist Kirche primär die (römisch-katholische) Gesamtkirche, die auch in ihrer Ortskirche zur Geltung kommt. Zwar gibt es bei ihnen auch viel Kirchen- und Institutionenkritik und Anspruch auf Pluralität, doch im Prinzip ist ihnen die Einheit im Sinne einer Einheitsinstitution etwas Selbstverständliches.

1. Wiedervereinigung: Organische Union oder Föderation? (Lausanne 1927)

In der ersten Epoche begegnete sehr häufig der Begriff „Wiedervereinigung der Kirchen“. Er suggerierte, daß es einmal eine Einheit der Kirche gab, die durch Aufspaltungen in Konfessionen verlorenging und die es nun wiederzufinden galt. Doch sogleich setzte der Disput darüber ein, ob es denn je solche Einheit gegeben habe, zu der die Konfessionen zurückgehen könnten. Frühe römisch-katholische Ökumeniker sprachen lieber von der „Wiedervereinigung im Glauben“, weil sie die eine Kirche ungeteilt im Prinzip in der römisch-

katholischen Kirche bewahrt sahen, zu der die anderen „zurückkehren“ müßten.
In der Bewegung für Glauben und Kirchenverfassung standen sich vor allem zwei Konzeptionen gegenüber: die „organische Union“ und die „Föderation“. Die Anglikaner verstanden unter „organischer Union“, daß auf der Grundlage ihres Lambeth-Quadrilaterals sich bisher getrennte Konfessionen zu einer gemeinsamen organisatorischen Struktur zusammenschließen. Dagegen stellten die meisten reformatorischen Kirchen und die Freikirchen das Ziel einer „Föderation“, eines Bundes selbständiger Kirchen. Etlichen Protestanten war dafür die Bildung eines Ökumenischen Rates eine völlig ausreichende Form kirchlicher Einheit.
In Lausanne 1927 prallten diese Auffassungen wie schroffe Gegensätze aufeinander. Als die Orthodoxen ihre Vorstellung von der Rückkehr der anderen Konfessionen zur altkirchlichen und orthodoxen Konzeption auf der Grundlage der ersten sieben Ökumenischen Konzilien vortrugen und als Roms „Rückkehr-Ökumene“ voll ins Bewußtsein der Ökumeniker kam, gab es bereits in den zwanziger Jahren eine kolossale ökumenische Ernüchterung.

2. Confederation, Intercommunion, Corporate Unity (Edinburgh 1937)

Im Jahrzehnt bis zur nächsten Weltkonferenz für Glauben und Kirchenverfassung wurde in verschiedenen theologischen Kommissionen deutlich, daß die Einheitskonzeptionen jeweils von theologischen Grundentscheidungen über das Verhältnis von Christus bzw. Heiligem Geist und Kirche und auch von Wort Gottes und Sakrament abhängen. Wo die Institution Kirche als Leib Christi in enger Analogie zur Christologie und zur Inkarnation Christi gesehen wird, hat die institutionelle Einheit einen hohen Wert. Wo mehr der Unterschied zwischen dem Haupt Christus und den Christen als Gliedern am mystischen Leib Christi betont und die Kirche als Werk des Heiligen Geistes mit vielen Charismen gesehen wird, ist eine kirchliche Einheitsinstitution weniger im Blick (vgl. Faith and Order Paper 82: Was verstehen wir unter Einheit?, deutsche Ausgabe April 1937).
Die Edinburgher Weltkonferenz stellte drei verschiedene Auffassungen von kirchlicher Einheit gegenüber:
1. „Praktische Zusammenarbeit“ (cooperative action), womit eine „confederation or alliance“ gemeint war. Der Text betonte zugleich, daß solch ein Bund nicht das letzte Ziel der Ökumene sein solle.
2. „Abendmahlsgemeinschaft“ (intercommunion): „Sie ist der vollste

Ausdruck gegenseitiger Anerkennung, die sich zwei oder mehrere Kirchen zuteil werden lassen. Solche Anerkennung kommt auch in der Austauschbarkeit von Mitgliedern und kirchlichen Verrichtungen zum Ausdruck."
3. „Körperschaftliche Vereinigung" (Corporate Unity) wurde ein neuer Name für eine „organische Union" als Zusammenschluß zweier oder mehrerer Konfessionen. „In einer so geeinten Kirche würde ein jedes Glied sich letztlich der Gemeinschaft als ganzer und nicht irgendeinem Teil gegenüber verpflichtet wissen. Ihre Glieder würden in Freiheit von einem Teil der Kirche zu einem anderen übergehen können und alle Rechte als Mitglieder dort gewährt bekommen. Die Sakramente würden die Sakramente der Kirche als ganzer sein. Das geistliche Amt würde von allen als ein Amt der gesamten Körperschaft anerkannt werden."

3. „Alle an jedem Ort" (Einheitsformel von Neu-Delhi 1961)

Mit der Bildung des ÖRK wurde das föderative Anliegen nahezu erfüllt. Die Toronto-Erklärung des Zentralausschusses stellte 1950 klar, daß der ÖRK keine Welt- oder Superkirche ist, sondern als Gemeinschaft selbständiger Kirchen theologisch-ekklesiologisch „neutral" ist. Inzwischen hatte sich auch im Protestantismus immer mehr die Auffassung durchgesetzt, über die Verbundenheit im Glauben und Handeln hinaus zu einer verbindlichen ökumenischen Kirchengemeinschaft gelangen zu wollen.
Als die globalen Perspektiven, wie die großen Konfessionen insgesamt zur Einheit finden könnten, wenig Erfolgsaussichten brachten, lenkte der ÖRK bei der Vollversammlung in Neu-Delhi 1961 den Blick auf die kirchliche Einheit an einem Ort. Alle Kirchen lehren nämlich, daß in der zu Gottesdienst und Abendmahl versammelten Gemeinde die Kirche Jesu Christi verwirklicht ist. Die Einheitsvision von Neu-Delhi bezog sich auf diese „local church", in der es nicht mehr getrennte Konfessionen, sondern allenfalls vielfältige Richtungen gibt. Die kurze Einheitsformel wurde im Neu-Delhi-Bericht ausführlich kommentiert.
„Wir glauben, daß die Einheit, die zugleich Gottes Wille und seine Gabe an seine Kirche ist, sichtbar gemacht wird, indem alle an jedem Ort, die in Jesus Christus getauft sind und ihn als Herrn und Heiland bekennen, durch den Heiligen Geist in eine völlig verpflichtete Gemeinschaft geführt werden, die sich zu dem einen apostolischen Glauben bekennt, das eine Evangelium verkündigt, das eine Brot bricht, sich im gemeinsamen Gebet vereint und ein gemeinsames Leben

führt, das sich in Zeugnis und Dienst an alle wendet. Sie sind zugleich vereint mit der gesamten Christenheit an allen Orten und zu allen Zeiten in der Weise, daß Amt und Glieder von allen anerkannt werden und daß alle gemeinsam so handeln und sprechen können, wie es die gegebene Lage im Hinblick auf die Aufgaben erfordert, zu denen Gott sein Volk ruft."

4. „Konziliare Gemeinschaft" (Uppsala 1968)

Die nächste Vollversammlung in Uppsala 1968 lenkte wieder ergänzend den Blick auf ein „Verständnis der Einheit aller Christen an allen Orten" und wählte dafür die Formel „Konziliare Gemeinschaft". Der Begriff hatte sich nicht etwa unter dem Eindruck des Zweiten Vatikanischen Konzils nahegelegt, sondern von biblischen und altkirchlichen Erfahrungen her. Immerhin war der erste große Streit in der Christenheit über die juden- und heidenchristlichen Gemeinden „konziliar" beim sogenannten Apostelkonzil in Jerusalem gelöst worden (Apg 15).
„Die ökumenische Bewegung trägt dazu bei, diese Erfahrung der Universalität zu erweitern, und ihre regionalen Räte sowie der Ökumenische Rat der Kirchen können als eine Übergangslösung bis zu einer schließlich zu verwirklichenden, wahrhaft universalen, ökumenischen, konziliaren Form des gemeinsamen Lebens und Zeugnisses angesehen werden. Die Mitgliedskirchen des Ökumenischen Rates der Kirchen, die einander verpflichtet sind, sollten auf die Zeit hinarbeiten, wenn ein wirklich universales Konzil wieder für alle Christen sprechen und den Weg in die Zukunft weisen kann."
Mit diesen wenigen Sätzen schien zunächst eine hilfreiche ökumenische Zauberformel gefunden zu sein. Allerdings begegneten bald verschiedene Interpretationen und auch Vorbehalte. Die einen dachten an eine konziliare Gemeinschaft selbständiger Konfessionskirchen; andere identifizierten Konziliare Gemeinschaft mit „organischer Union" oder „körperschaftlicher Vereinigung". Die Orthodoxen machten deutlich, daß über die in der Einheitsformel von Neu-Delhi genannten Punkte (Glaube, Sakramente, Amt) Einmütigkeit erzielt sein müsse, bevor ein Konzil als Organ kirchlicher Einheit zusammentreten kann. Protestanten dachten an ihre evangelischen Synoden, wo ordinierte und nichtordinierte Gemeindeglieder das Leitungsamt der Kirche wahrnehmen; bei Orthodoxen und auch in der römisch-katholischen Kirche jedoch ist ein Konzil nur die Versammlung der Bischöfe.
Die ÖRK-Vollversammlung in Nairobi 1975 griff das Ziel „Konziliare Gemeinschaft" noch einmal positiv auf, erklärte aber auch ein-

deutig, daß Konziliarität die Einheit der Kirche voraussetzt und nicht erst schafft. So rückte sowohl die Idee der konziliaren Gemeinschaft der Ortsgemeinden ohne Konfessionen wie die Idee eines universalen Konzils aller Christen in weite Ferne.
In Nairobi gab sich der ÖRK eine neue Satzung, in der seine Funktionen und Ziele theologisch inhaltsreicher als 1948 formuliert wurden. Danach ist es seine erste Aufgabe, „die Kirchen aufzurufen zu dem Ziel der sichtbaren Einheit im einen Glauben und der einen eucharistischen Gemeinschaft, die ihren Ausdruck im Gottesdienst und im gemeinsamen Leben in Christus findet, und auf diese Einheit zuzugehen, damit die Welt glaube".
Hier ist offiziell von der „sichtbaren" Einheit die Rede. Doch von einer Einheitsinstitution oder einem Einheitsamt steht nichts da – was die einen begrüßen, während andere es stillschweigend voraussetzen.

5. „Versöhnte Verschiedenheit" (LWB in Dar-es-Salam 1977)

Aus den bilateralen Dialogen, insbesondere dem zwischen Lutherischem Weltbund und römisch-katholischer Kirche, erwuchs die Einheitskonzeption „Versöhnte Verschiedenheit". Sie geht über eine bloße gegenseitige Anerkennung und einen lockeren Kirchenbund hinaus und soll das Ziel der Konziliaren Gemeinschaft durch die Betonung des konfessionellen Aspektes ergänzen. Es bleiben also konfessionell geprägte Gemeinschaften bestehen, aber von einem Grundkonsens im Glauben her werden bisher unversöhnliche Gegensätze jetzt versöhnte Verschiedenheiten, d. h. sie verlieren ihren kirchentrennenden Charakter. Der Lutherische Weltbund formulierte bei seiner Vollversammlung in Dar-es-Salam 1975 das Ziel so:
„Das Konzept christlicher Einheit ‚versöhnte Verschiedenheit' soll zum Ausdruck bringen, daß die konfessionellen Ausprägungen christlichen Glaubens in ihrer Verschiedenheit einen bleibenden Wert besitzen, daß diese Verschiedenheiten aber, wenn sie gemeinsam auf die Mitte der Heilsbotschaft und des christlichen Glaubens bezogen sind und diese Mitte nicht in Frage stellen, ihren trennenden Charakter verlieren und miteinander versöhnt werden können zu einer verpflichteten ökumenischen Gemeinschaft, die in sich auch konfessionelle Gliederungen bewahrt."
Die Konzeption als solche läßt offen, welche Struktur die „verpflichtete ökumenische Gemeinschaft" haben soll. Sie ähnelt dem anglikanischen Modell einer „Organischen Union" und will kein Gegensatz, sondern eine Ergänzung zur „Konziliaren Gemeinschaft" sein. Als Vergleich kann auch das Modell von „Schwesterkirchen" dienen, wie

es innerhalb der Orthodoxie in der Gemeinschaft autokephaler Kirchen praktiziert wird und auch im orthodox-katholischen Dialog zur Diskussion steht. Innerhalb des Protestantismus sind die Erklärung zur vollen Kirchengemeinschaft („Kanzel- und Abendmahlsgemeinschaft“) Beispiele für „Versöhnte Verschiedenheit“, z. B. die Leuenberger Konkordie.
Keine Antwort gibt das Konzept „Versöhnte Verschiedenheit“ auf die Frage, wie die Konfessionen mit unversöhnlichen Gegensätzen umgehen sollen, die es trotz eines Grundkonsenses vielfach gibt. Auf dem Weg zu voller Kirchengemeinschaft gibt es auch Zwischenstufen, eine „Ökumene in Gegensätzen“, bei der – zumindest nach verbreiteter protestantischer Auffassung – Interkommunion möglich ist, ohne schon einen vollen Konsens in allen Lehrfragen zu haben.

6. Gemeinschaft mit dem Papst

Die römisch-katholische Kirche erkennt in den Zielvorstellungen „Konziliare Gemeinschaft“ und „Versöhnte Verschiedenheit“ wesentliche Elemente ihrer eigenen Prinzipien des Ökumenismus. Allerdings wird sie von ihren Voraussetzungen her die so beschriebene Einheit in die dogmatisch festgelegte Gemeinschaft „mit und unter dem Papst“ integrieren wollen. Umgekehrt fällt bei den evangelischen Einheitsmodellen auf, daß übereinstimmend eine hierarchisch gegliederte Einheitsinstitution abgelehnt wird. Die Parole „Vorwärts nach Rom“ statt des früheren „Zurück nach Rom“ ist jedenfalls keine annehmbare Lösung für evangelische Christen. (Vgl. die Kapitel „Römisch-katholische Kirche und ökumenische Bewegung“ und „Lehrbewegung und Lehrkonsens“, C 3.)

7. „Die Einheit der Kirche als Koinonia“ (Canberra 1991)

Die Vollversammlung des ÖRK in Canberra 1991 bündelte in der Erklärung „Die Einheit der Kirche als Koinonia: Gabe und Aufgabe“ die bisherigen Zielvorstellungen in der Ökumene. Sie ging von der vorgegebenen Einheit in Christus aus und bedauerte, daß die Kirchen es bisher unterlassen haben, daraus praktische ökumenische Konsequenzen zu ziehen. „Sie sind es zufrieden, weiterhin in Spaltung zu ko-existieren.“
Als angemessenes Einheitsziel ist eine „Koinonia“ (= Gemeinschaft) im Blick, in welche die Einheitsfaktoren der Neu-Delhi-Formel von 1961 und von Nairobi 1975 integriert sind. Die frühere Alternative

zwischen „Union“ oder „Föderation“ soll so als überwunden gelten. Freilich ist hier erst theoretisch das Ziel beschrieben, wobei offen bleibt, wie jede Konfession – bisher kirchentrennend – das „gemeinsame Leben“ versteht, „in dem Glieder und Ämter gegenseitig anerkannt und versöhnt sind“. Die Koinonia-Vision läßt noch zu viel offen und löst kein kirchentrennendes Problem.
„Die Einheit der Kirche, zu der wir berufen sind, ist eine Koinonia, die gegeben ist und zum Ausdruck kommt im gemeinsamen Bekenntnis des apostolischen Glaubens, in einem gemeinsamen sakramentalen Leben, in das wir durch die eine Taufe eintreten und das in der einen eucharistischen Gemeinschaft miteinander gefeiert wird, in einem gemeinsamen Leben, in dem Glieder und Ämter gegenseitig anerkannt und versöhnt sind, und in einer gemeinsamen Sendung, in der allen Menschen das Evangelium von Gottes Gnade bezeugt und der ganzen Schöpfung gedient wird. Das Ziel der Suche nach voller Gemeinschaft ist erreicht, wenn alle Kirchen in den anderen die eine, heilige, katholische und apostolische Kirche in ihrer Fülle erkennen können. Diese volle Gemeinschaft wird auf der lokalen wie auf der universalen Ebene in konziliaren Formen des Lebens und Handelns zum Ausdruck kommen. In einer solchen Gemeinschaft sind die Kirchen in allen Bereichen ihres Lebens auf allen Ebenen miteinander verbunden im Bekennen des einen Glaubens und im Zusammenwirken in Gottesdienst und Zeugnis, Beratung und Handeln.“
(In: Offizieller Bericht, 174)

8. „Konsens-Ökumene“ und „Ökumene in Gegensätzen“

Das ökumenische Gespräch über das Ziel der Ökumene ist wichtig, damit die Christen auf dem ökumenischen Weg die Orientierung nicht verlieren. Andererseits haben die großen Einheitsvisionen in den Gemeinden ihren Reiz verloren, weil man sich nüchtern auf ein längeres Existieren verschiedener Konfessionen eingestellt hat. Vielen Christen erscheinen die Dispute nur als Funktionärsprobleme, die mit ihrem alltäglichen Christsein nichts zu tun haben.
Lebhafte Diskussionen lösten 1983 die Thesen der katholischen Theologen Heinrich Fries und Karl Rahner aus: „Einigung der Kirchen – reale Möglichkeit“ (vgl. den Wortlaut im Kapitel „Die römisch-katholische Kirche und die ökumenische Bewegung“). Von evangelischer Seite sind folgende weitere Voten hervorzuheben, die mehr ökumenische Gemeinschaft anstreben, ohne damit ein Endziel der kirchlichen Einheit im Blick zu haben: 1. Oscar Cullmanns Plädoyer für „Einheit durch Vielfalt“, und 2. die Leitsätze des Evangeli-

schen Bundes „Evangelisch und Ökumenisch", welche eine „Konziliare Gemeinschaft der Konfessionen" beschreiben (in: W. Fleischmann-Bisten und H. Grote, Bensheimer Hefte 65, 235). Solche evangelischen Modelle sind freilich nach römisch-katholischer Auffassung unzulänglich, weil sie eher die Koexistenz der Konfession als die Einheit der Kirche beschreiben.
Einige Ökumeniker haben in einer kritischen Analyse vom „Ende der Konsens-Ökumene" gesprochen. Wer auf einen schriftlich formulierten Lehrkonsens warte, bis eine katholisch-orthodox-evangelische Kirchengemeinschaft möglich sei, der verschiebe die ökumenische Aufgabe auf den Jüngsten Tag.
Hier müßte der ökumenische Dialog noch einmal methodisch neu ansetzen und nach der Relation von vorgegebener Einheit in Christus und dogmatisch festgestellter Einheit der Kirche fragen. Es gibt eine Konsens-Ökumene, die dem schriftlichen Lehrkonsens vorausliegt und in geistlichen Vollzügen beim Hören und Bewahren des Wortes Gottes sichtbar wird – eine sichtbare Einheit ohne dogmatisch formulierten Konsens. Die Dauerproduktion von ökumenischen Konvergenz- und Konsenstexten ist wohl unvermeidlich, aber etwas mehr Askese dabei wäre gut. Predigten, Beten, Gottesdienstfeiern – das ist der eigentliche Ort für Christen, um sich der Einheit im Glauben und der Einheit der Kirche zu vergewissern. Je mehr hier Konsens als Einheit in Christus erfahren wird, um so eher kann es geschehen, daß die verbleibenden Gegensätze in der Lehre nicht die Ökumene töten. Wenn keine kirchliche Einheitsinstitution in Sicht ist, ist noch nicht die Ökumene am Ende!

R. Frieling, Der Weg des ökumenischen Gedankens, in: Zugänge zur Kirchengeschichte 10, Vandenhoeck & Ruprecht

Die Versöhnung zwischen den Tschechen und den Deutschen

Einleitung

Die Regierungen der Bundesrepublik Deutschland und der Tschechischen Republik –
Eingedenk des Vertrages vom 27. Februar 1992 über gute Nachbarschaft und freundschaftliche Zusammenarbeit zwischen der Bundesrepublik Deutschland und der Tschechischen und Slowakischen Föderativen Republik, mit dem Deutsche und Tschechen einander die Hand gereicht haben,
In Würdigung der langen Geschichte fruchtbaren und friedlichen

Zusammenlebens von Deutschen und Tschechen, in deren Verlauf ein reiches kulturelles Erbe geschaffen wurde, das bis heute fortwirkt,
In der Überzeugung, daß zugefügtes Unrecht nicht ungeschehen gemacht, sondern allenfalls gemildert werden kann, und daß dabei kein neues Unrecht entstehen darf,
Im Bewußtsein, daß die Bundesrepublik Deutschland die Aufnahme der Tschechischen Republik in die Europäische Union und die Nordatlantische Allianz nachdrücklich und aus der Überzeugung heraus unterstützt, daß dies im gemeinsamen Interesse liegt,
Im Bekenntnis zu Vertrauen und Offenheit in den beiderseitigen Beziehungen als Voraussetzung für dauerhafte und zukunftsgerichtete Versöhnung – erklären gemeinsam

Ziffer 1

Beide Seiten sind ihrer Verpflichtung und Verantwortung bewußt, die deutsch-tschechischen Beziehungen im Geiste guter Nachbarschaft und Partnerschaft weiter zu entwickeln und damit zur Gestaltung des zusammenwachsenden Europa beizutragen.
Die Bundesrepublik Deutschland und die Tschechische Republik teilen heute gemeinsame demokratische Werte, achten die Menschenrechte, die Grundfreiheiten und die Normen des Völkerrechts und sind den Grundsätzen der Rechtsstaatlichkeit und einer Politik des Friedens verpflichtet. Auf dieser Grundlage sind sie entschlossen, auf allen für die beiderseitigen Beziehungen wichtigen Gebieten freundschaftlich und eng zusammenzuarbeiten.
Beide Seiten sind sich zugleich bewußt, daß der gemeinsame Weg in die Zukunft ein klares Wort zur Vergangenheit erfordert, wobei Ursache und Wirkung in der Abfolge der Geschehnisse nicht verkannt werden dürfen.

Ziffer 2

Die deutsche Seite bekennt sich zur Verantwortung Deutschlands für seine Rolle in einer historischen Entwicklung, die zum Münchner Abkommen von 1938, der Flucht und Vertreibung von Menschen aus dem tschechoslowakischen Grenzgebiet sowie zur Zerschlagung und Besetzung der Tschechoslowakischen Republik geführt hat.
Sie bedauert das Leid und das Unrecht, das dem tschechischen Volk durch die nationalsozialistischen Verbrechen von Deutschen angetan worden ist. Die deutsche Seite würdigt die Opfer nationalsozialisti-

scher Gewaltherrschaft und diejenigen, die dieser Gewaltherrschaft Widerstand geleistet haben.
Die deutsche Seite ist sich auch bewußt, daß nationalsozialistische Gewaltpolitik gegenüber dem tschechischen Volk dazu beigetragen hat, den Boden für Flucht, Vertreibung und zwangsweise Aussiedlung nach Kriegsende zu bereiten.

Ziffer 3

Die tschechische Seite bedauert, daß durch die nach dem Kriegsende erfolgte Vertreibung sowie zwangsweise Aussiedlung der Sudetendeutschen aus der damaligen Tschechoslowakei, die Enteignung und Ausbürgerung unschuldigen Menschen viel Leid und Unrecht zugefügt wurde, und dies auch angesichts des kollektiven Charakters der Schuldzuweisung. Sie bedauert insbesondere die Exzesse, die im Widerspruch zu elementaren humanitären Grundsätzen und auch den damals geltenden rechtlichen Normen gestanden haben, und bedauert darüber hinaus, daß es aufgrund des Gesetzes Nr. 115 vom 8. Mai 1946 ermöglicht wurde, diese Exzesse als nicht widerrechtlich anzusehen, und daß infolgedessen diese Taten nicht bestraft wurden.

Ziffer 4

Beide Seiten stimmen darin überein, daß das begangene Unrecht der Vergangenheit angehört, und werden daher ihre Beziehungen auf die Zukunft ausrichten. Gerade deshalb, weil sie sich der tragischen Kapitel ihrer Geschichte bewußt bleiben, sind sie entschlossen, in der Gestaltung ihrer Beziehungen weiterhin der Verständigung und dem gegenseitigen Einvernehmen Vorrang einzuräumen, wobei jede Seite ihrer Rechtsordnung verpflichtet bleibt und respektiert, daß die andere Seite eine andere Rechtsauffassung hat. Beide Seiten erklären deshalb, daß sie ihre Beziehungen nicht mit aus der Vergangenheit herrührenden politischen und rechtlichen Fragen belasten werden.

Ziffer 5

Beide Seiten bekräftigen ihre Verpflichtungen aus den Artikeln 20 und 21 des Vertrages vom 27. Februar 1992 über gute Nachbarschaft und freundschaftliche Zusammenarbeit zwischen der Bundesrepublik Deutschland und der Tschechischen und Slowakischen Föderativen

Republik, in denen die Rechte der Angehörigen der deutschen Minderheit in der Tschechischen Republik und von Personen tschechischer Abstammung in der Bundesrepublik Deutschland im einzelnen niedergelegt sind.
Beide Seiten sind sich bewußt, daß diese Minderheit und diese Personen in den beiderseitigen Beziehungen eine wichtige Rolle spielen, und stellen fest, daß deren Förderung auch weiterhin im beiderseitigen Interesse liegt.

Ziffer 6

Beide Seiten sind überzeugt, daß der Beitritt der Tschechischen Republik zur Europäischen Union und die Freizügigkeit in diesem Raum das Zusammenleben von Deutschen und Tschechen weiter erleichtern wird.
In diesem Zusammenhang geben sie ihrer Genugtuung Ausdruck, daß aufgrund des Europaabkommens über die Assoziierung zwischen der Tschechischen Republik und den Europäischen Gemeinschaften und ihren Mitgliedsstaaten wesentliche Fortschritte auf dem Gebiet der wirtschaftlichen Zusammenarbeit einschließlich der Möglichkeiten selbständiger und unternehmerischer Tätigkeit gemäß Art. 45 dieses Abkommens erreicht worden sind.
Beide Seiten sind bereit, im Rahmen ihrer geltenden Rechtsvorschriften bei der Prüfung von Anträgen auf Aufenthalt und Zugang zum Arbeitsmarkt humanitäre und andere Belange, insbesondere verwandtschaftliche Beziehungen und familiäre und weitere Bindungen, besonders zu berücksichtigen.

Ziffer 7

Beide Seiten werden einen deutsch-tschechischen Zukunftsfonds errichten. Die deutsche Seite erklärt sich bereit, für diesen Fonds den Betrag von 140 Mill. DM (knapp eine Mrd. öS) zur Verfügung zu stellen. Die tschechische Seite erklärt sich bereit, ihrerseits für diesen Fonds einen Betrag von 20 bzw. 25 Mill. DM (140 bis 175 Mill. öS) zur Verfügung zu stellen. Über die gemeinsame Verwaltung dieses Fonds werden beide Seiten eine gesonderte Vereinbarung treffen.
Dieser gemeinsame Fonds soll der Finanzierung von Projekten gemeinsamen Interesses dienen (Jugendbegegnung, Altenfürsorge, Sanatorienbau und -betrieb, Pflege und Renovierung von Baudenkmälern und Grabstätten, Minderheitenförderung, Partnerschaftsprojekte,

deutsch-tschechische Gesprächsforen, gemeinsame wissenschaftliche und ökologische Projekte, Sprachunterricht, grenzüberschreitende Zusammenarbeit).
Die deutsche Seite bekennt sich zu ihrer Verpflichtung und Verantwortung gegenüber all jenen, die Opfer nationalsozialistischer Gewalt geworden sind. Daher sollen die dafür in Frage kommenden Projekte insbesondere Opfern nationalsozialistischer Gewalt zugute kommen.

Ziffer 8

Beide Seiten stimmen darin überein, daß die historische Entwicklung der Beziehungen zwischen Deutschen und Tschechen insbesondere in der ersten Hälfte des 20. Jahrhunderts der gemeinsamen Erforschung bedarf, und treten daher für die Fortführung der bisherigen erfolgreichen Arbeit der deutsch-tschechischen Historikerkommission ein.
Beide Seiten sehen zugleich in der Erhaltung und Pflege des kulturellen Erbes, das Deutsche und Tschechen verbindet, einen wichtigen Beitrag zum Brückenschlag in die Zukunft.
Beide Seiten vereinbaren die Einrichtung eines deutsch-tschechischen Gesprächsforums, das insbesondere aus den Mitteln des gemeinsamen deutsch-tschechischen Zukunftsfonds gefördert wird, und in dem unter der Schirmherrschaft beider Regierungen und Beteiligung aller an einer engen und guten deutsch-tschechischen Partnerschaft interessierten Kreise der deutsch-tschechische Dialog gepflegt werden soll."

Etappen auf dem Weg zur deutsch-tschechischen Deklaration

15. März 1990: Der tschechoslowakische Staatspräsident Vaclav Havel bittet im Namen seiner Landsleute um Vergebung für die Mißhandlungen und Greueltaten an Deutschen bei deren Vertreibung nach dem Krieg: „Das war keine Strafe, das war Rache."
27. Februar 1992: Havel und der deutsche Bundeskanzler Helmut Kohl unterzeichnen in Prag den Vertrag über gute Nachbarschaft und freundschaftliche Zusammenarbeit, der Vermögensfragen ausklammert und Entschädigungsforderungen beider Seiten nicht behandelt.
17. März 1995: Zieleniec erwähnt in einem Zeitungsinterview die Möglichkeit, über eine „Gemeinsame Erklärung" zu verhandeln.
30. Mai 1995: Der Sprecher der Sudetendeutschen Landsmannschaft, Franz Neubauer, lehnt einen „Schlußstrich" durch Parlamente oder Regierung ab.

Juni 1995: Prags Vize-Außenminister Alexander Vondra und der Staatssekretär im Bonner Außenamt, Peter Hartmann, beginnen Gespräche.
15. August 1995: Tschechiens Ministerpräsident Vaclav Klaus trifft in Domazlice (Taus) Bayerns Ministerpräsident Edmund Stoiber.
30. Oktober 1995: Havel trifft deutschen Amtskollegen Roman Herzog.
9. Januar 1996: Zieleniec und Kinkel bestätigen Fortschritte bei Verhandlungen.
12. Jänner 1996: Kinkel trifft Zieleniec in Bonn.
12.–14. Februar 1996: Hartmann und Vondra setzen Konsultationen in Bonn fort.
25.–26. Mai 1996: Stoiber und der deutsche Finanzminister Theo Waigel (beide CSU) fordern direkten Dialog Prags mit Sudetendeutschen.
28. August 1996: Waigel stellt Erklärung in Frage.
4. September 1996: Beim tschechisch-deutschen Jugendtreffen in Policka (Ostböhmen) zeigen sich Havel und Herzog überzeugt, daß die Aussöhnung gelingen werde. Die „Schlußstrich"-Erklärung liege „bis auf einige Formulierungsfragen fertig vor", so Herzog.
11. September 1996: Kohl kündigt im deutschen Bundestag an, daß die Erklärung noch heuer unterzeichnet werde.
3. Dezember 1996: Kohl und Klaus einigen sich in Lissabon am Rande des Gipfels der Organisation für Sicherheit und Zusammenarbeit in Europa auf die Endfassung des Textentwurfs.
5. Dezember 1996: Kohl informiert Sudetendeutsche über den Text
13. Dezember 1996: Die beiden Chefunterhändler Vondra und Hartmann erklären die Verhandlungen für abgeschlossen.
17. Dezember 1996: Die Regierung in Prag billigt den Textentwurf.
20. Dezember 1996: Kinkel kommt nach Prag, um den Text gemeinsam mit Zieleniec zu paraphieren. Formeller Abschluß der Verhandlungen.

Udo Steinbach: „Wir müssen lernen, mit dem Islam umzugehen"

OÖN: Die islamische Welt ist für viele Europäer nach dem Untergang des Kommunismus zum neuen Feindbild geworden. Wie gefährlich ist der Islam wirklich für Europa?
Steinbach: Der Islam als solcher stellt für Europa keine Gefahr dar. Die Masse der Muslime lebt friedlich in ihren Ländern unter Regimen, die sie mögen oder nicht mögen. In Europa haben wir mittlerweile

weit über zehn Millionen Muslime, und die Masse von ihnen lebt auch hier friedlich. Das Problem ist, daß wir in zunehmendem Maße aktivistische Organisationen haben, die die Verhältnisse in ihren Ländern umgestalten wollen.
Die Verhältnisse in der islamischen Welt, so wie sie heute bestehen, sind vor Jahrzehnten in der Regel von den Europäern geschaffen worden. Das heißt, man hat Eliten an die Macht gebracht, die heute keine Legitimation mehr haben, oder jedenfalls ein Legitimationsdefizit. Und man hat Entwicklungskonzepte verfolgt, die ganz offensichtlich in die Sackgasse geführt haben.
Da gibt es eben nun Aktivisten, die sich fragen: Was ist eine legitime Form der politischen Herrschaft, wie kriegen wir unsere Gesellschaften, die auseinandergefallen sind, wieder zusammen? Und so kommt der Islam auf die politische Tagesordnung.
Die Masse derer, die den Wandel auf islamischer Grundlage wollen, tun dies friedlich. Das beste Beispiel dafür ist Herr Erbakan mit seiner Wohlfahrtspartei in der Türkei, der eine Veränderung der Verhältnisse auf demokratischem Wege versucht.
Die Bedrohung geht von einigen Aktivisten aus, die nicht den Weg des demokratischen Wandels gehen wollen, sondern nach dem Vorbild der Revolution Khomeinis sofort eine Veränderung erreichen wollen.
Wir Europäer müssen lernen, mit dem Islam umzugehen. Mit jenen Kräften, die ein islamisches Entwicklungskonzept suchen. Und wir müssen unterscheiden zwischen der Masse der Muslime, die politisch neutral ist, und den Aktivisten. Und bei den Aktivisten wieder zwischen jenen, die einen friedlichen Weg gehen wollen, und jenen, die den Weg der Gewalt gehen.
Nun tut sich ja Europa in seinem Umgang mit dem Islam ziemlich schwer. Da gibt es zum einen den kritischen Dialog mit dem revolutionären Iran und da wird gleichzeitig das algerische Militärregime in seinem Ausrottungsfeldzug gegen die militanten Islamisten unterstützt. Ist das nicht eine sehr widersprüchliche Politik?
Die Widersprüche sind da. Diese Widersprüche werden natürlich wieder durch Interessen bestimmt. Aber das gilt ja nicht nur für die Europäer. Denken Sie nur an die USA, die in Afghanistan versucht haben, das Regime der Taliban salonfähig zu machen, jedenfalls für einen gewissen Augenblick, weil man es braucht. Ein stabiles Afghanistan ist eine Dienerin amerikanischer Ölinteressen mit Blick auf Zentralasien. Oder daß wir in Sachen Menschenrechte zu Saudi-Arabien kein Wort sagen, wohl aber den Iran kritisieren.
Was nun den Iran betrifft – warum führt Europa diesen kritischen Dialog? Zum einen: Der Iran ist für Europa das Tor zum Persischen

Golf. Der Golf ist beherrscht von der amerikanischen Politik, vor allem auf der arabischen Halbinsel. Wenn wir Europäer nun fragen: Wen haben wir denn dort in der Region, der europäische Interessen zum Tragen bringen könnte, dann kommen wir eben auf Teheran.
Zum anderen ist das Regime in Teheran alles andere als monolithisch. Da gibt es viele verschiedene politische Kräfte, auch sehr starke, die wieder ins internationale politische System zurück wollen. Natürlich ist unübersehbar, daß zur Zeit die Isolationisten die Oberhand haben, auch die verstärkte Zahl von Menschenrechtsverletzungen weist in diese Richtung. Aber gerade in dieser Situation sollten wir nicht aufgeben.
Algerien ist ein wunder Punkt, der uns von den Muslimen in wachsendem Maß vorgeworfen wird, nämlich: Warum haben wir dort den Demokratisierungsprozeß abgebrochen (Annullierung der Wahlen 1992). Da haben wir tatsächlich einen Erklärungsbedarf. Wäre es nicht im Sinne des Exports unserer eigenen politischen Werte – Pluralismus, Demokratie – besser und klüger gewesen, wir hätten den Staatsstreich des Militärs nicht unterstützt und nach dem Wahlsieg der Islamisten von der FIS auf die Widerstandskraft der sehr stark verwestlichten Gesellschaft Algeriens vertraut?
Nun gibt es ja auch in der islamischen Welt ein Gefühl der Bedrohung durch den Westen. Stichwort Golfkrieg, Stichwort Tschetschenien, Stichwort Bosnien. Wird sich die kommende Führungsgeneration in der islamischen Welt nicht stärker vom Westen abwenden?
Der Islamismus als ein Entwicklungskonzept schafft es nicht, den ökonomischen und politischen Erfordernissen der neuen Zeit Rechnung zu tragen. Man braucht sich nur das Beispiel Iran anzusehen. Der Islamismus ist also sicherlich nicht das Ende der Geschichte.
Die islamische Welt ist dabei, sehr genau zu differenzieren: Daß man auf der einen Seite am Westen nicht vorbeikommt, weil die entwicklungspolitischen, die ökonomischen Parameter vom Westen gesetzt werden. Und daß man auf der anderen Seite sehr genau überprüft, was man übernimmt – schließlich hat der Westen ja auch seine Schwächen: seinen Materialismus, seine Selbstzerstörung etc.
Die kommende islamische Politikergeneration hat ein gespaltenes Bild von Europa. Auf der einen Seite steht sie dem Westen fasziniert gegenüber, aber zugleich fürchtet sie diese Faszination und sucht deshalb die Abgrenzung, den Halt im eigenen.
Wie soll nun Europa mit der islamischen Welt in seinem Inneren umgehen? Es zeigt sich doch, daß die Verschlechterung der sozialen Situation dazu führt, daß sich aus dem Kreis der Kinder türkischer, algerischer, marokkanischer Einwanderer Nachwuchs für den militanten Islamismus rekrutiert.

Das ist sicher in den nächsten Jahrzehnten eine der großen Herausforderungen für die Europäer. Wie gehen wir mit unseren muslimischen Minderheiten um, und wie gehen die mit uns um.
Das ist aber nicht nur ein europäisches Problem, sondern auch ein Problem der islamischen Welt. Konkret: Die Stellung der Muslime in Frankreich hängt wesentlich auch davon ab, ob es gelingt, die algerische Krise in einem konstruktiven Sinne zu lösen.
Oder in bezug auf Deutschland und Österreich: Wohin geht der Islamismus in der Türkei, wo die islamistische Refah ja mit Necmettin Erbakan den Ministerpräsidenten stellt. Geht er auf Abgrenzung oder geht er auf Europa zu? Das wird einen enormen Einfluß auf die Zukunft eines Teils der in Deutschland und Österreich lebenden Türken haben, nämlich jene, die mit Erbakan verbunden sind. Und das sind in Deutschland rund 200.000, also zehn Prozent der türkischen Bevölkerung.
Wenn Erbakan mit seiner Partei aus dem europäischen Orbit hinausdrängt, weil er von den Europäern nicht sehr viel hält, dann werden wir in Deutschland ein Problem haben. Denn dann werden seine Anhänger in die innere Emigration, ins Ghetto gehen.
Noch schlimmer: Wenn in der Türkei das Militär gegen die Islamisten vorgeht, dann könnten die Türken eine Art algerische Situation haben. Und Sie können sich vorstellen, was das dann für die in Deutschland lebenden Türken wieder bedeutet.
Was nun die innereuropäische Situation angeht, so trifft der rauhere wirtschaftliche und gesellschaftliche Wind die Ausländer in entschieden höherem Maße. Die Quote der Arbeitslosen ist etwa in Deutschland unter den Türken dreimal so hoch wie unter den Deutschen. Damit setzen Prozesse der Ausgrenzung, der Marginalisierung ein, und dies ist wiederum Wind in den Segeln jener, die die islamische Bevölkerung mit einer islamistischen Ideologie dominieren wollen. Diese Islamisten bieten den Leuten Identitätsgefühle, schaffen ihnen Betätigung.
Da bildet sich in Deutschland eine Gemeinschaft, die in wachsendem Maße gekennzeichnet ist von Feindseligkeit gegenüber dem Westen insgesamt. Und sie verfügt über alle kulturellen und kommunikativen Mittel, um eine Gegengesellschaft aufzubauen: Es gibt türkisches Fernsehen, türkische Zeitungen, türkische Videos, es gibt islamistische Privatkanäle, die aus der Türkei senden.
Da wächst tatsächlich ein gefährlicher Sprengstoff heran.
Und was läßt sich da zur Entschärfung tun?
Wenn wir davon ausgehen, daß alles, was in der islamischen Welt geschieht, Rückwirkungen auf Europa hat, brauchen wir zunächst eine aktive Politik gegenüber der islamischen Welt. Ökonomische Zusam-

menarbeit, Intensivierung der Verbindungen bei gleichzeitigem Dialog über politische Werte.
Im Inneren müssen wir alles tun, um die Marginalisierung der Muslime zu vermeiden. Wir sollten einen islamischen Unterricht einführen, der herausführt aus den Interessen der verschiedenen islamischen Vereine, die bisher den Islam-Unterricht dominieren. Und wir sollten großzügiger umgehen mit Moscheen.
Was wollen wir denn eigentlich? Wir wollen kein Ghetto, wir wollen, für Deutschland gesprochen, den deutschen Bürger muslimischen Glaubens. Einen Bürger, der die gleichen Rechte, aber auch die gleichen Pflichten hat, der den deutschen Staat, das Grundgesetz und die Leitsätze der Gesellschaft akzeptiert. Einem solchen Menschen kann ich natürlich bei der Religionsausübung nicht den Status verweigern, den ich Protestanten oder Katholiken gebe.
Außerdem sollte man die Einbürgerung beschleunigen. Das entläßt die Leute allmählich aus der Bindung an die Türkei.
Insgesamt ist festzuhalten: Europa und die islamische Welt haben durch die Jahrhunderte nebeneinander oder gegeneinander gelebt. Jetzt, mit den zugewanderten Muslimen in Europa, müssen wir erstmals lernen, miteinander zu leben.

Oberösterreichische Nachrichten, 18. 12. 1996

Roma und Sinti – Problemvolk in Europa?

Wer sind Roma und Sinti?

Die Arbeitsgruppe der KEK „Rassismus und Fremdenfeindlichkeit" (WGRX) hat den Auftrag, die Arbeit der KEK-Mitgliedskirchen in bezug auf Rassismus und Fremdenfeindlichkeit zu unterstützen. Da Lebensweise und Probleme der unter Rassismus leidenden Gruppen häufig dem Großteil der Gesellschaft, in der sie leben, kaum bekannt sind, beginnt die Arbeit gegen Rassismus meistens damit, die Minoritäten mit der Mehrheit der Bevölkerung ins Gespräch zu bringen. Daher wollte die WGRX ein Gesprächsforum für die Kirchen in Rumänien und die Vertreterinnen der Roma-Gemeinschaften schaffen, indem sie diese zu einem Seminar am 26. April 1996 in Bukarest einlud.
Hauptzweck war der Informationsaustausch über die beiderseitigen Situationen, Probleme und Bedürfnisse (geistlicher, wirtschaftlicher, gesellschaftlicher und politischer Art), besonders während der gegenwärtigen politischen Übergangszeit in Rumänien. Zugleich sollte das Seminar eventuelle gemeinsame Programme anregen, um Vorurteile und aggressive Handlungen, die die Roma- und Sinti-Bevölkerung in Rumänien marginalisieren, zu bekämpfen.

Die WGRX plant *weitere Aktivitäten* mit Roma und Sinti in Europa, besonders während der Zweiten Europäischen Ökumenischen Versammlung 1997 in Graz, Österreich, unter dem Thema „Versöhnung". (...)

Gruppendiskussionen und konkrete Vorschläge aus den Gruppen

Alle Gruppen wurden um konkrete Vorschläge für eine bessere Zusammenarbeit zwischen Roma-Gemeinschaften/Gruppen und den Kirchen in Rumänien gebeten. Außerdem sollten die Roma darüber nachdenken, wie sie zu mehr Selbsthilfe beitragen könnten und was für Erwartungen sie auf die internationale (europäische) Gemeinschaft setzen.
In der Arbeitsgruppe über *Geschichte* sprach eine Gruppe junger Roma den Wunsch aus, mehr über die eigene Geschichte zu erfahren. Sie möchten das Land bereisen, um die Erzählungen alter Menschen zu hören und zusammenzustellen. Die Kirchen könnten dazu auffordern, die Geschichte der Roma und Sinti in den Geschichtsunterricht der Schulen zu integrieren. Es herrschte das Gefühl vor, daß sowohl in der Vergangenheit als auch heute besonders die Orthodoxe Kirche sich der staatlichen Politik angepaßt habe, die den Roma und Sinti niemals besonders freundlich gegenüberstand.
Die Arbeitsgruppe über *Erziehung* befaßte sich vorwiegend mit dem Phänomen der mangelnden Motivierung zum Schulbesuch nach dem Ceaucescu-Regime und den Möglichkeiten, dieser Lage zu begegnen. Diese Tendenz besteht allgemein in der rumänischen Gesellschaft, verstärkt jedoch in den Gemeinschaften der Roma und Sinti. Zu den Gründen gehören die Schwierigkeiten, das Schulgeld zu bezahlen, das Fehlen der kulturellen Anpassung des Lehrmaterials an die Tradition und den Lebensstil der Roma sowie der Zweifel, ob die Schulbildung wegen der wirtschaftlichen Krise und der psychologischen Barrieren überhaupt später von Nutzen sein würde (den Roma-Kindern wurde zu oft gesagt, sie seien nicht intelligent und würden den Schulabschluß nicht schaffen), das niedrige Bildungsniveau der Eltern und vor allem die Diskriminierung in den Schulen. Die Kirchen könnten durch ihren Unterricht dazu beitragen, daß die Eltern sich des Nutzens der Schulbildung bewußt würden. Sie sollten arme Familien finanziell unterstützen oder in die kirchlichen Unterrichtsprogramme (Katechismusunterricht, Erwachsenenbildung) auch allgemeinbildende Unterrichtselemente aufnehmen. Außerdem besteht Bedarf an der Ausbildung in traditionellen Handfertigkeiten der Roma (wie z. B. Metallbearbeitung) und an der theologischen Ausbildung zu Priestern.

Die Arbeitsgruppe über die *wirtschaftliche und gesellschaftliche Lage* der Roma schlug vor, gemeinsame soziale und diakonische Programme mit den Kirchen durchzuführen, um die Roma-Gemeinschaften zu befähigen, selber für sich zu sorgen.
In allen Arbeitsgruppen kam das Bedürfnis zum Ausdruck, daß besser für die geistlichen Bedürfnisse der Roma gesorgt werden müßte. Da die meisten Roma der Orthodoxen Kirche angehören, möchten sie in die Strukturen der Amtskirchen integriert werden und aktiv an deren Leben teilnehmen. Die Kirchen sollten auch den besonderen Anforderungen nomadischer Gemeinschaften Rechnung tragen.
Die Teilnehmenden vernahmen, daß sich auch die *traditionellen Kirchen* seit der politischen Wende in Rumänien beträchtlichen Problemen gegenübersehen, wie z. B. finanziellen Engpässen, einem Mangel an TheologenInnen und Priestern, der Zusammenarbeit mit neuen Kirchen und Religionsgemeinschaften aus dem Westen.

Allgemeine Bemerkungen

Das Seminar vereinte mehrere Roma-Organisationen mit vielseitigen Erwartungen an das Seminar selbst und an die KEK-WGRX. Wie auch sonst unterdrückte Gemeinschaften in anderen Teilen der Welt, sahen sie auswärtige Organisationen vor allem als Hilfsorganisationen und wetteiferten miteinander um die dringend benötigte Hilfe für die Arbeit ihrer eigenen Organisation. Diese Wettbewerbsmentalität trägt nicht zum Gemeinschaftsgefühl bei, das von den Teilnehmenden für die allgemeine Verbesserung ihrer Situation als erforderlich erkannt wurde. Die Notwendigkeit für einen *Prozeß, der es den Organisationen erleichtert, eine gemeinsame Sache zu entwickeln,* indem ihre Projektorientierung als Sprungbrett für einen politischen Ausdruck ihres Strebens nach Gleichheit und Gerechtigkeit dient, kann leichter durch die Einschaltung einer nicht-rumänischen vermittelnden Person erzielt werden. Die KEK-WGRX brachte diesen Prozeß etwas voran, doch andere Instanzen müßten ihn weiterführen. Solch eine Vermittlungsperson müßte einer sensiblen und verstehenden Annäherung fähig sein, und doch die Ziele im Auge behalten, die den Kriterien eines institutionellen Wandels zu gerechten Verhältnissen entsprechen. Wenn die Roma-Gemeinschaften einmal besser koordiniert sind und gemeinsam das gleiche Ziel anstreben, können den Kirchen leichter gemeinsame Anträge vorgelegt werden.
Man zeigte sich frustriert wegen des fühlbaren Paternalismus der *AIDRom*. Es wäre z. B. hilfreich, eine Management-Struktur, die Mitglieder der Roma-Organisationen einschließt, zu haben. Dies wür-

de die Zusammenarbeit erleichtern, ohne auf die Leistungsfähigkeit zu verzichten. Auch würde es eine Philosophie gegenseitiger Verantwortlichkeit zwischen der Organisation und dem Empfänger der Hilfe fördern und auf gegenseitigem Vertrauen gründen.

Starke Kritik an der scheinbaren Interesselosigkeit der Kirchen für die Not der Roma wurde geäußert. Nach Auffassung der leitenden Persönlichkeiten der Roma sind die Kirchen *nicht besonders interessiert am Streben der Roma-Gemeinschaften* nach Gleichheit, Gerechtigkeit und Bürgerrechten. Sie hielten die Theologie der Kirchen als ausschließlich an kirchlichen Fragen orientiert. Für sie ist die Kirche viel zu stark nach innen gerichtet und neigt zu der Vernachlässigung ihrer Berufung, eine gerechte Gesellschaft für alle, gleich welchen ethnischen Ursprungs, zu errichten.

Fast alle leitenden Persönlichkeiten in den großen Kirchen sind „Nicht-Roma“. Obwohl theoretisch jede Person in eine leitende Stellung aufsteigen kann, schließt die verbreitete kulturelle Diskriminierung in der Praxis Roma von jeder Möglichkeit einer vollen Teilhabe am kirchlichen Leben aus. *(Übersetzt aus dem Englischen)*

Anmerkungen

1 Weitere Informationen finden Sie in: Donald Kenrick „Gypsies from India to the Mediterranean“, Sammlung Interface, Centre régional de Documentation Midi-Pyrénées, 3, rue Roquelaine, F-31069 Toulouse cedex.

2 Die Tagungsunterlagen, die Liste der Teilnehmenden sowie weitere Schriften zum Thema können bei YGSR, 5 Elevstefenscu, Block 445, 5. Stock, Appt. 25, R-7000 Bukarest bestellt werden.

Konferenz Europäischer Kirchen (KEK),
Seminar über Roma in Rumänien

Grundsatzerklärung 1996 der Evangelischen Kirche H.B. in Österreich

Die Evangelische Kirche H.B. in Österreich setzt die Reformation fort, die mit Zwingli, Luther und Calvin begonnen wurde, und sie stellt Übereinstimmung mit ihrer kirchlichen Tradition fest, daß die Ordnung der Kirche nicht beliebig, sondern Ausdruck des Bekenntnisses ist. Das Bekenntnis beruht nicht nur auf einmal niedergelegten Urkunden, sondern muß in den jeweiligen Herausforderungen der Zeit an der Heiligen Schrift geprüft werden und sich vor ihr neu bewähren.

Diese Prüfung verpflichtet uns, die Grundsätze presbyterial-synodaler Ordnung, der reformierten Ämterlehre, der Gemeindeautonomie und der Subsidiarität der Gestaltung des kirchlichen Lebens zugrunde zu legen. Daraus ergeben sich die folgenden Grundsätze:

1. Die Kirche Jesu Christi ist die Gemeinschaft von Menschen, die sich von Gott zum Glauben an Jesus Christus und zur Bezeugung des Evangeliums in der Welt berufen wissen. Das Kennzeichen unserer Kirche, die sich der ständigen Reformation verpflichtet fühlt, ist: die Verkündigung des Wortes Gottes, die Verwaltung der Sakramente, die Diakonie und die Gestaltung von kirchlichen Ordnungen, die Verantwortung für die Welt verlangen.
2. Jesus Christus hat eine Gemeinschaft von Schwestern und Brüdern mit gleichen Rechten und Pflichten gestiftet. Darum hat die Kirche in ihrer Ordnung und in ihrem Handeln die Würde jedes einzelnen Menschen zu achten und für sie einzutreten. Niemand darf wegen seiner Herkunft oder seines Geschlechtes benachteiligt werden.
3. Das Evangelium unseres Herrn Jesus Christus gilt allen Menschen. Darum hat jeder das Recht, ohne Einschränkung am Gottesdienst und am Leben der Pfarrgemeinde teilzunehmen. Jeder kann Mitglied der Pfarrgemeinde werden. Niemand darf gegen sein Gewissen zur Mitgliedschaft gezwungen oder am Austritt gehindert werden.
4. Aus dem Hören auf die Predigt des Evangeliums ergibt sich für die Christen ein neuer Stil des Umgangs miteinander, der durch geduldiges Hören aufeinander und insbesondere durch Rücksichtnahme auf Schwächere und Minderheiten gekennzeichnet ist.
5. Wie die Christinnen und Christen Gemeinschaft mit Christus haben, indem sie einander gegenseitig die Wohltaten, die ihnen Gott gewährt hat, mitteilen, so ist es der Gemeinde als ganzer aufgetragen, das Evangelium in der Welt zu bezeugen.
6. Der ganzen Gemeinde ist das prophetische Amt aufgetragen. Sie ist verpflichtet, die aktuelle politische, soziale und kulturelle Situation zu analysieren und aus dieser Analyse ihr konkretes Sprechen und Handeln zu entwickeln. Sie ist bereit, die Zukunft mitzugestalten, und ist sich bewußt, damit Konflikte zu riskieren.
7. Weil Christus sich eindeutig auf die Seite der Erniedrigten und Beladenen gestellt hat, ist die ganze Gemeinde verpflichtet, alle Formen von Unrecht, Unmenschlichkeit und Bedrohung der Schöpfung nicht als unabänderlich hinzunehmen, sondern dagegen öffentlich Widerstand zu leisten.
8. Die gemeinsame Berufung aller Gemeindeglieder zum Dienst der Verkündigung des Evangeliums schließt nicht aus, daß es in der Kirche besondere Tätigkeiten und Aufgaben gibt („Ämter"). Die verschiedenen Ämter in der Kirche begründen jedoch keine Rangunterschiede oder Herrschaftsverhältnisse, sondern bestehen gemäß dem Willen Christi, um der Gemeinde die Ausübung des ihr als ganzer aufgetragenen Dienstes der Verkündigung des Evangeliums in Wort und Tat zu ermöglichen. Deshalb stehen die verschiedenen Ämter

nicht der Gemeinde gegenüber, sondern werden in ihrem Auftrag und unter ihrer Verantwortung wahrgenommen.
9. Keine Pfarrgemeinde darf über eine andere Vorrang und Herrschaft beanspruchen.
10. Da der Dienst der Verkündigung des Evangeliums in Wort und Tat der ganzen Gemeinde aufgetragen ist, sind alle Ämter durch Wahl zu besetzen.
11. Auch die Besetzung einer Pfarrstelle erfolgt durch Wahl der Gemeinde. Niemand kann gegen den Willen einer Gemeinde zu ihrem Pfarrer oder ihrer Pfarrerin bestellt werden.
12. Kirchenleitung geschieht durch Gemeindevertretung und Synode bzw. in deren Auftrag und in Verantwortung ihnen gegenüber. Daher verpflichten sich die Gemeinden, Vertreter in die Synode zu entsenden, die fähig und bereit sind, kirchenleitende Aufgaben zu übernehmen.
13. Die Pfarrgemeinden ordnen ihre Angelegenheiten selbständig (Gemeindeautonomie). Der Synode wird vorgelegt, was in der Gemeinde nicht entschieden werden kann oder besser in der Synode entschieden wird (Subsidiarität).
14. Die Synode entscheidet über die Angelegenheiten, die ihr die Pfarrgemeinden vorlegen oder die mehrere Pfarrgemeinden betreffen. Ihre Gesetzgebungs- und Aufsichtsbefugnisse beschränken sich auf Maßnahmen, die unerläßlich sind, insbesondere um die rechte Verkündigung des Evangeliums sowie die bekenntnisbedingte Ordnung und die Autonomie der Kirche zu gewährleisten.
15. Kommt in den Presbyterien und in der Synode trotz Hörens aufeinander ein einstimmiger Beschluß nicht zustande, so ist eine erheblich abweichende Meinung der Minderheit auf deren Antrag zusammen mit dem Mehrheitsbeschluß in geeigneter Form festzuhalten.
16. Unsere Kirche ist 1884 Mitglied des Reformierten Weltbundes (RWB) geworden (3. Generalsynode der Evangelischen Kirche H.B.). Auch heute sind wir bereit, von den Kirchen unserer Konfessionsfamilie zu lernen, und lassen uns zur aktiven Solidarität mit allen Menschen ermutigen. In Dankbarkeit denken wir an die geistliche und finanzielle Hilfe, die wir in Notlagen von Kirchen des Reformierten Weltbundes erhalten haben. Auch wir sind bereit, unseren Schwesterkirchen in Not zu helfen.
17. (a) Unsere Kirche hat ökumenische Gemeinschaft mit allen Kirchen, die Jesus Christus als ihren Herrn bekennen und dem Ökumenischen Rat der Kirchen in Österreich (ÖRKÖ) (hier ist die römisch-katholische Kirche Vollmitglied) und dem Weltrat der Kirchen (WCC, Genf) angehören. Für sie sind alle diese Kirchen gleichwertig. Daher bemüht sie sich um gegenseitige Anerkennung in „versöhnter Verschiedenheit“ und lädt schon jetzt alle Angehörigen dieser Kirche zu

ihrer Abendmahlsfeier ein. („Offenes Abendmahl!“)
(b) Die Einheit der Kirchen ist dort gegeben, wo Gemeinschaft des Glaubens, der Liebe und der Hoffnung verwirklicht wird. Sie wird nicht durch ein eigenes Amt der Einheit begründet, wie es für das Papsttum beansprucht wird. Überlegungen in Hinsicht auf ein evangelisches Amt der Einheit widersprechen unserer Glaubenstradition.
18. Gott geht einen Weg mit den Juden und einen mit den Christen. Die heilige Schrift der Juden ist auch für uns als Altes Testament Heilige Schrift. Das Verständnis des mosaischen Gesetzes als die gute Gabe Gottes und die Predigt der Propheten haben die Reformation geprägt. Deshalb verurteilt unsere Kirche den Antisemitismus in jeder Form. Sie sucht Begegnung und Versöhnung mit den Juden und lehnt daher christliche Judenmission ab.
19. Gott hat alle Menschen nach seinem Ebenbild geschaffen und zu einem sinnvollen und menschenwürdigen Leben vorherbestimmt. Daher sucht unsere Kirche das Gespräch mit anderen Religionen und weltanschaulichen Gemeinschaften, um Vorurteile abzubauen und mit ihnen gemeinsam für Gerechtigkeit, Frieden und Bewahrung der Schöpfung zu arbeiten.
Diese Grundsätze sollen der Öffentlichkeit und den Kirchen zeigen, wie sich unsere Kirche selbst versteht. Insbesondere der Evangelischen Kirche A.B. in Österreich mögen sie helfen, uns besser zu verstehen, um mit uns im Geist der Präambel („confessio austriaca“) der gemeinsamen Kirchenverfassung zusammenzuarbeiten.
Den Mitgliedern unserer Pfarrgemeinden mögen sie helfen, sich ihrer kirchlichen Eigenart bewußt zu werden. Diese Grundsätze sollen auch in der Rechtsgestalt unserer Kirche deutlicher zum Ausdruck kommen.

Beschlossen von der 13. Synode der Evangelischen Kirche H.B. in Österreich am 14. Oktober 1996

Liturgie konkret

Vater der Flüchtlinge und Einheimischen

Vater der Flüchtlinge und Einheimischen,
ich danke dir,
daß du uns Österreicher nicht alleingelassen hast
mit unserem Land.
Es ist schön,
daß die anderen auch da sind:
Menschen aus aller Welt,
die hier arbeiten oder studieren,

uns kennenlernen wollen
oder eingeheiratet haben.
Dazu alle die Männer, Frauen und Kinder,
die zu uns gekommen sind,
daß wir ihnen neue Hoffnung geben können:
Polen und Tschechen, Rumänen und Ungarn,
Ostdeutsche und Kurden und all die anderen.
Ich weiß schon, Vater im Himmel,
daß der Fremdenhaß bei uns noch immer Mode ist:
vom Sandler bis zum Politiker;
ja daß wir auch Zeitungen haben,
die den Fremdenhaß anprangern,
den sie selbst geschürt haben.
Und darum bitte ich dich:
Nimm uns die Angst, den Neid und die Vorurteile,
daß wir unsere Fremden freundlich aufnehmen können.
Schenk uns Phantasie zum Planen
und Mut zum Investieren,
daß wir Arbeitsplätze und Wohnungen anbieten können.
Lehre uns, einander Respekt und Hochachtung
zu erweisen.
Und laß uns in der Vielfalt
der Sprachen, Kulturen und Gebräuche
einen Reichtum erkennen,
den du uns in deiner Güte geschenkt hast.
Amen

Glaubensbekenntnis (des ÖRK, gebetet in Vancouver 1983)

Ich glaube an Jesus Christus, der unsere Menschheit angenommen hat, der wie die Ärmsten arm geworden ist, der mit Mut die Wahrheit gesagt hat, der eine Welt der Gerechtigkeit und Liebe empfohlen hat und deswegen gefangen, gequält und zum Tode verurteilt wurde. Ich glaube, daß Gott der Schöpfer allen Lebens ist, der Jesus von den Toten auferweckt hat, der durch den Heiligen Geist in unserer Mitte noch lebt.
Ich glaube an den Heiligen Geist, der uns als Christen befähigt, eine neue Welt aufzubauen – eine Welt, in der alle Frauen und Männer frei sind und alle Menschen als Schwestern und Brüder miteinander leben.
Ich glaube an eine Kirche, die an der Sendung Jesu teilnimmt: die in Verfolgung stark und glaubwürdig bleibt: die in Worten und Taten berufen ist, die frohe Botschaft zu verkünden. Ich glaube an die Macht der Gläubigen, wenn sie eins sind.

Ich glaube, daß Gerechtigkeit und Friede und Liebe siegen werden, weil Jesus immer unter uns ist. Er führt uns zu Gott, der die Fülle des Lebens besitzt, jetzt und in Ewigkeit.

Buße

Lieber Vater im Himmel.
Dein Sohn hat gesagt:
Geht hin und macht alle Völker zu Jüngern.
Wir aber haben gemeint,
die Welt sei schon christlich genug,
und wir könnten jetzt deine Kirche verwalten.
Dein Sohn hat sich Menschen aus allen Geschlechtern und Sprachen, allen Völkern und Nationen durch seinen Tod am Kreuz erkauft.
Wir aber wissen noch immer gute Gründe, warum Männer über Frauen, Reiche über Arme, die erste Welt über die dritte herrschen soll.
Du hast Maria sagen lassen:
Der Herr stößt die Gewaltigen vom Thron und erhöht die Niedrigen.
Wir aber tun so,
als hättest du die Gewaltigen auf den Thron gesetzt, und versuchen die Niedrigen darüber hinwegzutrösten.
Du hast deinen Propheten sagen lassen:
Brich dem Hungrigen dein Brot,
und die Obdachlosen nimm auf in dein Haus.
Wir aber besorgen die Hungrigen mit Almosen und halten sie von unsern Häusern fern.

Dein Sohn hat gesagt:
Selig sind, die Frieden stiften.
Wir aber scheuen zurück, diesen Auftrag zu erfüllen und eindeutig gegen die Vernichtungswaffen als Form der Friedenssicherung aufzutreten.
Dein Sohn hat gesagt:
Ich sende euch wie die Schafe mitten unter die Wölfe.
Seid klug wie die Schlangen und ohne Falsch wie die Tauben.
Wir aber sind nur zu oft wie die Wölfe mitten unter die Schafe gegangen – und waren klug wie die Tauben und ohne Falsch wie die Schlangen.
Und darum bitten wir dich:
Vergib uns die Sünden und lehre uns leben.
Amen

Peter Karner/Leo Wallner SJ

Kleiderpsalm

Da gibt es Leute,
die sind gekleidet,
wie es der Apostel Paulus empfohlen hat:
mit dem Gürtel der Wahrheit
und dem Panzer der Gerechtigkeit;
mit dem Schild des Glaubens,
dem Helm des Heils und dem Schwert des Geistes.
Schließlich hat sich ja auch das Böse „in Schale geworfen“
und den Fluch angezogen wie ein Kleid:
die Hose der Gewalt
und das Leiberl der Machos,
das Hemd der Heuchelei
und die Krawatte der Ideologie;
dazu das Sakko der Ausbeutung
und die Schuhe der Unterdrückung,
den Hut der Lüge und die Handschuhe des Betrugs.
Und wie soll ich mich anziehen?
Ich spüre es schon:
die Bluejeans der Lässigkeit genügen nicht,
auch nicht das T-shirt des Aussteigens –
und das Parfüm der Selbstverwirklichung.
Ich will meine Haut mit Empfindsamkeit kleiden,
meine Ohren mit Erbarmen, meine Augen mit Widerstand,
meine Zunge mit Protest, meine Nase mit Kritik,
meine Hände mit Liebe und meine Füße mit Hoffnung;
meinen Kopf mit Utopien und meine Stirn mit Alternativen;
den Nabel mit Schönheit und den Hintern mit Geduld.
Und meiner Seele werde ich den Glauben anziehen.

Peter Karner

Fastengebet

Vater im Himmel,
Manche Leute glauben,
du hast den Katholiken das Fasten befohlen
und die Protestanten davon befreit.
Wir aber wissen schon,
was dich am herkömmlichen Fasten stört:
daß Christen damit auffallen wollen
und Lohn erwarten von dir;

daß Christen fasten und gleichzeitig streiten
und mit gottloser Faust zuschlagen;
daß Christen ihren Kopf hängen lassen
und sich „in Sack und Asche betten".
Darum bitten wir dich,
laß uns so fasten, wie es dir gefällt:

Daß wir die loslassen, die Unrecht leiden,
daß wir die befreien, die unterdrückt werden,
daß endlich jede Ausbeutung aufhört.
Daß wir den Hungrigen zu essen geben,
und den Obdachlosen eine Wohnung;
dem Verwahrlosten ein neues Gewand,
und für unsere Mitmenschen Zeit haben.

Wir wissen ja längst, daß dann
unser Licht hervorbrechen wird wie die Morgenröte,
und wir endlich zufrieden sein werden
und ausgeglichen.

Und unsere Gerechtigkeit wird vor uns hergehen,
und deine Herrlichkeit wird unseren Zug beschließen.
Und wir werden deine Stimme hören:
von nun an bis in Ewigkeit.

Peter Karner

Weiter nichts als gute Menschen

Es gibt sehr wenig böse Menschen, und doch geschieht so viel Unheil in der Welt; der größte Teil dieses Unheils kommt auf Rechnung der vielen, vielen guten Menschen, die weiter nichts als gute Menschen sind.

Johann Nepomuk Nestroy

Das Meisterstück der Schöpfung

Es glaubt's kein Mensch, was der Mensch alles braucht, bis er halbwegs ein' Menschen gleichsieht. Kurios, der Mensch, heißt's, is das Meisterstück der Schöpfung, und man muß sich völlig arm zahl'n an Schneidern, daß man das Meisterstuck nur gehörig verstecken kann.

Johann Nepomuk Nestroy

Der Kerl könnt' ein Räuber sein

Wenn der Zufall zwei Wölfe zusammenführt, fühlt gewiß keiner die geringste Beklemmung über das, daß der andere ein Wolf ist; aber zwei Menschen können sich nie im Walde begegnen, ohne daß nicht jeder denkt, der könnt' ein Rauber sein.

Johann Nepomuk Nestroy

Dankgebet eines unverzagt entwickelten Christenmenschen und Pharisäers

Ich danke dir, o Herr, daß du mich
nach deinem unerforschlichen Ratschluß
auf dieser Hälfte der Erde
hast zur Welt kommen lassen
und nicht in den Dürregebieten der Sahelzone,
im volkreichen Überschwemmungsgebiet des Gangesdeltas,
an irgendeinem Punkt des Wüstengürtels,
aus dem die Erdölquellen munter für uns sprudeln,
oder auf den kargen Höhen der Anden,
wo ich mich bei einer durchschnittlichen
Lebenserwartung von fünfunddreißig Jahren,
doch ohne jede Erwartung an das Leben,
vielleicht in den Tiefen einer Kupfermine
langsam zu Tode rackern müßte.

Peter Heisch (Nebelspalter, 7/1979)

Choral „Geh aus, mein Herz" & ökologische Paraphrase

1. Geh aus, mein Herz, und suche Freud in dieser lieben Sommerzeit an deines Gottes Gaben; schau an der schönen Gärten Zier, und siehe, wie sie mir und dir sich ausgeschmücket haben, sich ausgeschmücket haben.

1a. *Geh aus, mein Herz, und suche Freud, denn du hast nicht mehr lange Zeit, dich an Natur zu laben. Schau an der schönen Gärten Zier, und siehe, wie wir Menschen hier fast ruiniert sie haben.*

2. Die Bäume stehen voller Laub, das Erdreich decket seinen Staub, mit einem grünen Kleide; Narzissus und die Tulipan, die ziehen sich viel schöner an als Salomonis Seide.

2a. *Die Bäume stehen voller Laub, doch die Chemie senkt ihren Staub herab auf Wald und Weide. Narzissus und die Tulipan, die wei-*

chen heut der Autobahn. Im Abgas wächst Getreide.

3. Die Lerche schwingt sich in die Luft, das Täublein fliegt aus seiner Kluft und macht sich in die Wälder; die hochbegabte Nachtigall ergötzt und füllt mit ihrem Schall Berg, Hügel, Tal und Felder.

3a. Die Lerche schwingt sich in die Luft, bis auch ihr kleiner Leib verpufft im Sog der Düsenwerke; die hochbegabte Nachtigall kämpft gegen den Transistorschwall und unterliegt an Stärke.

4. Die Glucke führt ihr Völklein aus, der Storch baut und bewohnt sein Haus, das Schwälblein speist die Jungen; der schnelle Hirsch, das leichte Reh ist froh und kommt aus seiner Höh ins tiefe Gras gesprungen.

4a. Die Glucke führt ihr Völklein aus, sofern sie nicht, bestimmt zum Schmaus, nach dumpfer Mast verendet. Der schnelle Hirsch, das leichte Reh, sie sterben in des Menschen Näh, vom Nachtverkehr geblendet.

5. Die Bächlein rauschen in dem Sand und malen sich an ihrem Rand mit schattenreichen Myrten; die Wiesen liegen hart dabei und klingen ganz vom Lustgeschrei der Schaf und ihrer Hirten.

5a. Die Bächlein rauschen in dem Sand mit reduziertem Fischbestand infolge Abfallstauung. Die Wiesen liegen hart dabei. Noch weiden hier die Kühe frei. Bald kommt die Überbauung.

6. Doch will ich jetzt schon, da ich noch hier trage dieses Leibes Joch, auch nicht gar stille schweigen; mein Herze soll sich fort und fort an diesem und an allem Ort zu deinem Lobe neigen.

6a. Drum will ich noch, solang ich steh, und irgendwo noch Chance seh, nicht einfach stille schweigen. Ich setz' mit Kopf und Herz mich ein, auch wenn der Wirkungsgrad nur klein, statt einfach auszusteigen.

7. Erwähle mich zum Paradeis und laß mich bis zur letzten Reis an Leib und Seele grünen; so will ich dir und deiner Ehr allein und sonsten keinem mehr hier und dort ewig dienen.

7a. Erwähl mich, Herr, zum Instrument, das stets zum Leben sich bekennt, denn groß sind die Gefahren. Erfülle mich, wenn alles singt, voll Hoffnung, daß es uns gelingt, die Schöpfung zu bewahren.

Paul Gerhardt (Original)/Unbekannter Verfasser (Parodie Str. 1–5),
Jochen Rieß (Parodie Str. 6–7)

Traum vom Ende der Schöpfung

Am Anfang schuf Gott Himmel und Erde.
Aber erst nach vielen Jahrmillionen
hatten die Menschen endlich den Auftrag Gottes begriffen:

„Macht euch die Erde untertan!"
Und sie begannen immer mehr das zu werden,
wozu sie Gott von Anfang an geschaffen hatte:
sein Ebenbild.

Und so begannen die letzten sieben Jahre der Erde.
Am ersten Tag des ersten Jahres
wurde der Weltfrieden geschaffen.
Denn die Menschen beschlossen,
kein Geld mehr für Krieg und Vernichtungswaffen auszugeben.
Es gab einen vollkommenen Rüstungsstopp auf der ganzen Erde.
Und die Vernichtungswaffen wurden vernichtet.

Am ersten Tag des zweiten Jahres
wurde die Natur zum zweiten Mal geschaffen.
Die Menschen begannen nämlich mit dem Bau
der letzten Kläranlagen.
Die Umwelt wurde nicht mehr vergiftet.
Flüsse und Meere waren befreit von Müll und Chemikalien.
Fische und Meeresungeheuer tummelten sich wieder im Wasser,
ein jedes nach seiner Art.

Am ersten Tag des dritten Jahres
war es endlich auch eine Lust,
in der Stadt zu leben.
Denn die Menschen hatten das Problem der Luftverschmutzung gelöst.
Bleiwolken und Kohlendioxyddämpfe verschwanden.
Und über der Stadt ging strahlend die Sonne auf.

Am ersten Tag des vierten Jahres
gab es wieder natürliches Leben in der Stadt:
Pflanzen und Tiere.
Denn die Menschen hatten die letzte Grünanlage fertiggestellt.
Kein Wohnviertel ohne Blumen und Bäume,
und die Menschen wurden vom Vogelgezwitscher geweckt.
Und um die Städte wurden ganze Gürtel von Wiesen und Wäldern angelegt.
Niemand mehr mußte aus der Stadt flüchten.

Am ersten Tag des fünften Jahres
war es den Ärzten endlich gelungen,
die letzte Krankheit zu besiegen.

Das Durchschnittsalter war 120 Jahre geworden,
und die Menschen konnten
in körperlicher und geistiger Frische
ihre Lebensaufgabe erfüllen.

Am ersten Tag des sechsten Jahres
wurde die Sorge um die Seele
als öffentliche Aufgabe anerkannt.
Denn die Menschen erkannten,
daß der Mensch ohne die Zuneigung und Freundschaft
anderer Menschen
nicht wirklich leben kann.
Von nun an galt für sie:
Erst wenn wir für andere da sind, leben wir richtig!

Und so wurden die Hungersnöte abgeschafft,
die soziale und politische Unterdrückung, der Rassenhaß.
Jeder wußte nun,
daß die Liebe die Grundlage der menschlichen Gesellschaft ist.

Am ersten Tag des siebenten Jahres
war endlich Gottes Schöpfung vollendet.
Und die Menschen ruhten aus
von all dem, was sie im Auftrag Gottes getan hatten.
Und Gott wohnte mitten unter den Menschen,
und sie lobten und priesen ihn
und sangen ihm ihr Halleluja in Ewigkeit.

Inge Karner

Predigt

Fast 2700 Jahre ist es her, daß der Prophet Jesaja ihn zur Rede gestellt hat, nämlich Hiskija, den König von Juda. Hiskija war drauf und dran, sich in eine militärische Koalition gegen das assyrische Reich hineinziehen zu lassen. Seine Verhandlungspartner waren Delegierte aus Babylon – offiziell zu einem Höflichkeitsbesuch an Hiskijas Hof, um ihn zu seiner Genesung nach einer schweren Erkrankung zu beglückwünschen. Wahrscheinlich hat sich der eher unbedeutende Hiskija geschmeichelt gefühlt, daß der mächtige König von Babylon ihn zum Verbündeten haben wolle.
Da eben tritt Jesaja auf, er „interveniert", würde man heute sagen. Jesaja scheint gute Informanten gehabt zu haben und hat sicher eine

hohe Stellung eingenommen. Trotzdem war es ein Zeichen prophetischer Kühnheit, den König offen zur Rede zu stellen. Ja, der Prophet führt mit dem König ein geradezu unerbittliches Verhör. Fazit: „König, du führst dein Land ins Verderben."
Jesaja kündigt Unheil an, denn Hiskijas Politik wird das Land in die nationale Katastrophe führen, Ausplünderung und Deportation mit sich bringen.
Woher will Jesaja das wissen? Ist er der bessere Realpolitiker oder vertritt er die Utopie des Glaubens? Nämlich: Das anscheinend Verrückte ist das Vernünftige. Das anscheinend Schädliche ist das Hilfreiche. Das anscheinend Chancenlose ist die einzige Chance.
Wem ist so eine Rolle zuzumuten, wie sie Jesaja gespielt hat? Ist das eine Rolle für die großen Einzelgänger wie Mose, die Propheten, Jesus, Heilige und Märtyrer, große Ketzer, die Reformatoren und ihre Nachfolger 1989?
Und was ist mit allen anderen? Sind sie feig, haben Angst, wollen nichts riskieren und auf keinen Fall ihr Leben aufs Spiel setzen? Denn sie haben ja Familie, und sie bedenken das Pro und das Contra – Endsumme immer Null –, und sie suchen natürlich den goldenen Mittelweg und haben ihn ebenso natürlich nicht gefunden.
Und sie halten die Unheilsworte des Propheten für übertrieben. Und für den Ernstfall hoffen sie, daß sich alle großen Probleme auf wunderbare Weise wie von selbst lösen werden. So sind sie eben, die „Nicht-Einzelgänger".
Man darf halt die Menschen nicht überfordern. Das ist Realismus!
Ist das Realismus? Dann wäre diese Realität die Pleite der Träume Jesu Christi. Denn er hat ja verkündet: „Ihr werdet die Taten, die ich getan habe, auch tun. Ja, ihr werdet größere vollbringen als diese."
Aus! Ausgeträumt, Jesus. Denn deine Christen, die sind nicht so. Sie wehren sich dagegen, von dir überschätzt zu werden. Sie glauben dir nicht, daß deine Kräfte und Möglichkeiten in ihnen stecken.
Oder hat jetzt eine neue Zeit begonnen?

- Die Demokratisierung der Prophetie: Also jeder Mensch entdeckt seine prophetischen Kräfte?
- Die Demokratisierung der Revolution: Also jeder Mensch entdeckt seine revolutionären Kräfte?
- Die Demokratisierung des Widerstandes: Also jeder Mensch entdeckt seine Widerstandskräfte?
- Die Demokratisierung der Verantwortung: Also jeder Mensch erkennt, daß auch er Verantwortung für das Ganze übernehmen kann?

Aber wird er es tun? Und wenn nicht, soll man ihm böse sein? Schließlich hat ja auch ein König wie Hiskija versagt und sein Land

zugrunde gerichtet. Generationen haben unter seiner Schuld gelitten.
Hiskija hat ein Verhalten praktiziert – vielleicht sogar erfunden –, das bis heute großes Unheil anrichtet, ins Verderben führt. Nämlich: Hiskija bezweifelt nicht die Unheilsprophezeiung Jesajas – „Das Wort des Herrn ist gut, das du sagst" –, denn Hiskija dachte sich: „Wenn nur Frieden und Sicherheit herrscht, solange ich lebe" (2 Kön 20,19). Das ist das „Hiskija-Syndrom". Dieses „Hiskija-Syndrom" ist eine Erkrankung der Verantwortung, vor 2700 Jahren entdeckt und jetzt noch epidemisch verbreitet.
Heute geschieht das beispielsweise so: Die Unheilsbotschaft lautet: „Der Wald stirbt."
Reaktion I: „Das ist wahr!" – und sich denken: „Hoffentlich gibt es den Wald noch, solange ich lebe."
Reaktion II: Daher nichts gegen das Waldsterben tun und es dadurch beschleunigen.
Dieses Verhaltens- bzw. Reaktionsmuster ist der Grund für viel Unglück und Aussichtslosigkeit: dafür, daß nicht geschieht, was eigentlich und längst geschehen müßte.
Hiskijas Verhalten hat die Katastrophe seines Landes mit herbeigeführt. Die Generationen im Babylonischen Exil werden (etwa 150 Jahre später) klagen: „Dieses Schicksal verdanken wir unseren Eltern und Großeltern."
Und heute: Was für eine Welt hinterlassen wir unseren Nachkommen, wenn oder weil wir uns denken: „Wenn nur in meiner Lebenszeit die Umwelt, die Luft, das Wasser noch so halbwegs ..., dann bin ich beruhigt."
Was unsere Generation erkennen muß, ist der entsetzliche, makabre und selbstmörderische Kompromiß:
I. Ein Weg wird als falsch und lebensgefährlich erkannt, wie Aufrüsten, Krieg, Ausbeutung, Unterdrückung, Rassismus, Folter, Hunger, Mißwirtschaft.
II. Jeder sagt: „Das hat keine Zukunft. Änderung, Umkehr wird von allen als notwendig anerkannt."
III. Aber fast alle haben die Illusion: „Wir haben noch Zeit. Wir können noch ein bisserl den falschen Weg weitergehen. Aber dann kehren wir ganz bestimmt um. Dann tun wir endlich, was wir schon längst hätten tun sollen."
Im Privatleben feiert das „Hiskija-Syndrom" ebenso „fröhliche Urständ". Man denke nur an das weite Feld der Medizin: Die Patienten bezweifeln nicht die Diagnose ihrer Ärzte, aber ebenso glauben sie, daß sie immer noch ein bisserl „weitersündigen" können.
Ob der Umgang mit dem Geld oder der Lebensstil überhaupt: Das „Hiskija-Syndrom" schafft eine lebensgefährliche Verquickung von

Offenheit für die Diagnose einerseits und Therapiefurcht andererseits. Das als richtig Erkannte wird nicht abgelehnt, aber das neue Leben beginnt immer erst morgen.
Noch einmal Jesus: „Tut Buße, das Reich Gottes ist ganz nah, ist ‚ergreifbar' geworden." Sein Leben war ein einziges großes Beispiel für dieses Umdenken. Und was Jesus für nötig gehalten hat, das hat er sofort getan. Hat man ihn vielleicht gerade deshalb für einen Wundertätigen gehalten? In seinem Geist werden auch wir das Richtige tun – und zwar gleich. *Peter Karner (Kirche präsent, 30. 11. 89)*

Ich habe mich zu versöhnen

mit meiner Mutter
mit meinem Vater
mit meinen Großeltern aus ... (Polen, Tschechien, Slowenien, Rumänien usw.)
mit meiner Schwester
mit meinem Bruder
mit meinen Mitschülern
mit unseren Nachbarn im Haus
mit allen, die mich verletzt haben
mit jenen, die ich verletzt, gekränkt, beleidigt oder zutiefst getroffen habe
mit allen, denen ich bislang nicht begegnen wollte
mit mir selber, daß ich bin wie ich bin und aussehe, wie ich aussehe
mit allem, worin ich mich schuldig fühle
mit meinen Professoren und Lehrern
mit meinen Vorgesetzten
mit unseren Politikern
mit den Kriegsgegnern des Zweiten Weltkrieges
mit den Kriegsgegnern der Geschichte
mit denen, die meine Eltern vertrieben haben und deren Nachkommen
mit denen, die uns bei unserer Flucht nicht geholfen haben
mit jenen, die ich hasse
mit jenen, die mich verunsichern
mit den Sündenböcken aller Zeiten:

- den Juden
- den Zigeunern – und beginnen,
  sie Roma oder Sinti zu nennen
- den Tschuschen – und sie gemäß ihrer Nationalität
  anzusprechen

mit den Angehörigen einer anderen Konfession

mit den Angehörigen einer mir unbekannten und fremden Religion
mit Vertretern wenig angesehener Berufe
mit Menschen von niedrigerer Herkunft, als ich es bin
mit der geschundenen Kreatur in Fauna und Flora

Klaus Lehner

Literaturvorschläge zum Thema

Dantine Wilhelm, Versöhnung. Ein Grundmotiv christlichen Glaubens und Handelns, Evang. Presseverband in Ö., Wien 1996

Duchrow Ulrich, Versöhnung im Kontext von Nicht-Versöhnung. Bibelarbeiten, Analysen und praktische Beispiele zur II. Europ. Ökumen. Versammlung ..., Junge Kirche, Beilage zu Heft 3, Bremen 1996

Duchrow Ulrich, Liedke G., Schalom – Der Schöpfung Befreiung, den Menschen Gerechtigkeit, den Völkern Frieden, Stuttgart 1988 (2)

Europa zusammenführen können und versöhnen, EKD-Synode 1996 Frankfurt am Main

Frieden in Gerechtigkeit. Die offiziellen Dokumente der Europäischen Ökumenischen Versammlung 1989 in Basel, F. Reinhardt-Verlag, Basel / Benzinger-Verlag, Zürich 1989

Fuchs Erika, „Der große Prozeß und die kleinen Kirchen", in: Gerechtigkeit und Frieden umarmen sich. Europäische Ökumenische Versammlung Basel 1989, hrsg. v. P. Feller und X. Pfister, F. Reinhardt-Verlag, Basel / Benziger-Verlag, Zürich 1989

Hinkelammert F. J., Die ideologischen Waffen des Todes. Zur Metaphysik des Kapitalismus, Freiburg/Münster 1985

Homosexualität. Stellungnahme des theologischen Ausschusses der Generalsynode der Evang. Kirche A. und H.B. in Österreich

Kairos Europa, Dokumentation der Anhörung „Die politische Verantwortung der Europäischen Union für die internationale Finanzordnung im Blick auf nachhaltige Entwicklung, Beschäftigung und soziale Gerechtigkeit", Heidelberg 1994

Konferenz Europäischer Kirchen, Nationale Minderheiten und religiöse Identität. Bericht der Arbeitstagung 15.–19. 5. 1991, Studienheft Nr. 20, Genf 1991

Körtner Ulrich, Versöhnung – Grundbegriff christlichen Glaubens und Handelns, in: Ökumen. Rat der Kirchen in Österreich, Bericht der Tagung in Mürzzuschlag 27./28. 9. 1996, Evang. Presseverband in Österreich

Müller-Fahrenholz G., Versöhnung – Gottes Gabe, Quelle des Lebens in: Ökumen. Rundschau, H. 3, S. 273ff., Frankfurt 1995

Müller-Fahrenholz G., Vergebung macht frei. Beiträge zu einer Theologie der Versöhnung, Frankfurt 1996

Plonz S., Die herrenlosen Gewalten. Eine Relektüre Karl Barths in befreiungstheologischer Perspektive, Mainz 1995
Santa Ana J. de, Sacralisation and Sacrifice in Human Practice, in: World Council of Churches. Commission of the Churches Participation in Development, Sacrifice and Human Economic Life, Genf 1992
Schmidthenner Alrich, Übereinstimmung und Anregung. Studienband für Gerechtigkeit, Frieden und Bewahrung der Schöpfung, Studienhaus IIS 1993 (Bestelladresse: Ökumenisches Büro Wethen, Mittelstraße 2, D-34474 Diemelstadt)
Dorothee Sölle, Versöhnen als Friedensstiften, in: Gott danken, S. 201-223
Stückelberger Ch., Vermittlung und Parteinahme. Der Versöhnungsauftrag der Kirchen in gesellschaftlichen Konflikten, Theologischer Verlag, Zürich, 1996

Quellenverweise

Der Herausgeber dankt allen nachstehend angeführten Verlagen und Rechtsinhabern für die Abdruckerlaubnis:

S. 62–70: Die Bibel. Einheitsübersetzung, Katholische Bibelanstalt Stuttgart 1980
S. 70–73: Texte der Kirchenväter, Kösel-Verlag München 1984
S. 75–76: H. Zwingli, Schriften II, Theologischer Verlag Zürich 1995
S. 76: K. Rahner/H. Vorgrimler, Kleines Konzilskompendium, Herder-Verlag Freiburg 1966
S. 83–85: *Die Zeit*, 20. 9. 1996
S. 86–87: *Salzburger Nachrichten*, 1. 10. 1996
S. 87–88: *Der Standard*, 22. 1. 1997
S. 88–90: *Die Zeit*, 31. 5. 1996
S. 91–92: *Neue Kronenzeitung*, 15. 1. 1997
S. 99–102: *Frankfurter Allgemeine Zeitung*, 1996
S. 103: H. Kessler (Hg.), Ökologisches Weltethos im Dialog der Kulturen und Religionen, Wissenschaftliche Buchgesellschaft Darmstadt 1996
S. 103–104: Universität Bern 1990
S. 104–105: *Nebelspalter* 7/1979
S. 105–106: K. Lorenz: Die acht Todsünden der zivilisierten Menschheit, Verlag R. Piper München 1973
S. 106–107: Ökumenische Weltversammlung Seoul 1990, Arbeitsbuch II
S. 107–111: K.P. Liessmann, Der gute Mensch von Österreich. Essays 1980–1995, Sonderzahl-Verlag Wien 1995
S. 111–113: *Der Spiegel*, 39/1995
S. 113–114: *Die Furche*, 1996
S. 115–122: *Falter*, Dezember 1996
S. 124–127: *Die Presse*, 15. 3. 1996
S. 128–131: *Die Furche*, 1996
S. 131–132: *Wiener Zeitung*, Jänner 1997
S. 133: *Kathpress*, 1. 2. 1997
S. 133–134: *Kathpress*, 29. 1. 1997
S. 134: *Neue Kronenzeitung*, 25. 9. 1996
S. 136: *Kathpress*, 9. 1. 1997
S. 137: *Kathpress*, 31. 5. 1996
S. 137–140: *Kleine Zeitung*, 18. 9. 1996
S. 140–142: *Kleine Zeitung*, 2. 6. 1996
S. 142–144: *Die Furche*, 1996
S. 144–152: R. Frieling, Der Weg des ökumenischen Gedankens, in: Zugänge zur Kirchengeschichte 10, Vandenhoeck & Ruprecht Göttingen

S. 158–162: *Oberösterreichische Nachrichten*, 18. 12. 1996
S. 173: P. Heisch, in: *Nebelspalter* 7/1979

Alle hier nicht angeführten Texte wurden entweder dem Herausgeber für die Veröffentlichung in diesem Buch zur Verfügung gestellt, sind urheberrechtlich frei oder stammen vom Herausgeber.

Peter Karner

Die Deutsche Bibliothek – CIP-Einheitsaufnahme

Versöhnung: Gabe Gottes und Quelle neuen Lebens :
Texte - Impulse - Konkretionen ;
zur Zweiten Europäischen Ökumenischen Versammlung Graz /
zsgest. und hrsg. von Peter Karner. –
Innsbruck ; Wien : Tyrolia-Verl., 1997
ISBN 3-7022-2071-2

1997

Umschlaggestaltung: Elke Staller und Michael Pfeifer
Druck und Bindung: Alcione, Trento
ISBN 3-7022-2071-2